Risk Management Strategies

危機管理の基礎と実践
リスク管理は最強のキャリア術

Mieko Nakabayashi, Ph.D.
早稲田大学教授 **中林美恵子** **監修**

グローバルビジネス学会・危機管理研究部会 **編**

三和書籍

はじめに

　本書『危機管理の基礎と実践　リスク管理は最強のキャリア術』は、グローバルビジネス学会における危機管理研究部会の研究成果をもとに編纂されたものである。研究部会のメンバーが一丸となり、現代社会における危機管理の重要性を多角的に分析し、その知見を結集した。本書は危機管理をリスクマネジメントの日本語と捉え、その概念を理論的な視点だけでなく、実践的な観点からも詳しく解説し、読者が実際に活用できる知識を提供することを目的としている。しかも、どの章から読み始めていただいても問題ない構成とした。

　本研究部会は、グローバルビジネスの現場において危機管理の必要性が一層高まっている現状を踏まえ、2023年2月にグローバルビジネス学会内に設立された。以来、研究会を定期的に開催し、サイバーセキュリティ、地政学的リスク、エネルギー危機、パンデミック対応など、多岐にわたる課題について討議を重ねてきた。2023年5月から2024年10月までに計13回の研究会を開催し、各回ごとに異なる専門家を招き、具体的なリスク事例とその対応策を共有した。2024年には執筆活動が本格化し、4月と6月には編集会議を開き、執筆内容や目次構成について詳細な検討が行われた。研究会メンバーは各自の専門領域に基づいて執筆を担当し、本書の完成へと結実した。そして、読者がどの章から読み始めても良いように、各章がそれぞれ完結した構成となっている。

　現代の危機管理には、単なる災害対策や企業のリスクヘッジにとどまらず、経済・政治・技術・社会の各分野を横断する包括的な視点が求められる。VUCA（Volatility: 変動性、Uncertainty: 不確実性、Complexity: 複雑性、Ambiguity: 曖昧性）の時代において、企業や個人が適切な危機管理を実践することは、単なる生存戦略にとどまらず、競争優位を確立するための不可欠な要素である。本書では、まず第Ⅰ部で具体的なリスク事例を分析し、第Ⅱ部で危機管理の基本理念を整理したうえで、第Ⅲ部で実践的な対応のヒントを提示した。そして、未来を見据えた危機管理のあり方

についても提言をしている。

　また、危機管理の実践においては、組織のガバナンス強化やリーダーシップの重要性が強調される。本書では、組織が危機に直面した際にいかに意思決定を行うべきか、迅速な対応を可能にするためのプロセス設計についても具体的な事例を交えて解説している。危機対応の成功例に加え、過去の失敗事例も詳述し、読者が実際の危機管理の場面で的確な判断を下せるよう支援する。

　さらに、危機管理の枠を超えて、組織や個人がいかにレジリエンスを高め、リスクを機会に転じることができるのかについても考察している。危機管理とは単なる防御策ではなく、持続可能な成長を実現するための戦略的ツールである。本書では、危機を乗り越えることで競争優位を確立し、より強靭な組織を構築するためのフレームワークを提示する。

　また、現代社会の不確実性を踏まえ、国家レベルの危機管理、グローバルなサプライチェーンの脆弱性、メディアやAI技術の進展によるリスクなど、多角的な視点からの考察も行っている。特に、サイバー攻撃やデータ流出が企業の存続を脅かすリスクとして顕在化しており、本書ではその対応策についても詳述する。経済安全保障の観点から、国家間の摩擦が企業の経営環境に及ぼす影響や、エネルギー危機が社会インフラに与えるリスクについても掘り下げている。

　さらに、社会全体の危機管理能力を向上させるための教育やトレーニングの重要性にも言及する。本書では、個人や組織がどのように危機管理スキルを磨き、いかにして持続可能な社会を構築できるかについて具体的な提言をしている。危機管理に関する専門知識を備えた人材の育成が急務であることを踏まえ、教育機関や企業研修の役割についても詳しく考察した。

　また、危機発生時のシミュレーションや事前のリスク評価手法についても詳細に解説し、実際の現場で活用できるフレームワークを提供する。具体的なケーススタディを通じて、読者が危機発生時に迅速かつ的確に対応できるスキルを習得できるよう構成した。これにより、企業や個人が危機に直面した際に冷静な判断を下し、迅速な行動を取れる能力を養うことができるだろう。

　くれぐれも読者の皆さんには、危機管理が単なる防御策ではなく、持続可能な成長を実現するための戦略的ツールであることを理解していただきたい。本書が、企業経営者、政策立案者、研究者、そしてグローバルビジ

ネスの最前線で活躍するすべての人々にとって、有益な指針となることを
願う。そして、未来の危機を予見し、それに備えるための実践的な手引き
として活用されることを期待したい。

　どの章からでも読み始めることができることが本書の特徴でもあるので、
ぜひ気になる章からページをめくっていただきたい。この一冊が読者に
とって実践的な知識を提供し、危機を機会へと転換するための指針となる
ことを心より願う次第である。

　　　　　　　　　　2025年2月
　　　　　　　　　　グローバルビジネス学会会長・危機管理研究部会長
　　　　　　　　　　中林美恵子

目次

はじめに………………………………………………………………… i

序章　危機管理とキャリアを結ぶ新たな思考……………… 1

はじめに…………………………………………………………… 1

  1．リスクのとらえ方 ………………………………………… 1

  2．本書の全体構成と各章の概要 ………………………… 3

    2.1　第 I 部：現代のリスク事例とその影響 ………… 4

    2.2　第 II 部：危機管理理論とその限界 …………… 4

    2.3　第 III 部：未来に向けた解決とキャリアへのヒント … 5

  3．「変化」とは何か──その多様な形 ………………… 6

  4．危機管理の新たな地平──変容する国際秩序 ……… 7

  5．リスク管理を実践するための具体的な行動計画 ……… 12

    5.1　キャリアのリスクマネジメント ……………… 12

    5.2　企業のリスクマネジメント …………………… 15

  6．まとめ ……………………………………………………… 17

第 I 部　事　例

第 1 章　グローバル化や VUCA の時代に対応できない
　　　　日本人材の危機 ………………………………………21

はじめに……………………………………………………………… 21

  1．日本の人材の現状と課題 ………………………………… 22

    1.1　2023 年の IMD 世界人材ランキング、日本は 2005 年調査
　　　の開始以来最低の 43 位 ………………………………22

    1.2　多様性に慣れていない日本の人材の課題 ………………23

    1.3　企業の国際人材開発に向けた取り組み ………………24

    1.4　VUCA に対応出来ない画一的な日本人材の特性 ………25

2. 日本の労働力確保の現状と課題 ················· 26

   2.1　急速に減少する日本国内の労働力 ··············26

   2.2　外国人にとって日本で働く魅力度 ··············26

   2.3　日本における日本型雇用慣行の終焉とライフスタイル

      への影響 ·······································28

3. 日本の教育の現状と課題 ························· 30

   3.1　日本の大学のユニバーサル化 ················30

   3.2　グローバル化や多様性に適合した人材教育の必要性 ········31

   3.3　大学が21世紀に提供すべきコンテンツとしての

      リベラルアーツについて ·······················32

   3.4　誰もが一流大学の講義をインターネットで受講できる

      大規模オンライン大学講座MOOCs ···············36

   3.5　新しい世代の大学教育の姿を創造するミネルバ大学 ········37

4. 日本の人材・労働力確保・教育に関する

  インプリケーション ····························· 42

   4.1　国内人材の日本国内からのアウトバウンド化について ······42

   4.2　海外人材の日本国内へのインバウンド化について ·········42

   4.3　高等教育のあり方について ···················43

5. おわりに ···································· 44

第2章　多極化世界というリスク

    日本は存続できるのか？ ····················· 47

はじめに ··· 47

1. 多極化世界というリスク ························· 48

   1.1　多極化世界を産む底流：中進国の量産体制··········48

   1.2　資源価格の高騰 ·························49

   1.3　武器の拡散 ····························50

   1.4　食料・資源の囲い込み経済圏の誕生？ ···········54

   1.5　小括 ·······························58

2．日米同盟 ……………………………………………………… 59

　　2.1　危ぶまれる日本の防衛力 ……………………………… 59

　　2.2　アメリカ頼みの日本の友好関係 ……………………… 61

　　2.3　情報力不足 ……………………………………………… 64

　3．おわりに ……………………………………………………… 66

第3章　企業と為替リスク ……………………………………… 69

はじめに ………………………………………………………… 69

　1．1ドル＝1円で始まった円の激動の歴史 ………………… 69

　　1.1　金・ドル本位制から変動相場制へ …………………… 70

　　1.2　日米民主党政権で進んだドル安・円高 ……………… 71

　　1.3　アベノミクスとコロナ禍でドル高・円安へ転換 ……… 72

　2．為替リスクへの備え：相場の変動要因を理解する ……… 74

　　2.1　政策要因 ………………………………………………… 74

　　2.2　貿易・実需のフロー要因 ……………………………… 75

　　2.3　ポジション要因 ………………………………………… 76

　3．為替リスク管理の手法とは ………………………………… 79

　　3.1　ヤクルトの事例 ………………………………………… 79

　　3.2　サイゼリヤの事例 ……………………………………… 79

　4．まとめ ………………………………………………………… 79

第4章　食料・エネルギー危機

　　　　超輸入依存国「日本」は半年で餓死する可能性 ……… 81

はじめに ………………………………………………………… 81

　1．日本の食料危機 ……………………………………………… 82

　　1.1　海外要因 ………………………………………………… 82

　　1.2　国内要因 ………………………………………………… 84

　　1.3　水源という財産 ………………………………………… 86

1.4	有事への備え	87
1.5	まとめ	89

2. エネルギー危機 ……………………………………… 90

2.1	海外要因	90
2.2	国内要因	95
2.3	有事への備え	98
2.4	まとめ	100

第5章　気候変動と災害　激甚化・頻発化する猛暑、
干ばつ、洪水、そして水・食料不足や紛争まで … 103

はじめに ………………………………………………………… 103

1. 気候変動にともなう自然災害リスク ………………… 106

1.1	猛暑・熱波	106
1.2	日照り・干ばつ	106
1.3	豪雨・洪水	107
1.4	台風	108
1.5	高潮	110
1.6	海面上昇	110

2. 気候変動にともなう社会混乱リスク ………………… 111

2.1	水不足	111
2.2	食料不足	112
2.3	健康被害	113
2.4	暴動・紛争	114

3. おわりに ……………………………………………………… 116

第6章　デジタルガバナンスと私たちの危機
無秩序なデジタル世界の氾濫で孤立する日本 ……… 119

はじめに ……………………………………………………… 119

vii

1. 世界規模の混乱 ……………………………………………… 120
2. インターネットの遮断が私たちの生活にもたらすリスク … 121
3. デジタルガバナンス運用に潜むリスク ……………………… 125
  3.1 デジタル空間における権力乱用のリスク …………………… 125
  3.2 私たちに潜むデジタル依存のリスク ……………………… 127
4. 紛争とデジタル技術 ………………………………………… 128
  4.1 紛争とデジタル技術
     （生産する国やセキュリティ対策）……………………… 128
  4.2 救済ツールとしてのデジタルガバナンス ………………… 130
5. おわりに …………………………………………………… 132

第7章　メディア　偽情報が招くグローバルリスク ……… 137

はじめに ……………………………………………………… 137
1.「フェイクニュース」から「偽情報」へ…………………… 138
  1.1 フェイクニュース元年は2016年 ………………………… 138
  1.2 フェイクニュースから「偽情報」へ …………………… 138
  1.3 フィルターバブルとエコーチェンバー ………………… 140
  1.4 偽情報は真実よりも速く広まる ………………………… 140
2. ディープフェイクの脅威 ………………………………… 141
  2.1 ディープフェイクとは何か ……………………………… 141
  2.2 戦争と選挙での悪用事例 ………………………………… 142
  2.3 経済と犯罪におけるディープフェイクの悪用 ………… 144
  2.4 日本におけるディープフェイクの事例 ………………… 145
  2.5 ポジティブな活用の可能性 ……………………………… 147
  2.6 最大の脅威は「うそつきの配当」 ……………………… 148
3. 伝統メディアによる偽情報対策 ………………………… 149
  3.1 ４つのアプローチ ………………………………………… 149
  3.2 イギリスのBBCによる透明性の確保 ………………… 150
  3.3 アメリカのCBSによるディープフェイク対策 …………… 151

3.4　ワシントン・ポストの「ピノキオ・テスト」 ……………… 152

　　3.5　日本における取り組みの遅れ ……………………………… 152

　　3.6　偽ニュースに"予防接種"を ………………………………… 154

　4.　おわりに ……………………………………………………………… 155

第Ⅱ部　理　論

第8章　危機管理（リスクマネジメント）とその限界… 161

はじめに ……………………………………………………………………… 161

　1.　危機管理（リスクマネジメント）の理論 ……………………… 161

　　1.1　リスクマネジメントは必要か？ ……………………………… 161

　　1.2　リスクとは？リスクマネジメントとは？ ………………… 163

　　1.3　リスクマネジメントは経営プロセス？ …………………… 164

　2.　リスクの特定とは？ ………………………………………………… 165

　3.　リスク評価、リスクマップとリスク戦略 ……………………… 168

　4.　リスク評価のための定量モデル ………………………………… 171

　5.　リスクコントロール ………………………………………………… 173

　6.　リスクファイナンス ………………………………………………… 173

　7.　リスクアペタイト：どれほどリスクを保有するのか？ … 175

　8.　効率的なリスクマネジメント …………………………………… 176

　9.　リスクマネジメントの歴史と変遷 ……………………………… 177

　10.　リスク取引市場としての保険市場の問題点 ………………… 180

　11.　リスク取引市場としての金融市場の問題点 ………………… 184

　12.　リスクマネジメントの問題点 …………………………………… 186

　13.　伝統的リスクマネジメントからERMへ ……………………… 188

　14.　リスクマネジメント教育 ………………………………………… 189

　15.　おわりに …………………………………………………………… 192

ix

第Ⅲ部　解決へのヒント

第9章　VUCA時代の生存戦略としてのリスクマネジメント
マインドセット・リスクカルチャーの転換に向けて …… 195

はじめに ……………………………………………………………… 195

1. VUCA時代におけるリスクカルチャーとマインドセット…… 196
1.1　VUCA時代に知っておきたい「リスク」の意味 ………… 196
1.2　日本におけるリスクカルチャー ………………………… 198
1.3　オペレーショナルリスクマネジメントと
ゼロリスクカルチャー ……………………………… 199
1.4　戦略リスクマネジメントから探る新しい
リスクカルチャーの形 ……………………………… 201
2. キャリア論としてのリスクマネジメント ………………… 207
2.1　キャリアをめぐるリスクに対峙するには ……………… 207
2.2　攻めのマインドセットでVUCA時代のキャリアを構築する … 209
2.3　VUCA時代の持続的キャリア実現にむけたヒント ……… 211
3. おわりに …………………………………………………… 213

第10章　働き方の多様性
所属や地域を超えた新しい働き方と学び方 …… 215

はじめに ……………………………………………………………… 215

1. 新しい教育のあり方 ……………………………………… 219
2. 社会人の学び ……………………………………………… 223
3. 新しい働き方の事例 ……………………………………… 226
3.1　大企業の中での働き方、プロボノ・有志団体活動 ……… 226
3.2　地域との副業・兼業・プロボノ …………………………… 228
4. これからのキャリア形成に向けて ……………………… 230

第11章 サプライチェーンと投資におけるリスク管理… 233

はじめに 233

1. サプライチェーンにおけるリスク管理 234

1.1 サプライチェーンにおけるリスク 235
- 1.1.1 自然災害 235
- 1.1.2 地政学的リスク 237
- 1.1.3 技術的リスク 238

1.2 リスク管理戦略の重要性 240
- 1.2.1 供給源多様化の重要性 241
- 1.2.2 情報共有と可視化の強化 241
- 1.2.3 予測とシナリオ分析 242
- 1.2.4 危機発生時の迅速な対応 242

1.3 危機発生時の対応 243
- 1.3.1 危機対応チームの編成と役割 243
- 1.3.2 代替供給源の確保と物流の再編 244
- 1.3.3 迅速な情報共有と透明性の確保 244

1.4 事後分析と改善 245
- 1.4.1 データ収集と評価 245
- 1.4.2 問題点の特定と優先順位付け 246
- 1.4.3 継続的な改善プロセスの構築 246
- 1.4.4 訓練とシミュレーション 247
- 1.4.5 改善策の文書化と共有 247

1.5 偽情報が招くグローバルリスクへの対応 248

1.6 結論 249

2. 投資のリスクマネジメント 250

2.1 リスク管理と投資判断の重要性 250
- 2.1.1 リスクとリターンのバランス 250
- 2.1.2 各ステージにおけるリスクの特性 251
- 2.1.3 ベンチャー投資のリスク管理の重要性 251

xi

2.1.4 成長・成熟ステージでの事業投資とM&Aにおける
リスク管理の複雑化 ……………………………………………… 251
2.1.5 リスク評価と迅速な意思決定の必要性 ……………… 252
2.2 各ステージにおける主要なリスク …………………………… 252
2.2.1 ベンチャー投資におけるリスク ……………………… 253
2.2.2 事業投資におけるリスク ……………………………… 254
2.2.3 M&Aにおけるリスク ………………………………… 254
2.2.4 主要なリスクのまとめ ………………………………… 255
2.3 投資判断とリスク評価のポイント …………………………… 255
2.3.1 ベンチャー投資のリスク評価と投資判断 …………… 256
2.3.2 事業投資におけるリスク評価と投資判断 …………… 257
2.3.3 M&Aにおけるリスク評価と投資判断 ……………… 258
2.3.4 リスクシナリオのシミュレーション ………………… 259
2.4 成功と失敗のケーススタディ ………………………………… 259
2.4.1 ベンチャー投資の成功と失敗 ………………………… 259
2.4.2 事業投資の成功と失敗 ………………………………… 260
2.4.3 M&Aの成功と失敗 …………………………………… 260
2.5 結論 ……………………………………………………………… 261

終章　グローバルビジネスと新たな危機管理に向けて
－日本的価値の良さを再認識せよ－ ………………… 265

はじめに ………………………………………………………………… 265

1. 現代のリスクと危機管理の新たなパラダイム …………… 265
2. 危機管理の主なフレームワークとその補完 ……………… 266
2.1 統合的アプローチの重要性 …………………………………… 267
2.2 危機管理とSDGsの活用 ……………………………………… 268
2.3 ESG/SDGsマトリックスの活用による危機管理の強化 … 269
3. 最新リスクとSDGsを活用した危機管理の実践 ………… 273
3.1 サプライチェーンの危機管理 ………………………………… 273

xii

3.2 人権侵害に対する危機管理 ……………………………… 275

3.3 環境危機管理と気候変動対策 …………………………… 275

3.4 ガバナンスとリスク管理 ………………………………… 276

3.5 サステナビリティ体系の統合化と組織編成の必要性 …… 277

4. 解決へのヒントと今後の課題 ………………………………… 277

5. ポストSDGsと危機管理の新たな枠組み………………………… 278

6. おわりに：グローバルビジネスと新たな危機管理に向けて

　—日本的価値の再認識— ……………………………………… 279

おわりに ……………………………………………………………… 282

著者プロフィール …………………………………………………… 285

xiii

序章

危機管理とキャリアを結ぶ新たな思考

はじめに

　『危機管理の基礎と実践　リスク管理は最強のキャリア術』は、現代社会の急速な変化と不確実な未来に対して、どのように対応しながら生活や社会活動をし、またキャリア構築や仕事に向き合うべきか考察する一冊である。本書は、単にリスクを回避するための知識を提供するのではなく、それを積極的に活用する「戦略的な思考」を身につけるためのガイドとして設計されている。変動が激しく、先の見えないVUCA（Volatility: 変動性、Uncertainty: 不確実性、Complexity: 複雑性、Ambiguity: 曖昧性）の時代において、リスクが不可避なものであるからこそ、正確に捉え、計画的に管理し、その中でチャンスを見出すことが今を生きる私たちにとって重要となってくる。

1. リスクのとらえ方

　ビジネス環境においても、個々人の生活やキャリアにおいても、リスクは避けて通れない要素である。VUCAの時代では、変化のスピードが予測を超え、テクノロジーの進化や地政学的な対立、パンデミックの発生、気候変動などの課題が複雑に絡み合っている。このような環境においては、従来の「安定志向」のキャリア戦略はもはや通用せず、予期せぬリスクをチャンスに変換する柔軟性が求められる。

　リスクとは、障害や脅威であると同時に、新しい機会を生む種でもある。たとえば、パンデミックのようなグローバルな危機は、リモートワークやオンラインビジネスの拡大を加速させ、デジタル技術に通じた人材に新た

1

なキャリアチャンスを提供した。このように、危機は新しい価値を創出する起点にもなり得るのである。

　また、現代のビジネス環境では、地政学的なリスクが個人のキャリアや企業活動に直接的な影響を与えている。グローバル化が進んだ社会においては、国際的な政治情勢や貿易政策の変動、地域紛争などが、企業の経営や雇用の安定性を揺るがす要因となっている。たとえば、特定の国間で経済摩擦や関税の引き上げが発生した場合、それに依存する業界では生産や取引が停滞し、雇用削減や投資の見直しといった影響が広がる。また、地域紛争によるサプライチェーンの混乱や、エネルギー供給の制限が経済全体に波及するケースも少なくない。このような不安定な国際情勢の中では、一つの企業や市場に依存するキャリアパスは大きなリスクとなり得るため、変化に対応する姿勢が不可欠なのである。

　こうした環境にあって、個人のキャリアについても地政学的リスクを見据えた柔軟な戦略が求められる。たとえば、国際市場でのビジネスが停滞した際には、需要が変化する分野への転向を視野に入れる必要がある。金融や製造業などの伝統的な業界が地域的な混乱によって業績を悪化させたとしても、新たに成長するテクノロジーや環境関連分野に早期に参入することで、キャリアの安定を図ることが可能である。また、地政学的な知識や異文化理解のスキルは、海外市場で新たなビジネスチャンスを掴むうえで非常に重要である。多国籍企業では、現地の情勢や規制を理解し、迅速に対応できる人材が高く評価され、グローバルなプロジェクトでの活躍が期待される。

　さらに、地政学的リスクに対応するためには、常に情報に敏感であることが求められる。世界各地の政治的変動や新たな政策が市場にどのような影響を与えるかを正確に把握することが重要である。たとえば、エネルギー価格の高騰や貿易制裁の発動は、個人の投資や企業のサプライチェーン戦略に直結するため、これらの動向に迅速に対応する力が必要である。経済のグローバル化が進む中、各国の政策や外交関係に左右される業界は多岐にわたり、自分のスキルをどの分野で活かせるかを見極め、柔軟に進路を選択することが成功の鍵となる。

このように、地政学的な変化はビジネスの枠を超え、私たち一人ひとりのキャリアにも大きな影響を及ぼす。不確実な国際情勢の中では、地域ごとのリスクを適切に評価し、多様なスキルと経験を積むことで、自分の市場価値を高めることが求められる。グローバルビジネスで活躍するためには、特定の国や地域の状況に左右されないスキルを磨くだけでなく、国際的なネットワークを構築し、複数の分野で活躍できる力を持つことが重要だろう。そうすることで、たとえ地政学的なリスクが顕在化したとしても、状況に応じてキャリアを調整し、新たな機会を見出すことが可能となる。地政学的な不確実性は、私たちの選択を制約する一方で、柔軟な対応力を持つ人々にとっては新しいチャンスを掴むための扉ともなり得る。

2. 本書の全体構成と各章の概要

本書は三部構成であり、事例の紹介から理論的背景の解説、未来に向けた解決策の提案までを包括的にカバーするものである。本書の大きな特徴の一つは、「どの章から読み始めても良い」というスタイルにある。これは、読者それぞれの興味や課題意識、知りたいテーマに応じて、興味を持った章から読み始めることができるというものである。現代社会が直面する危機は多様であり、それに対するアプローチも一つではないため、各読者が自分にとって関心のあるテーマを選び、その章から読み進めることで、本書の内容をより効果的に理解し、実践に役立てることができるよう配慮している。

たとえば、国際情勢に興味がある読者は「国際政治・安全保障」や「経済安保」に焦点を当てた章から読み進めるとよい。これらの章では、世界経済や国際的なリスクの最新動向を紹介し、そうしたリスクをどう見るべきかを具体的に論じている。また、キャリアに関連するスキルや知識に関心がある読者には、「組織ガバナンス」や「働き方の多様性」といった章が、現代社会でのキャリア形成に役立つ示唆を提供する。

さらに、気候変動やIT・科学技術など、特定の分野に強い関心を持つ読者も、そのテーマに関連する章を選んで読み始めることができる。本書は広範なトピックを取り扱っているため、必ずや読者の興味や課題に合致

する章が見つかるであろう。

2.1　第I部：現代のリスク事例とその影響

　第I部では、日常的に直面するリスクの具体的な事例を紹介する。食料・エネルギー危機、地政学リスクと外交安保、気候変動、サプライチェーンの混乱、デジタルリスクといった、多岐にわたる課題が網羅されている。これにより、社会の不確実性が個人のキャリアや組織運営にどのような影響を与えるかを具体的に理解できるようになっている。

　たとえば、「食料とエネルギーの供給リスク」に関する章では、気候変動や地政学的緊張が食料とエネルギーの供給に与える影響を考察する。日本は食料自給率が低く、エネルギーの多くを輸入に頼っているため、世界的な危機が日本経済や個々人の生活に大きな影響を及ぼす可能性が高い。また、気候変動による異常気象や災害が企業活動を停止させ、キャリアリスクを高める要因となることも示されている。

　さらに、「サプライチェーンの脆弱性」に焦点を当てた章では、パンデミックや地政学的な緊張がどのように国際物流を寸断し、企業経営や従業員の生活に悪影響を与えるかを取り上げる。新型コロナウイルスの流行により、多くの企業が重要な部品の調達を停止せざるを得なくなり、経営破綻のリスクに直面した。このようなリスクに対処するためには、複数の供給ルートを確保し、事業継続計画（BCP）を策定することが不可欠である。

2.2　第II部：危機管理理論とその限界

　第II部では、危機管理とリスクマネジメントの基本的な理論を解説する。この部では、ISO31000やCOSOフレームワークなど、国際的に認められた規格を紹介し、リスクマネジメントの標準的なプロセスについても深く掘り下げている。リスクは、単なるネガティブな要素ではなく、不確実性から生じる新たな機会をも含むものである。そのため、リスクを正確に評価し、それに対処するスキルを身につけることが、新しい時代に向けたキャリア形成に重要な鍵となる。

　ISO31000では「目的に対する不確実性の影響」として定義され、COSO

4

のフレームワークも、リスクが組織の目的達成を妨げる可能性に着目している。これを踏まえ、現代の企業においては、リスク管理が経営の重要な柱となることが求められている。

リスクマネジメントは、リスクの「特定」「評価」「対応」「見直し」の4段階から成り立つ。たとえば、新型コロナウイルスのパンデミックは、サプライチェーンの途絶や経済活動の停滞というリスクを突きつけたが、迅速な対応によって影響を最小化した企業も多い。また、為替変動リスクに対しては、多くの日本企業がヘッジ取引を活用することで予防策を講じている。

しかし、全てのリスクを予測・回避することは不可能であることも事実である。また日本企業では、専門的なリスクマネージャーの不足も課題となっている。実際、多くの企業ではリスク管理が明確に組織されておらず、意思決定の遅れが発生するケースが散見される。

そこでリスクとは何かという理解が重要になるだろう。リスクは単なる危険ではなく、不確実性がもたらすプラスとマイナスの影響を含むものである。危機管理は、単なる危険回避を超え、企業の競争力を高める戦略的手段であると理解されなければならない。VUCA時代と呼ばれる不確実な環境では、経営者と従業員が共にリスクを意識し、柔軟に対応する体制を整える必要がある。企業にとって危機管理は持続可能な発展を支える基盤であり、読者にもこの重要性をご理解いただき、実務に活かしていただきたいものである。

2.3 第III部：未来に向けた解決とキャリアへのヒント

第III部では、これからの社会におけるリスクにどのように備え、個人と組織がどのように成長していくべきかを提案する。特に、「働き方の多様化」が注目されており、リモートワークや副業の普及によって、従来のキャリアパスが大きく変容している。この部では、自分の強みを見極め、複数のスキルを磨いて「ポートフォリオキャリア」を構築することが推奨されている。

また、SDGs（持続可能な開発目標）を活用したリスク管理の重要性も

強調されている。企業のみならず、個人レベルでもサステナビリティの視点を採り入れることが求められる時代に突入している。たとえば、環境リスクに強い業界での経験は、将来のキャリアの安定と成長に寄与するであろう。

「Think out of the Box」、すなわち固定概念にとらわれず、柔軟かつ創造的にリスクに対応することは、未来に向けてますます重要になってきている。多様な視点を採り入れながらリスクを正しく理解し、適切に備えることが大切である。全体的な視野からリスクと向き合うことで、個人や組織が持つべき新たな視点と行動の指針を得ることができるのである。

3.「変化」とは何か ── その多様な形

テクノロジーの進化は、現代における変化のもっとも顕著な一例である。デジタルトランスフォーメーション（DX）と呼ばれるこの技術革新は、企業活動の効率化にとどまらず、社会全体の在り方を根本から変えつつある。たとえば、AIやロボットによる業務の自動化は、単純作業を担う多くの職業に影響を及ぼし、従来の業務プロセスを刷新している。会計処理や事務作業などのルーチンワークは自動化の波にさらされ、人間が担うべき仕事の範囲が縮小する一方で、データサイエンスやAIを運用するスキルが求められる新たな職種が登場している。このような変化の中では、従来の仕事に固執するのではなく、必要なスキルを更新し、自ら新しい機会に挑む姿勢が個人のキャリア形成において重要な意味を持つ。変化を単なる脅威として捉えるのではなく、成長のきっかけとして活用する心構えこそが、未来の働き方の鍵となっていくだろう。

技術革新に加え、社会的および経済的な変化も働き方に大きな影響を与えている。グローバル化の進展により、国や地域を越えたビジネスの連携が当たり前となり、各国の経済状況や政治的な不安がキャリアに直接的な影響を及ぼしている。このような環境の変化に伴い、「一つの企業で長期的に働く」という従来のキャリアパスから、リモートワークやフリーランスといった多様な働き方へと移行する流れが、日本においても加速しつつある。副業が奨励され、個人が異なる分野のスキルを組み合わせて複数の

仕事を掛け持ちする「ポートフォリオキャリア」の概念も広まりつつある。このような働き方の普及により、一人の人間が多様な分野で活動し、異なる仕事の経験を積むことでキャリアの選択肢を広げ、収入源を分散させることが可能となる。

　多様な働き方の普及は、新しいキャリアの可能性を示している。たとえば、都市部での仕事に縛られず、地方に移住して新たな事業を始める選択肢が生まれ始めている。地域の資源や文化を活用した起業活動は、その地域社会の活性化に貢献すると同時に、個人のキャリアにも新たな価値をもたらす。こうした例は、変化に対する柔軟な対応力の重要性を示しており、時代の流れを捉えながら自らの働き方を再設計することの大切さを教えている。

　しかし、多様な働き方には課題も伴う。たとえば、収入の不安定さや社会保障の不足といった問題は、新しいキャリアの選択肢を模索する際に慎重な判断を求める。また、フリーランスや副業には自己管理能力が不可欠であり、計画的なスキルアップやネットワーキングが求められる。変化の中で成功するためには、自分の強みを見極め、それを最大限に活かす戦略的な視点が必要である。柔軟な適応力を持つ人材は、どのような環境においても自らの価値を発揮し、新たな機会を見出すことができる。

　また、変化に対応する力は自己成長の基盤を築くだけでなく、社会や組織にも貢献する力となる。多様な経験を通じて得た知識やスキルは、他者との協力や新たなアイデアの創出に役立ち、社会全体の発展にも寄与する。変化が避けられない現代において、変化を積極的に受け入れる人々は、個人としても社会の一員としても重要な役割を果たすことができるだろう。変化を恐れず、挑戦を続けることで、新たな未来を切り拓くことができるのである。

4. 危機管理の新たな地平—変容する国際秩序

　危機管理がこれまで以上に重要となる中、2025年1月20日にドナルド・トランプ氏が再びアメリカ合衆国大統領に就任し、その初動が世界に衝撃を与えている。彼の就任以来、矢継ぎ早に発令される大統領令は、移民政

策の厳格化、関税の見直し、国際機関への拠出金削減、そして同盟国への軍事負担の増加要求など、多方面にわたる変革を引き起こしている。特に、中国との緊張関係は一時的かも知れないがさらに激化し、国際社会における不確実性は飛躍的に増したといえる。欧州ではNATOの役割が再評価され、EU内部でも安全保障政策の見直しが進められている。加えて、アフリカや中東における影響力争いも加速し、資源獲得をめぐる競争が新たな地政学的リスクを生んでいる。

こうした国際情勢の中で、危機管理の概念はますます重要性を増している。現代の危機管理とは、単なるリスク回避ではなく、変化を的確に捉え、迅速に適応し、国家や企業が持続可能な発展を遂げるための総合的な戦略である。国家の枠組みを越えたグローバルな視点が求められ、多様な危機に対応する能力が不可欠となる。特に、軍事、安全保障、経済、テクノロジーといった多分野にわたる複雑なリスクへの対処が求められている。

国際社会の秩序は、冷戦終結以降、大きな転換期を迎えつつある。1990年代のアメリカ一極支配の時代から、多極化へと進んでいる今日、国際関係の不安定化が加速している。中国の台頭、ロシアの軍事的復権、インドの経済成長、そしてアフリカ諸国の発展といった要因が絡み合い、従来の国際秩序は根本から変化しつつある。この変化の中で、アメリカとその同盟国はどのように対応すべきか、国際社会全体としての新たなバランスはどのように形成されるのかが問われている。

アメリカは長年にわたり、世界の政治・経済・安全保障において主導的な役割を果たしてきた。しかし、近年の政策変更や国際的な対応の変化が、各地の危機管理に大きな影響を与えている。2020年代に入り、中国との経済的対立を激化させ、貿易戦争ともいえる状態も続いている。この対立は、企業のグローバルなサプライチェーンに直接的な影響を与える。特に製造業やテクノロジー分野では、依存先の見直しやリスク分散が求められており、サプライチェーンの再構築に向けた戦略的判断が不可欠となっている。個人のキャリアにおいても、国際関係の変化を見据えたスキルの習得や、リモートワークを活用した柔軟な働き方も現実となってきている。

そんな中、特に半導体産業においては、中国企業への技術供給を制限し、

自国及び同盟国の製造能力を強化するための戦略を推進している。例えば、2022年に制定された「CHIPS法」により、米国内での半導体製造を促進し、中国への依存度を下げる政策が進められた。この影響で、日本、韓国、台湾といった国々も自国の半導体産業の強化に乗り出し、グローバルなサプライチェーンが大きく変化した。一方で、中国は独自の半導体技術開発を加速し、技術覇権争いが続いている。このような状況は、国際的な経済危機の重要性を示す一例である。

インド太平洋地域では、米中対立の中心地となっており、アメリカは日本と共に「自由で開かれたインド太平洋」戦略を掲げ、中国の影響力拡大を抑えるための取り組みを強化している。この動きは、ビジネスにおいても地域戦略の見直しを促しており、企業は新たな市場を開拓し、リスク管理を強化する必要に迫られている。また、国際的な人材需要も変化しており、多国籍企業における地域専門家や貿易・外交関連のキャリア機会が増大している。

台湾問題も危機管理の重要な要素となっている。2022年のペロシ米下院議長の台湾訪問を受け、中国は大規模な軍事演習を実施し、米中関係は一層緊張した。これに対してアメリカは、台湾への武器供与を強化し、地域の防衛体制を強固にしている。

中東においても、アメリカの関与の変化が地域の安定に影響を与えている。バイデン政権ではサウジアラビアとの関係が冷却化し、一方で成功にはたどり着かなかったがイラン核合意の再交渉が試みられた。しかし、トランプ政権への回帰により、イランとの対立が再燃する可能性が高まり、ホルムズ海峡での軍事衝突のリスクも高まるという予想も成り立つ。

また、ロシアのウクライナ侵攻を受けて、欧州諸国がロシア産エネルギーからの脱却を図ったことで、アメリカはLNG（液化天然ガス）の輸出を拡大し、エネルギー安全保障の要としての役割を強めている。これにより、エネルギー関連産業では新たな投資や技術開発が進んでおり、再生可能エネルギーや持続可能な資源利用の分野でのビジネスチャンスが拡大している。個人のキャリアにおいても、エネルギー市場の変化に伴い、環境技術やエネルギーマネジメントの専門知識を持つ人材の需要が高まっている。

アメリカは、ロシアや中国のサイバー攻撃に対抗するため、同盟国と協力してサイバー防衛を強化している。特に、選挙干渉やインフラ攻撃への対応が急務とされている。

　例えば、2021年にはロシアのハッカー集団による「コロニアル・パイプライン」攻撃が発生し、アメリカ国内の燃料供給が一時的に混乱した。この事件は、企業のサイバーセキュリティ対策の重要性を浮き彫りにした。現在、金融機関や製造業、物流業界を含むあらゆる業種で、デジタルリスク管理の強化が求められている。サイバーセキュリティ専門家の需要は急増しており、IT技術者やデータ保護の知識を持つ人材は、グローバル市場での競争力を高めることができる。この事件を契機に、アメリカはサイバーセキュリティ政策を大幅に強化し、企業や政府機関の防御能力向上を推進している。

　アメリカの移民政策も国際的な危機管理に大きく関与している。移民政策の厳格化は、労働市場に直接的な影響を及ぼすものであり、特に低賃金労働力を必要とする業界では人手不足が深刻化していくと予想されている。一方で、高度な技術を持つ移民の受け入れ制限は、IT産業や研究開発分野における人材確保の問題を引き起こすと考えられる。このため、企業は新たな人材戦略を構築し、リモートワークの導入や人材育成プログラムの充実を図る可能性がある。個人にとっても、国際的な労働市場の変化を見据え、多様な働き方に適応するスキルが求められるだろう。特に中南米からの移民流入は米国の社会不安を引き起こし、国境管理政策の変更が頻繁に行われている。第1次トランプ政権時代には「国境の壁」建設が進められ、バイデン政権では強制送還等の厳しい移民政策が緩和されたものの反発もあり移民問題への対応は大統領選挙の争点となった。2025年に発足した第2次トランプ政権では、再び移民政策が厳格化された。

　アメリカの移民政策はヨーロッパにも波及している。イギリスではブレグジットの要因の一つとして移民問題が挙げられたが、近年ではさらに厳格な入国規制が敷かれている。移民問題の深刻化は、ヨーロッパ各国で極右政党の台頭も招いた。これにより、ビジネス環境も変化しており、国際企業は各国の政治リスクを慎重に分析する必要に迫られている。企業の進

出戦略は、単なる経済要因だけでなく、移民政策や社会情勢も考慮することが重要になっている。個人のキャリアにおいても、国際政治の動向を理解し、異文化適応能力を高めることが、グローバルな競争で優位に立つ鍵となる。フランスでは国民連合（旧・国民戦線）が支持を伸ばし、イタリアでは極右の同盟（リーガ）が政権の一角を占めるまでになった。ドイツでも、移民政策への反発から「ドイツのための選択肢（AfD）」が勢力を拡大し、欧州議会選挙でも移民制限を掲げる政党が議席を伸ばしている。アメリカの移民政策が厳格化することで、それを模倣しようとする極右政党の勢力拡大や社会の分断が加速するという連鎖反応が生じている。

　移民政策の変化は、国際ビジネス環境にも大きな影響を及ぼしている。労働市場の変化は、企業の経営戦略に直結する要素であり、特に移民労働者に依存する産業では大きな課題となっている。例えば、農業、建設業、外食産業といった業界では、移民労働力の不足が生産コストの上昇を招き、価格転嫁や生産体制の見直しを迫られている。これに伴い、企業は自動化やAI技術の導入を加速させ、労働力不足への対応を進めているが、中小企業にとっては技術導入のコストが大きな負担となるケースも多い。

　一方で、移民政策の影響は高度人材の確保にも及んでいる。特にITやバイオテクノロジー、金融といった分野では、優秀な移民の受け入れが競争力を左右する要因となっている。米国がビザ発給の厳格化を進める中、多くの高度技能者がカナダやオーストラリア、シンガポールといった国々へ流れる可能性がある。また、移民政策の変化は消費市場にも影響を与えることになる。移民人口の減少は、小売業や住宅市場における需要の低下を引き起こし、地域経済の成長にブレーキをかける可能性がある。特に都市部では、多様な消費者層の存在がビジネスの活力を生み出してきたが、移民流入の制限が長期化すれば、経済成長の鈍化につながるリスクが高まる。

　企業はこのような状況に対応するため、移民政策の変化に迅速に適応し、柔軟な事業戦略を構築する必要がある。例えば、アメリカ市場の不確実性が増すならば、企業はヨーロッパやアジア市場への展開を加速させ、多角的な成長戦略を打ち出さねばならなくなる。一方で、アメリカが外国製品

に高関税を課すのならば、生産拠点をアメリカに移す企業が増える可能性もあるだろう。またEUでは、移民労働力を積極的に活用する国と、移民規制を強化する国との間で市場環境が異なるため、企業は国ごとの政策動向を慎重に分析することが求められる。

5. リスク管理を実践するための具体的な行動計画

5.1 キャリアのリスクマネジメント

　現代社会において、キャリア形成と自己成長の基盤となるのは、変化に対応する力であるが、その核心にあるのは高度な危機管理能力である。テクノロジーの進化、気候変動、社会的価値観の変化、そして地政学的リスクなど、現代の変化は複雑で予測が難しく、その影響は迅速かつ多面的に及ぶ。単なる適応力ではなく、これらの変化を予測し、備え、迅速に対応する危機管理能力こそが、個人と組織がリスクをチャンスに変えるための鍵である。危機はもはや例外的な状況ではなく、日常的に訪れる前提条件である。だからこそ、環境の変化に備え、適切に対応する力を身につけることが、キャリアの成否を左右する決定的な要素となるのだ。

　一つの職業やスキルに固執することは、むしろ新たなリスクを生む原因となり得る。変化を避けることがリスクを増大させる現代において、戦略的な危機管理能力を駆使し、多様な経験を積むことで、長期的な成長と安定を得ることが求められる。危機とは往々にして予測不能であり、突発的に訪れるものであるが、それに動じないためには、普段から変化に対する心理的な備えを怠らないことが重要だ。危機に直面したとき、人が不安や恐怖を感じるのは自然な反応であり、それは未知の状況に直面した際、失敗を避けようとする防衛的な姿勢が働くためである。しかし、真の危機管理能力とは、不安に支配されるのではなく、その不安を冷静に受け止め、戦略的に行動する力にある。危機は避けるべきものではなく、自己成長の一部として受け入れるべき対象なのだ。

　たとえば、初めてのプロジェクトが予想通りに進まなかった場合、その失敗から何を学ぶかが次の成功を決定づける要因となる。危機管理能力と

は、結果の良し悪しを超え、プロセスの中で得られた教訓を将来の行動に活かす力である。こうした小さな成功体験や失敗からの学びを積み重ねることで、変化に対する抵抗感を軽減し、自信を深めることができる。そして、その積み重ねが予期せぬ危機にも動じない強靭なキャリアを築く基盤となるのである。

　心理学者キャロル・ドゥエックが提唱する「成長マインドセット」の考え方は、危機管理能力を深化させる上でも極めて有効である。成長マインドセットとは、能力が固定されたものではなく、努力や学習を通じて伸ばせるという信念に基づく考え方である。この視点を持つことで、危機や失敗を一時的な障害として捉え、それを乗り越えることで成長の糧とできる。危機は避けられないものだが、そこから学び、挑戦を重ねることで、次の危機への備えが強化される。こうした経験の積み重ねは、ただリスクを回避するだけではなく、それを新たな機会として活かす力を育むことになる。

　変化を成功の契機に変えるためには、戦略的な行動計画が不可欠である。そこで本書では「キャリアの逆算思考」も提案しておきたい。逆算思考とは、まず十年後の目標を設定し、そこから逆算して現在の行動を決定する手法である。この計画は、ただ未来を夢想するものではなく、現実的なリスクを織り込みながら設計されるべきである。たとえば、十年後にグローバル企業のリーダーになるという目標を掲げた場合、五年以内に英語力を習得し、異文化理解を深める必要がある。そして、三年以内に海外プロジェクトに参加するなど、具体的なステップを設けることで、大きな目標が段階的に達成可能なものとなる。このように、目標を細分化し、計画的に進めることは、リスク管理の一環でもある。計画の各段階で発生し得るリスクを想定し、代替案を用意することで、変化に左右されない行動が取れるようになるのだ。

　現代の急速な技術革新に伴い、スキルの更新も危機管理の一環として欠かせない。AIや自動化の進展は、ビジネス全体を変革し続けており、従来のスキルに固執することは大きなリスクとなる。そのため、最新の技術を常に学び続ける姿勢が求められる。たとえば、マーケティングの専門家がデータ分析やプログラミングのスキルを新たに身につけることで、より

多様な分野で活躍できるようになる。こうした「T型スキル」の発展、すなわち深い専門知識に加え、複数の分野にまたがる幅広い知識を持つことは、危機に強いキャリアを形成するための強力な武器となる。

　組織においても、変化を先取りするリーダーシップが不可欠である。リーダーは、危機が迫る中でも冷静さを失わず、組織全体が同じ目標に向かって進むための指針を示す必要がある。たとえば、急速に進むデジタル化の波に対して、リーダー自らが新しい技術を学び、メンバーに模範を示すことが重要である。また、各メンバーの役割を適切に配分し、それぞれのスキルを最大限に引き出すことで、組織全体が危機に強くなれる。変化の中でこそ、リーダーの判断力と危機管理能力が試されるのである。

　一つの企業や職業に依存することは、現代のビジネス環境では大きなリスクとなり得る。多様なスキルと経験を持つことでリスクを分散させ、安定したキャリアを築くことが可能になる。たとえば、IT分野での経験を持つ人が、新たに金融や医療分野に挑戦することで、複数の業界にわたるキャリアを形成できる。このような柔軟なキャリア構築は、変化に動じず成長を続けるための重要な手段である。

　危機管理能力を高めるためには、あらゆる挑戦を学びの機会と捉える姿勢が欠かせない。たとえ一時的な失敗があったとしても、その経験を次の挑戦に活かすことで、さらに強靭な自己を築くことができる。失敗を恐れず、限界を押し広げ続けることで、未知の状況にも自信を持って対応できるようになるだろう。変化の激しい時代において、前向きで柔軟な心構えこそが、キャリア形成の鍵であり、危機管理能力の深化につながるといえる。

　変化に対する柔軟な適応力と戦略的な危機管理能力は、単なるリスク回避にとどまらず、キャリアと人生を豊かにする力を持つものである。どのような環境変化が訪れようとも、その中で成長の糧を見出し、チャンスを掴む力を備えた者は、あらゆる時代において確実に成功を収めることができる。リスクに備えることは、単なる防御ではなく、未来を切り開く力そのものなのである。

5.2 企業のリスクマネジメント

　そして個人のキャリアに直結する企業こそが、危機管理においてより一層の努力を求められる時代となった。まずは積極的に危機管理体制を構築することが必要である。その際には、危機の特定、評価、対応、監視・改善という一連のプロセスを確立することが不可欠になる。このプロセスを円滑に進めるためには、組織全体での意識改革と、体系的な危機マネジメントのフレームワークの導入が求められる。

　危機管理は経営戦略と不可分の関係にあるため、まず経営層が危機管理の重要性を認識し、それを企業文化として根付かせる必要がある。そのためには、企業が直面する危機を網羅し、危機管理の基本方針を明文化したポリシーを策定することが重要である。また、取締役会の監督の下、危機管理委員会を設置し、経営層と各事業部門が連携して危機マネジメントを推進する体制を整える。さらに、経営の透明性を確保し、危機の早期発見と対応を可能にするために、業務プロセスに危機管理の仕組みを組み込むことも不可欠である。

　危機管理の第一歩は、潜在的な危機を網羅的に洗い出すことである。企業の事業領域に応じて、例えば戦略危機、財務危機、オペレーショナル危機、コンプライアンス危機、サイバーセキュリティ危機などのカテゴリを設定し、それぞれの危機を整理することが必要となる。各危機について、発生可能性と影響度を評価し、危機マトリックスを作成することで、どの危機に優先的な対応をすべきかを明確にする。

　危機の評価が完了したら、それに対する具体的な対応策を決定する。危機対応には主に「回避」「低減」「移転」「受容」の四つのアプローチがある。回避とは、危機の高い事業や取引を撤退・中止することであり、低減とは、危機の発生確率や影響を抑えるための対策を講じることである。たとえば、サイバー攻撃の危機を低減するために、セキュリティシステムの強化をすることが考えられる。移転とは、危機を第三者に移転することであり、たとえば保険契約を活用することで損害発生時の負担を軽減できる。受容とは、危機が許容範囲内である場合に特に対策を講じずにそのまま受

け入れることである。危機対応策は、経営戦略と整合性を持たせ、事業の成長を阻害しないよう慎重に設計する必要がある。

　危機管理は一度構築すれば完了するものではなく、継続的にモニタリングし、環境変化に応じて適宜見直す必要がある。そのために、事業環境の変化を迅速に察知するための危機インジケーター（KRI、Key Risk Indicator）を設定し、危機の兆候を示す指標を定めることが求められる。たとえば、為替危機のモニタリングには、特定通貨の変動率を指標とできる。さらに、危機管理委員会を中心に定期的な危機レビューを実施し、危機対応策の効果を評価することが不可欠である。また、内部監査機能を活用し、危機管理が適切に行われているかを検証することで、危機の見落としを防ぐことができる。予期せぬ危機が発生した際には、迅速な対応が求められるため、インシデント発生時の対応手順をマニュアル化し、発生後はその原因を分析し、今後の危機管理に活かすことが重要である。

　そして何より、危機管理を効果的に機能させるためには、組織全体の意識改革が重要である。従業員が危機管理の重要性を理解し、日常業務に取り入れられるように研修やワークショップを実施することが求められる。特に、サイバーセキュリティやコンプライアンスに関する教育は不可欠である。また、社員が危機を発見した際に迅速に報告できる体制を整え、匿名報告制度の導入や、危機報告を評価する仕組みを設けることで、現場レベルでの危機発見能力を高めることができる。加えて、危機管理はトップダウンで推進されるべきであり、経営層が危機管理の重要性を積極的に発信することが求められる。

　企業の危機管理体制の構築は、単なる緊急対応策ではなく、持続可能な成長を支える経営基盤の一部である。危機の特定、評価、対応、監視・改善というサイクルを確立し、企業文化としての危機マネジメントを根付かせることが重要である。VUCAの時代において、環境変化に柔軟に対応しながら、企業価値を最大化するための戦略的な危機マネジメントが、今や全ての企業に求められている。

6. まとめ

　本書は、単なる危機管理の概念論にとどまらず、現代社会におけるもっとも喫緊の課題と直結した実践的な知見を提供する。なぜ日本が変革を迫られているのかを深く掘り下げ、具体的なデータと実例をもとに明らかにした第Ⅰ部、危機管理の理論を網羅した第Ⅱ部、そして危機管理の未来へと読者を導く第Ⅲ部は、私たちの主体的な危機管理への関わり方へと導く。危機を単なる恐怖として捉えるのではなく、それを乗り越えるための知識と戦略を提供している点こそが、本書の最大の魅力である。読者が本書を通じて、不確実性の時代における確固たる指針を持ち、危機を乗り越え、むしろ機会へと転換できる知見を得ることを願ってやまない。

第Ⅰ部 事 例

第 1 章

グローバル化や VUCA の時代に
対応できない日本人材の危機

はじめに

　2024年の観光立国推進閣僚会議において、2030年の目標値である6000万人の訪日外国人旅行者数がいよいよ視野に入ってきた。これは日本の総人口1.2億人の約半数にあたる。総務省はこの日本の総人口1.2億人自体が2100年には6000万人に半減すると予測する。日本市場を失った日本企業は規模の経済を求め、海外に進出する。これが日本のグローバル化のシナリオである。一方で、2023年のIMD世界人材ランキングでは日本は64か国中、過去最低の43位である。原因は「個々の持つ異なる文化、経験、スキル、価値観の良さを引き出し、チームを一つにまとめ、目的を達成する」多様性を活かす能力の欠如によるものである。この日本の人材の多様性を活かす能力の欠如は日本人が単一民族からなり、多様性に慣れていないことや、戦後、日本が加工貿易国として躍進してきた背景に、大量生産、規模の経済、効率性、高品質などを支える教育制度として、一つの正解を求める画一的なレクチャースタイルが挙げられ、失われた30年間にこの画一的な人材育成の環境のもとで、多様な人材による破壊的なイノベーションが創出されてこなかったのである。本章では日本人材の危機の現状認識と、それを乗り越えるための方法を検討する。

21

第Ⅰ部　事　例

1. 日本の人材の現状と課題

1.1　2023年のIMD世界人材ランキング、日本は2005年調査の開始以来最低の43位

　表1-1にスイス国際経営開発研究所（IMD）が、世界64か国・地域を対象とした「世界人材ランキング2023（World Talent Ranking 2023）」を示す。世界トップ10は、シンガポール以外は全てヨーロッパの国々となった。日本は昨年より2つ順位が下がって43位と、2005年の調査開始以来最低となった。

表1-1　世界人材ランキング（IMD）

1位	スイス	11位	ノルウェー	24位	フランス
2位	ルクセンブルク	12位	ドイツ		
3位	アイスランド	13位	カナダ	31位	ニュージーランド
4位	ベルギー	14位	アイルランド		
5位	オランダ	15位	アメリカ	32位	スペイン
6位	フィンランド	16位	香港		
7位	デンマーク	17位	エストニア	41位	中国
8位	シンガポール	18位	オーストラリア		
9位	オーストラリア	19位	イスラエル	**43位**	**日本**
10位	スウェーデン	20位	台湾		

出典：IMD "world Talent Ranking 2023" https://imd.cld.bz/IMD-World-Talent-Report-20232

　図1-1で示すように、世界人材ランキングは「自国人材の投資育成の手厚さ」、「海外人材を惹きつける魅力度」、「自国人材の能力の高さ」の3項目を評価してランキングにしている。世界43位と日本の人材ランキングが低い要因としては、「自国人材の投資育成の手厚さ」においては「GDP比でみた教育投資（53位）」がある。また、「海外人材を惹きつける魅力度」においては「外国人の高度技能人材からみた日本の魅力度（54位）」がある。さらに、「自国人材の能力の高さ」においては「上級管理職の能力（62位）」、「国際経験（64位）」「語学力（60位）」などに対する評価が

低く、順位を押し下げていることが挙げられる。

　今後さらに、デジタル化や事業の持続可能性の重視など、経営環境は大きく変わってきており、管理職教育に本腰を入れるべきだと考えられる。

図1-1　日本の人材の世界における位置づけ

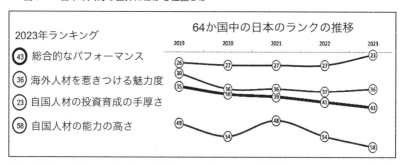

出典：IMD "world Talent Ranking 2023" https://imd.cld.bz/IMD-World-Talent-Report-20232

1.2　多様性に慣れていない日本の人材の課題

　スイスIMDの元学長のドミニク・テュルパン（2012）は世界の先進企業に学ぶリーダー育成法の観点から、日本国内から世界を見ているだけでは気づかない大きく変わった世界の現実とどう向き合えばよいのか、ネスレ、GE、ヴァーレ、マースク、ヴェオリアなどの多国籍企業の事例をまじえ、コラムの中に示すような課題を提言している。

> **コラム1：なぜ日本企業は「グローバル化」でつまずくのか**
> **（ドミニク・テュルパン, 2012）**
> 　長年日本をウオッチしてきた私にとって、日本企業に元気のない現状はとても残念だ。世界経済が大きく姿を変えつつあるなかで日本企業はうまく対応できていない。あるいは日本の社会そのものも豊かさを達成したことに満足し、以前は旺盛だった外への関心を失っていると思う。
> 　日本企業の弱点は多様性の欠如だ。例えば、スイスのネスレはパスポートの色を問わない人材活用を徹底し、本社の常務会に参加する上級幹部14人の国籍は米国、イタリア、フランス、インドなど9カ国に上っている。日本企業では

第I部 事 例

世界の様々な市場を渡り歩かせて、キャリアを積ませるネスレ型のグローバルローテーションはほとんど実践されていない。グローバル人材は一朝一夕には養成できない。長期を見据えたブレのない取り組みが必要だ。

1.3 企業の国際人材開発に向けた取り組み

日本の人材の課題として「上級管理職の能力や国際経験」があげられたが、そのために必要な国際人材開発プログラムや国際経験で養われるグローバルマインドセットについて述べていく。

国際人材（経営層、経営幹部層）の役割が多様化する中で、国際人材開発プログラムにおいては新たな取り組みがなされている。例えば、海外派遣に向けたマネジャーの能力開発の基礎となる国際人材のリーダーシップコンピテンシー（リーダーに求められる要件・資質）、異文化教育、多国籍チームの構築と開発、女性マネジャーを対象とした国際人材開発等の取り組みがある。

国際人材に必要とされるリーダーに求められるコンピテンシーを表1-2

表1-2 国際人材に必要とされるリーダーに求められるコンピテンシーのまとめ

柔軟な考え方とその戦術	他者の意見やアプローチ、アイデアなどを聞く意志を持ち、聞くことができ、多様な人材と働くことができる能力。
文化への関心と感受性	自国以外の文化、人材、考え方を尊重し、それに対して放漫な態度をとらず、一方的な判断を行わない能力であり、さまざまな人とうまく付き合い共感できる能力。
複雑性への対応力	不確実性に直面した中で、曖昧さへの寛容と、発生する諸問題に忍耐強く、意思決定を行うことができる能力であり、リスクに挑戦する意欲を持ち、問題を解決するうえでさまざまな方法を考慮する能力。
ポジティブな思考	高い身体的・感情的エネルギーを持って、物事の良い側面をみようとする能力であり、ストレスに対処し、逆境に立ち向かい、課題に対応する「ネアカ」の能力。
誠実さ	どんな環境の中でも、自ら、誠意を持って、他者と信頼を構築することができる能力。
安定した私生活	家族の仕事への理解を得るなど、私生活での良い人間関係を築き、維持できる能力。
付加価値の高い技術・経営スキル	自分自身が周囲からの信頼を得るのに十分な技術的、経営的、その他の専門的な能力。

出典：笠原民子（2016）、Rees. C. & Edwards. T.（2010）をもとに筆者が作成

第1章　グローバル化やVUCAの時代に対応できない日本人材の危機

にまとめたが、国によってリーダーシップモデルが異なる。多国籍企業では、その企業独自のリーダーシップモデルや、それに関連するコンピテンシーを開発し、活用している。

図1-2　ドメスティックマインドセットとグローバルマインドセットの違い

個人の特性	ドメスティックマインドセット		グローバルマインドセット
知識	職能に基づく専門知識		幅広く多面的な視点
概念的思考力	優先順位づけ（一方性）	➡	矛盾する事柄のバランスを図る（双方性）
柔軟性	組織		プロセス
感受性	個人の責任		チームワーク、ダイバーシティ
判断力	予測可能性		機会としての変化
学習	予測しない事柄に対する教育		新しいものを受け入れる姿勢

出典：笠原民子（2016）、Rees. C. & Edwards. T.（2010）をもとに筆者が作成

　図1-2は従来の国内を対象とした考え方であるドメスティックマインドセットとグローバルな市場を対象とした考え方であるグローバルマインドセットの違いをまとめたものである。これからはこれらのマインドセットの違いを踏まえ、状況に応じて、2種類のマインドセットを考慮しながら、国際人材開発プログラムは設計し導入されていく必要がある。

1.4　VUCAに対応出来ない画一的な日本人材の特性

　戦後、日本は画一的な教育制度を採り入れ、画一的な人材を育成し、画一的な大量生産によって、加工貿易国として華々しい成功を収めてきた。画一的な日本人材は、特に、製造業において効率や品質の向上を追求するための継続的な改善は生み出すものの、IT業界において、米国の巨大IT企業が成し遂げたような、多様な人材による破壊的なイノベーションは生まれてこなかったのである。正解があり、レクチャー方式で教え、正解を言い当てるような日本の画一的な教育スタイルは、今でも日本の初等教育から高等教育まで行われている。欧米の優秀な大学では正解を求めるような画一的な教育スタイルではなく、VUCAに対応するために、どんな状況下においても主体的な思考をするための学び方を学ぶことができるような教育スタイルを進

第Ⅰ部　事　例

めている。正解を求める画一的な教育スタイルは日本の失われた30年を生んだ原因であり、戦後の考え方から一切、脱皮することが出来ずにいる多様性の欠如した画一的な日本人材の持つ今後の課題でもある。

2. 日本の労働力確保の現状と課題

2.1　急速に減少する日本国内の労働力

　日本における労働力は急速に縮小している。この背景には急激な人口減少と急激な高齢化の進行がある。2015年の国勢調査による日本の総人口は1億2,709万人で高齢化率（総人口に占める65歳以上人口の割合）は26.6％であったが、2021年には総人口は1億2,550万人、高齢化率は28.9％となり、わずか6年間で総人口は159万人減少し、高齢化率は2.3％増加して過去最高かつ世界最高水準になった。

　さらに、国立社会保障・人口問題研究所の「日本の将来推計人口（2019年推計）」によると、図1-3に示すとおり、2030年には総人口は1億1,913万人、高齢化率は31.2％、2050年には総人口は1億192万人、高齢化率は37.7％と推計されている。一般的に将来人口や高齢化率の推計はもっとも確度の高いものとされており、人口減少と高齢化はさらに加速し、今世紀半ば（2053年）には日本の総人口は1億人を割りこみ、高齢化率は38.0％に達し、2100年には総人口5,972万人、高齢化率は38.3％になると予測されている。

2.2　外国人にとって日本で働く魅力度

　海外からの労働力を確保するためには、外国人にとって日本で働く魅力度を高めることが必要である。表1-3はOECDが調査した世界の人材誘致ランキングである。日本はOECD加盟国の中で、第22位であり、欧米の先進国から遅れをとっている。有能な労働者は経済成長、競争力、イノベーションの重要な原動力であるため、OECD加盟国においてはグローバルな人材の誘致と維持が長い間、重要な政治課題となっている。人材の流動性は、スキル不足に対処し、労働力の高齢化による悪影響を相殺する上

図1-3 日本の労働力減少の背景としての日本の総人口の長期的トレンド

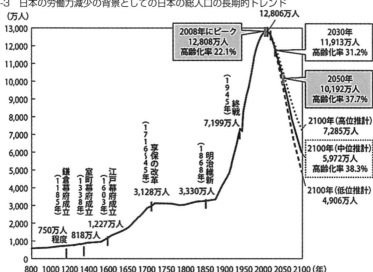

出典：国土庁「日本列島における人口分布の長期的時系列分析」(1974) に総務省「国勢調査」、「人口推計年報」により補間補正、国立社会保障・人口問題研究所「日本の将来推計人口（平成29年推計）」を追加、「人口減少社会のデザイン」広井良典 (2019)

で重要な役割を果たし、高度なスキルを持つ移民を求める世界的な競争に参加しない国は、労働力の確保に大きく遅れをとるリスクがある。

　表1-3のOECDによる世界人材誘致ランキングのベースとなる人材魅力指標は、移民政策の枠組みと、国際的な人材の誘致と維持の能力に影響を与えるその他の要因の両方を考慮し、多面的な観点から各国の相対的な魅力を測定している。人材魅力指標のフレームワークに使われている次元と変数についての概要を表1-4に示す。人材魅力指標のフレームワークを用いて、2023年の世界人材誘致ランキングにおける上位の国々や日本や日本に類似する国々の状況や課題についてOECDの分析を解説する。

　世界人材誘致ランキングの上位国であるニュージーランド、スウェーデン、スイス、オーストラリアは2023年以前からも、高技能労働者にとってもっとも魅力的なOECD諸国であり、ノルウェーがそれに続いている。

　イギリスは、高技能労働者の割り当てを廃止したことや移民の労働市場が好調なことなどにより、2019年以降、ランキングが最も大きく改善した国である。

第I部　事　例

表1-3　2023年の世界人材誘致ランキング（OECD）

1位	ニュージーランド	11位	デンマーク	21位	エストニア
2位	スウェーデン	12位	アイルランド	22位	日本
3位	スイス	13位	ポルトガル	23位	スロバキア
4位	オーストラリア	14位	フィンランド	24位	スペイン
5位	ノルウェー	15位	ドイツ	25位	韓国
6位	ルクセンブルク	16位	アイスランド	26位	オーストリア
7位	イギリス	17位	フランス	27位	チェコ
8位	アメリカ	18位	ベルギー	28位	リトアニア
9位	オランダ	19位	スロベニア	29位	ポーランド
10位	カナダ	20位	ハンガリー	30位	ラトビア

出典：OECD "Indicators of Talent Attractiveness"
https://web-archive.oecd.org/temp/sections/talent-attractiveness/index.htm

2.3　日本における日本型雇用慣行の終焉とライフスタイルへの影響

　海外から優秀な労働力を確保することと並行して、これからの日本人の労働力の質と量を確保する上で、考慮しなければいけないのが、日本における日本型雇用慣行の終焉とそれが日本人のライフスタイルへ与える影響である。

　図1-4は経団連がまとめた日本型雇用慣行のモデルチェンジを示したものである。社会変化に伴い、高度成長期において、日本型雇用慣行の三種の神器と言われた「終身雇用」「年功序列」「企業内労働組合」が壊れつつある。一般的に日本型雇用慣行はメンバーシップ型と呼ばれ、米国のジョブ型雇用慣行と対比されているが、おそらく、日本のメンバーシップ型雇用慣行はジョブ型雇用慣行には行かず、経団連の提言するような新たな雇用慣行モデルにシフトするのではないかと考えられる。

　自分が帰属する企業で働く期間が短くなり、転職の選択肢が増えることで、自分のキャリアを自分自身で考える自立的なキャリア形成が必要となる。そして、労働力の減少により、企業から個人へキャリアの軸が変化し、

学び直しや学び重ねが当たり前になるのである。

　リンダ グラットン＆アンドリュー スコット（2016）の指摘するマルチステージの人生によるライフ・シフトにおいても、教育→仕事→引退という3ステージの人生が崩壊し、学ぶと働くが行き交うマルチステージの人生にライフ・シフトしていくことが予想される。マルチステージの人生において主体的に学習を継続することにより、高齢者の変化に対応した仕事へのスキルが高まり、国内から、新たなハイスキルの労働力を確保できることが期待される。このことは、次に述べる高等教育におけるリカレント教育に大きな影響を及ぼすことが予想される。

表1-4　人材魅力指標のフレームワークに使われている次元と変数の概要

次元	変数
機会の質	移民の失業率／移民の過剰資格率 臨時雇用の移民／パートタイム雇用の移民
所得と税金	高学歴労働者の収入／物価水準指数／税率
将来見通し	2050 年の扶養比率 国籍の取得 一時雇用から永住へのステータ人変更の容易さ
家族環境	配偶者が移民と合流して働く権利 移民の子供が市民権を取得する容易さ PISA 数学テストのスコア 家族給付に対する公的支出 就職した第 2 の稼ぎ手である親の参加税率
スキル環境	ブロードバンド加入数（新規） ブロードバンドにおけるファイバーのシェア（新規） 英語能力 研究開発に対する国内総支出 特許総数（IP5）
包摂性	労働年齢人口に占める高学歴移民の割合 移民受け入れ指数（新） SIGI 男女平等指数
生活の質	OECD より良い生活指数
ビザおよび入国政策	ビザ拒否率／ビザ処理時間 ビザ手続きのデジタル化レベル（新） 高技能労働者の割り当て

OECD "Indicators of Talent Attractiveness"
https://web-archive.oecd.org/temp/sections/talent-attractiveness/index.htm

図1-4　日本型雇用慣行のモデルチェンジ

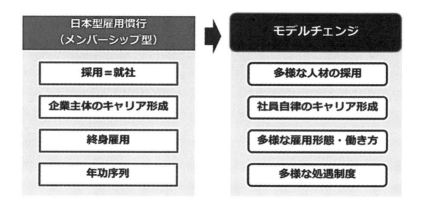

出典：2018年　日本経済団体連合会　Society 5.0 - ともに創造する未来より

3. 日本の教育の現状と課題

日本の教育の現状と課題について議論するにあたり、本書では高等教育、その中でも主に大学における教育を中心に考えていきたい。

3.1　日本の大学のユニバーサル化

図1-5で示すように、18歳人口は確実に減少しているのに対し、大学入学者数はそれほど減少していない。その理由は大学進学率が上昇し続けているからである。昭和60年代に30%を下回っていた大学進学率は令和5年度には57.7%という最高値を記録しており、大学のユニバーサル化が進んでいる。かつての大学は限られた者への教育機関であったが、現在の大学は誰もが当たり前のように学ぶ場所となり、大学の提供する高等教育が日本国民へ与える影響力が高まっているのである。

国民に大きな影響を与える大学の役割は教育基本法第7条において学術の中心として、高い教養と専門的能力を培うとともに、深く真理を探究して新たな知見を創造し、これらの成果を広く社会に提供することにより、社会の発展に寄与するものとするとされており、教育、研究、教育・研究成果の社会への提供による社会の発展への寄与の3つが大学の役割とされ

ている。本章では大学の存在意義の「教育」、「研究」、「社会貢献」のうちの「教育」について論じていきたい。

3.2 グローバル化や多様性に適合した人材教育の必要性

また、前述の日本の人材の国際競争力の観点から、21世紀において日本の人材の競争力を高めるためには、グローバル化と多様性が重視されるのであれば、それに適合した教育を考えることが必要である。さらに情報技術の発展により、世界中の情報が容易に入手でき、オンラインのビデオ通話やソーシャルメディアの普及により、手軽に他国の人々とコミュニケーションを図ることが可能になった。今後はこの傾向がさらに加速されることが予想され、グローバル化が促進され、それに対応できる人材の育成のコンテンツが大学に求められる時代になってきている。

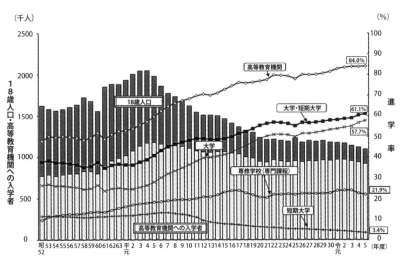

図1-5　18歳人口の減少と大学進学率の増加

（注1）　18歳人口とは3年前の中学校・義務教育学校卒業者及び中等教育学校前期課程修了者数をいう。
（注2）　高等教育機関入学者とは、大学学部・短期大学本科入学者（過年度高卒者等含む）、高等専門学校第4学年在学者，専修学校（専門課程）入学者である。また、それぞれの進学率は入学者を3年前の中学校・義務教育学校卒業者及び中等教育学校前期課程修了者で除した比率である。
出典：学校基本調査／年次統計2023年　高等教育機関への入学状況（過年度高卒者等を含む）の推移
https://www.e-stat.go.jp/SG1/estat/NewList.do?tid=000001011528

第Ⅰ部 事 例

3.3 大学が21世紀に提供すべきコンテンツとしてのリベラル アーツについて

　大学が21世紀に提供すべきコンテンツのひとつとして、リベラルアーツが議論されている。大学基準協会の「21世紀型リベラルアーツと大学・社会の対話（山田礼子編著：2024）」によると、不確実で予測不可能なVUCA の時代に要請される人材・能力育成に向け、各大学で「21世紀型リベラルアーツ教育」が試行錯誤されている。

　アメリカ教育使節団（1979）の報告書では、日本の高等教育のカリキュラムの問題点として、「一般教育に接する機会があまりにも少なく、専門化があまりにも早く、あまりにも狭く、そして、職業教育にあまりにも力を入れすぎている。自由な考え方のバックグラウンドと職業的訓練の下地としての、より良い基礎を与えるためにも、もっと広い人文主義的態度が養われなければならない」とリベラルアーツの重要性を指摘している。

　その後、40年以上経った現在、大学を取り巻く環境は、経済面や文化面においてグローバル化が進み、当時は存在していなかったインターネットの普及により、時間や距離を超えて、世界がさらに近くなり、ソーシャルメディア、AI、さらにはDXやSociety5.0などの新たな概念が広がり、大学に入学してくる学生はスマートフォンと共に育ったデジタルネイティブ、すなわち、Z世代が中心である。

　このような時代の中で、大学教育に求められるリベラルアーツを「21世紀型リベラルアーツ」として再定義する必要があると思われる。こうした背景の中で、大学基準協会は「21世紀型リベラルアーツ」の内容として重要だと思われる13のキーワードを設定し、2021年10月から2023年3月にかけて大規模なアンケートを実施した。

第1章　グローバル化やVUCAの時代に対応できない日本人材の危機

図1-6 大学と企業が「21世紀型リベラルアーツ」の内容として重要だと思われる13のキーワード

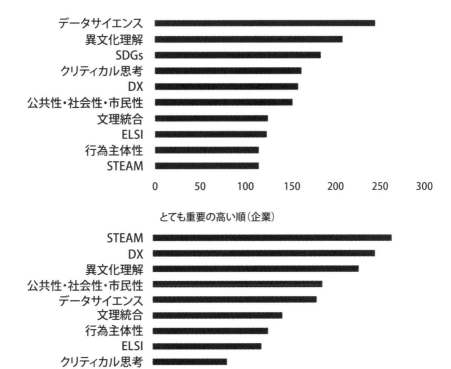

出典：大学基準協会＆山田礼子（2024）のアンケート結果より筆者が作成

第Ⅰ部　事　例

表1-5 「21世紀型リベラルアーツ」の内容として重要だと思われる13のキーワードと
そのポイント

キーワード	リベラルアーツの観点から重要と思えるポイント
データサイエンス	2021年より文科省がMDASH（数理・データサイエンス・AI教育プログラム認定制度）を発足させたこともあり、多くの大学はデータサイエンスを教養教育の新たなコンテンツとして取り入れようとしている。
DX	リベラルアーツ教育としてのDX教育は競争上の優位性を確立するものではなく、進化したIT技術を浸透させることで、人々の生活をより良いものへと変革することを目的とする必要がある。すなわち、高度なプログラミングなどの先端技術の習得を全ての学生に期待するのではなく、DXの先端技術の習得はあくまでも手段であり、DXの正しい利用法の習得をリベラルアーツの目標とすることが望ましい。
STEAM	STEAMとは科学（Science）、技術（Technology）、工学（Engineering）、芸術・リベラルアーツ（Arts）、数学（Mathematics）の5つの領域を対象とした理数教育に創造性教育を加えた教育理念のことである。STEAMの教育理念は知る（探究）とつくる（創造）のサイクルを生み出し、5領域を横断した学びを促進する。大学基準協会による「21世紀型リベラルアーツ」アンケートによると大学において、STEAMの重要度は一番低いのに対し企業においてSTEAMの重要度は一番高いと認知されている。
文理統合	統計学やプログラミング言語の技術を活用する分野は、従来の分類でいえば、理系の学問であったが、近年は文系・理系を問わず、これからの社会で必須の汎用的な新たな分野として定着してきている。
SDGs	このアジェンダは2030年という期限がついた国連サミットのアジェンダであるため、学問的な分野でも、大学で教えるべきスキルでもなく、「学部」や「学科」として組織化はできないが、貧困や飢餓、気候変動や環境破壊など、世界が直面している人類共通の課題として、大半の大学は教養教育の新たなコンテンツとして重視しており、何かの形でカリキュラムに組み込んでいる。
異文化理解	アンケートによれば、大学で2位、企業で3位と、大学と企業ともに高く評価している。単なる実用的な英会話力の向上にとどまらず、海外留学、語学研修、国際交流などを通じて、世界の多様性に目を開かせるという教育本来の意義が、大学でも企業でも広く共有されている。大学教育の目的はより、多様な場で活躍できる人材の育成であり、結果として国際人材に求められるコンピテンシーやグローバルマインドセットにつながるのである。

第1章　グローバル化やVUCAの時代に対応できない日本人材の危機

クリティカル思考	現在はたいていの情報はスマホでの検索やChatGPTなどで簡単に獲得することが大学生にとって当たり前のことになっている。これからの大学教育に求められるのは、すでに確立されている学問体系を一方的に教授することではなく、むしろこれを疑ってみること、世に通用しているさまざまな通念や既成概念を一度白紙に戻して、当たり前だとされることをゼロから考える「クリティカル思考」が大切である。
公共性・社会性・市民性	教養教育は専門教育の前段階として、多くの大学では学部1・2年生の間に済ませ、3・4年生では専門教育に特化するカリキュラム構成が主流であったが、1991年の大学設置基準大綱化により、教養科目と専門科目の枠が外れ、3・4年生になっても同時並行的に教養教育（後期／高度教養教育）を実施する大学が増えている。AIのような先端科学技術が進めば、社会との関りを視野に入れた倫理的側面の重要性が増大し、「公共性・社会性・市民性」を後期教養教育として学ぶ意義は今後、ますます大きくなっていく。大学基準協会の調査から、立教大学の大学院の人工知能科学研究学科ではAIに関わるELSI（Ethical, Legal, and Social Issues/Implications）を重点分野と捉え、博士課程前期課程でAI-ELSIを学ぶ科目を必修にしている。「システム思考」「デザイン思考」「起業家精神」なども、1・2年生の段階で簡単に身につけることができるのではなく、それぞれの専門分野を深めていく中でじっくりと時間をかけて醸成されるべき資質である。
ELSI	
システム思考	
デザイン思考	
起業家精神	
行為主体性	行為主体性とは、「ひとの主体的な意思に基づく多様な目的や価値の形成とそのもとでの自律的な選択」（鈴村＆後藤,2001）であり、経団連が2022年に実施した「採用と大学改革への期待に関するアンケート」では企業が大卒者に期待される資質のトップが「主体性」であった。

出典：大学基準協会＆山田礼子（2024）、鈴村＆後藤（2001）、日本経済団体連合会（2022）などを参考に筆者が作成

　調査対象として、374校の大学と750社の企業に対し、「21世紀型リベラルアーツ」の内容として重要だと思われる13のキーワードのそれぞれについて、大学に対しては教育の立場から、企業に対しては働く立場から見た場合、重要視する度合いについて、4段階（1.重要ではない、2.あまり重要ではない、3.重要、4.とても重要）の中から選択してもらった。大学と企業へのアンケートの結果を図1-6のグラフに各々まとめ、表1-5に13キーワードについて、リベラルアーツの観点からアンケートの結果も踏まえて、重要と思えるポイントをまとめた。

　表1-5で特筆すべき点は、クリティカル思考、システム思考、デザイン

35

思考などの考え方を学ぶ点である。これは、前述のVUCAに対応出来ない画一的な日本人材の特性を創りあげた日本の初等教育から高等教育まで行われている正解を言い当てるような日本の画一的な教育スタイルからの脱皮、すなわち、VUCAに対応するために、どんな状況下においても主体的な思考をするための学び方を学ぶことができるような欧米の教育スタイルの具体的な手法の例として位置づけることができ、この後に触れる次世代の教育スタイルを持つミネルバ大学の教育方針にもつながるのである。

3.4 誰もが一流大学の講義をインターネットで受講できる大規模オンライン大学講座 MOOCs

国際教育の内容の多様化と同じく、国際教育の手段も多様化している。ＤＸの進展により、枠にとらわれない多様な条件に応じた教育の手段が整備されつつある。また、教育を提供する学校側の効率性から教育を受ける学ぶ側の利便性が問われる時代になった。

オンラインの教育コンテンツに世界中からアクセスできる。MOOCs（Massive Open Online Courses）もその一つである。スタンフォード大学からはコーセラ（Coursera）が創立され、ハーバード大学、MIT、コーネル大学、カリフォルニア大学バークレー校等が参加したエディックス（edX）が有名教授の講義を無料配信するサービスを開始するなど、大きな注目を集めた。日本においても、日本版MOOCであるJMOOCは無料で学べる日本最大のオンライン大学講座というふれこみでスタートした。世界最高の大学講義を日本語字幕つきで無料で学べるオンライン講座も始まった。課題を提出すれば修了証が付与され、学位取得により卒業認定を受けられる制度もある。特徴はオープン、リモート、オンデマンド、ワールドワイドである。大学を選ぶというよりも、専門に関する授業を複数の大学から選び、学位取得によりコースを修了（卒業）することが、技術的には可能な時代になった。

さらにAIの進化により、リアルタイムに日本語字幕や同時通訳を機械が行うことで、世界の一流の教授の講義を日本語環境で受けることができ、学生のメリットは増大するであろう。

MOOCsを授業前の事前学習の教材として活用し、授業で意見交換をしたり学び合い・教え合いをしたりする反転授業（反転学習）ができる。さらに、従来の海外留学に加え、安価で手軽なコーセラ、エディックス等の海外オンラインコースの学修証明や単位認定なども可能になると、日本の大学や教員にとっては教育のあり方を再定義する時代に入ったといえよう。（榊泰輔, 2024）

また、人生のマルチステージ化に伴い、社会人のあらゆる世代にとって、リスキリングやリカレント教育のためにMOOCsのオンライン大学講座や対面で学び直しをする機会が増えるであろう。また、日本の国際的な外国人労働者の獲得競争が高まると、それに伴い大学は留学生の獲得が急務となる。日本の大学経営の視点からも大学のユニバーサル化による高校生の入学による定員確保、リスキリングやリカレント教育などの社会人の学び直しによる定員確保、そしてスキルの高い外国人労働者の獲得競争の前段階の優秀な留学生の入学による定員確保などの施策がたてられるであろう。

3.5 新しい世代の大学教育の姿を創造するミネルバ大学

ミネルバ大学は、アメリカ合衆国カリフォルニア州サンフランシスコに本部を置く総合私立大学である。実験的高等教育機関であるミネルバ・プロジェクトが、創立者ベン・ネルソンにより、KGI（Keck Graduate Institute）をパートナーとして2014年9月に開校された。

大学の特徴は:

・特定のキャンパスや校舎を持たず、学生は4年間で世界の7都市をめぐる。

・全寮制の4年制総合大学だが、授業はすべてオンラインで行う。

・多くの有能な教授からなる教師陣は「講義」も「テスト」もしない。

・世界トップクラスの教育を、ハーバード大学の約4分の1の学費で実現した。

であり、この資産がほぼゼロの大学には2017年度には世界中の169か国から2万人以上の受験者が集まり、合格率がわずか1.9%で、ハーバード大学、スタンフォード大学、ケンブリッジ大学などの名門大学の合格を辞

退して進学する学生がいた（山本秀樹, 2018）。

　ミネルバ・プロジェクトの成功要因はベン・ネルソンがプロジェクトを設計するうえで持っていた「重要な気づき」、「影響力を駆使したマーケティング」、「参入タイミング」について、表1-6に詳細をまとめたが、ミネルバ・プロジェクトの主な成功要因は、「自己変革できない大学業界の中でテクノロジーを最大限に活用した革新的な事業モデルを自前で構築したこと」、「大学業界の中で影響力のある著名で有能な経営者、教授、スタッフがプロジェクトに参画することでブランドを構築し、投資家や優秀な教授を引きつけたこと」、そして「有名大学がリリースしたMOOCを事前学習に使い、学生のディスカッションを主体としたレベルの高い授業を低コストで実現できたこと」につきる。

　ミネルバ大学が世界中から大きな注目を集め、学生に支持されている背景には、大学を取り巻く次の深刻な状況がある。

- ・企業が求める職業スキルに対し、学部卒の学生の職業スキルが極めて低い。
- ・学習効果の高い反転形式の授業法が使われていない。
- ・複雑化した国際社会へ対応するための異文化や多様性の経験が無い
- ・トップ・エリート大学の偏った多様性
- ・高騰する学費と学生ローンと低い投資対効果
- ・新しい大学を求める動き

　スイス・ジュネーブに本部がある国際機関である世界経済フォーラムはスイスのダボスで年次総会が開催されており、知識人や大手国際企業の経営者、国際的な政治指導者など各界のリーダーが集まり、世界の重大な課題について議論する場となっている。その世界経済フォーラムは2016年1月に表1-7に示す「2020年に求められる職業スキルトップ10」を発表した。

第1章　グローバル化やVUCAの時代に対応できない日本人材の危機

表1-6 ミネルバ・プロジェクトの成功要因

成功要因	説明
重要な気づき	ミネルバ・プロジェクトはテクノロジーを利用して教育分野に参入した企業として分類されるが、他社が、既存大学にサービスを販売するビジネスモデルを採用しているのに対し、最初から自前の大学を作り、下請けではなく、事業モデルのオーナーとして、「高等教育の再構築」をリードした。既存の大学には自己変革を実行するインセンティブとメカニズムが存在しておらず、情報技術、とりわけプログラミング技術の進化速度がコンピュータ画面上に今まで存在しなかったディスカッションやディベート、さらには教員がファシリテーションをできるような独自の教育ERP（教育系情報インフラ）の仕組みを作り出し、変革に対して後ろ向きであるエリート大学を尻目に、競争優位を構築した。
影響力を駆使したマーケティング	大統領選挙にも立候補した元ネブラスカ州知事でニュー・スクール大学の学長を務め、大学関係者への信用度や影響力の高いボブ・ケリー。ハーバード大学の元学長であり、元財務長官で高騰する大学の学費や大学の抱える課題への発言に信用力や影響力を持つラリー・サマーズ。ハーバード大学前社会科学部長のステファン・コスリン、スタンフォード大学研究員でオバマ元大統領の自然科学分野のアドバイザーを務めたビッキー・チャンドラーなど多くの権威を持つ人物や有能な教授がミネルバ大学に参画し、投資家や優秀な教授を引きつけるブランド力を構築した。最初の教員募集には定員8名に対し800名近い応募があった。スタッフや学生募集時のエージェントに関しても、ミネルバは影響力のある人物の採用にこだわった。こうした影響力や信用力を持つ人々を介したマーケティング活動は、従来の新設大学がたどる広告業者や留学コンサルタントに依存したマーケティングとは比較にならないブランド効果を生み出し、ミネルバ大学は初年度から既存のトップ大学がうらやむような才能のある学生を獲得することができた。
参入タイミング	ミネルバ・プロジェクトが資金調達に成功した2012年に有名大学がこぞってMOOCをリリースしたことである。誰でもその分野の第一人者である教授の講義を聴くことができるインフラが整い、従来では実現が難しかった基礎科目を提供しない大学を実現可能になったことを意味した。学生がMOOCを通じて無料で予備知識を事前学習できることは、ミネルバ大学にとって、学生のディスカッションを主体としたレベルの高い授業を低コストで実現するというミッションを実現する上で、非常にありがたい外部環境の変化であった。MOOCの大量出現により、注目されるようになった大学の投資効果や学習効果について、明らかにミネルバ大学が有利であることをPRすることができたのである。

出典：『世界のエリートが今一番入りたい大学ミネルバ』（山本秀樹、2018）を筆者がまとめた。

39

第Ⅰ部　事　例

表1-7 世界経済フォーラム「2020年に求められる職業スキルトップ10」

1位　複雑な問題解決能力	6位　感情知能
2位　クリティカル思考	7位　判断力と決断力
3位　創造力	8位　サービス志向
4位　人的マネジメント力	9位　交渉力
5位　関係調整力	10位　認識の柔軟性

出典：世界経済フォーラム（2016）

　現在の大学のカリキュラムで、こうしたスキルを習得することは極めて難しい。こうしたスキルは講義形式で特定分野の専門知識を覚えることでは身につかない。与えられた事前課題を、少人数グループの学生同士が互いに自分が学んできたことを共有し、あらかじめ学んだ複数の思考法やコミュニケーション法で構成される基礎コンセプトを意識しながら、実際に思考やコミュニケーションを実際に自分自身で繰り返す実践的な経験を通じてのみ、習得できるものである。

図1-7 ミネルバ大学で学ぶ4年間のカリキュラム

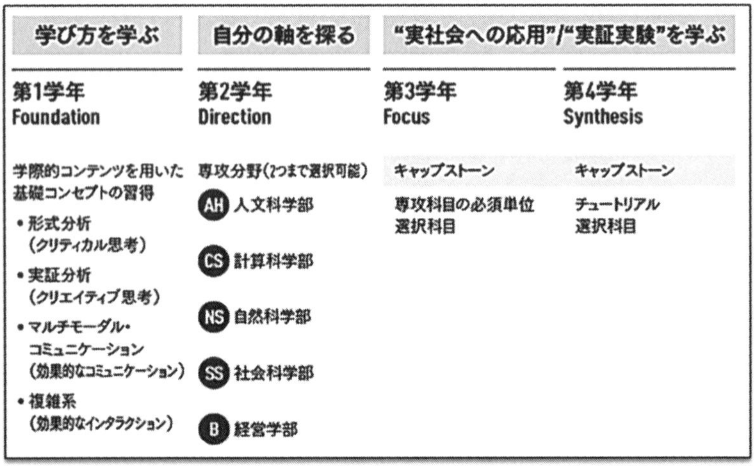

出典：『世界のエリートが今一番入りたい大学ミネルバ』（山本秀樹, 2018）

40

図1-7はミネルバ大学で学ぶ4年間のカリキュラムである。ミネルバ大学で学ぶ4年間は、学生が実社会に出たときに実践的な知恵を上手に使える人材になれるように設計されている。ミネルバ大学ではこの実践的な知恵を現実の社会における課題解決に応用できる認知ツールと定義している。ミネルバ大学のカリキュラムの中でもっとも重要でユニークなものは、第1学年で実践的な知恵として徹底的に学び方を学ぶ基礎コンセプトである。実践的な知恵は社会のどんな専門分野にも活用でき、キャリア育成においても汎用的であると定義している。1年目の学習内容は4年間を通じて核となるものであり、さらには卒業してからも、ずっと進化させ続けられる重要なものであると位置づけている。

図1-8はミネルバ大学が考える実践的な知恵をツリー図に分解したものである。実践的な知恵は個人の思考技能と集団におけるコミュニケーション技能に分類される。思考技能は、クリティカル思考とクリエイティブ思考に、コミュニケーション技能は効果的なコミュニケーションと効果的なインタラクションに分けられ、それぞれがさらに2から3の具体的な技能に分類されている。

図1-8 ミネルバ大学が考える実践的な知恵の分解図

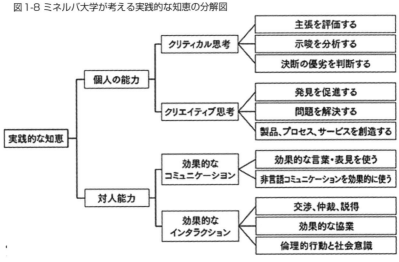

出典：『世界のエリートが今一番入りたい大学ミネルバ』(山本秀樹, 2018)

第Ⅰ部　事　例

4. 日本の人材・労働力確保・教育に関する
インプリケーション

4.1　国内人材の日本国内からのアウトバウンド化について

　国内人口の減少がもたらす国内市場の縮小に伴い、日本の企業は規模の経済を海外市場にもとめる、すなわち多国籍企業化が進むことが予想される。規模の経済を実現できる産業構造も、今後、大きな変貌を遂げるであろう。日本政府が表1-3の世界人材誘致ランキング第2位のスウェーデンのように将来有望な産業において、多国籍企業の育成に政策的な支援するのであれば、多国籍企業は成長産業において、積極的な海外進出を試みるであろう。これを機会にボードメンバーの構成を多国籍にし、各国の現地の子会社の経営幹部として、ボードメンバーをOJTすることで、国際経験が積み重ねられていく。このグローバル人材OJTの事前教育として、グローバルマインドセットをあらかじめ学ぶことで、このOJTの効果に寄与するであろう、表1-2に示した「柔軟な考え方とその戦術」「文化への関心と感受性」「複雑性への対応力」など国際人材に必要とされるリーダーに求められるコンピテンシーが向上する可能性につながると考えられる。

4.2　海外人材の日本国内へのインバウンド化について

　訪日外国人旅行者数は、直近の伸び率で推移すれば、2030年の政府目標である6000万人も視野に入る状況にある（観光立国推進閣僚会議, 2024）。これは日本の総人口の約半分にあたる年間6000万人の訪日観光客が日本を訪れることを意味する。この訪日観光客の急増に伴い、ホテル、旅行、交通、リテールなどのインバウンド関連業界を中心に、ホスピタリティサービスやマーケティングに関する有能な外国人労働者の需要が見込まれる。ここで、日本が他国よりも有利な移民政策を導入することにより、高技能移民を誘致することが期待でき、海外から質の高い労働力を確保することが期待できるであろう。

第1章　グローバル化やVUCAの時代に対応できない日本人材の危機

4.3　高等教育のあり方について

　高技能移民の誘致はエッセンシャルワーカーの移民政策とは異なり、高等教育機関である大学や大学院との連携による海外からの留学の制度設計が課題となる。

　海外からの留学生に魅力的な日本の大学の例として、立命館アジア太平洋大学（APU）がある。APUは全学生に占める国際学生の割合が約50％の、「マルチカルチュラルキャンパス」であり、世界109か国・地域（2024年5月1日時点：APUホームページより）から集う約3,000人の国際学生とともに、24時間365日、常に世界を感じながら学べる環境を提供する。教員も2人に1人が外国籍で、キャンパスの公用語は英語と日本語である。大学院レベルのマネジメント教育の国際的な認証評価機関であるAMBAやマネジメント教育を推進する世界でもっとも権威あるビジネススクール認証機関であるAACSBなどの国際認証をとることで、認証校のプログラムが世界水準の教育であることが保証され、認証校の学位は世界中で認められ、卒業後の国内外への進学や就職に有利なものとなるため、世界中から優秀な留学生を大学に誘致できるのである。また、APUの元学長の出口治明（2020）によれば、「APUのキャンパスには圧倒的なダイバーシティ（多様性）があり、いろいろな国から様々なバックグラウンドを持つ学生が学びの時間だけでなく、寮生活などの普段の生活で、自分と違う文化や慣習、考え方や常識などのダイバーシティを体験し、成長しており、世界中の出来事が他人事ではなく、友達ごとになる環境を提供している。グローバルな同窓会組織は世界26の地域に支部があり、母国に戻り活躍している卒業生がおり、世界中にクラスメートの実家がある。」

　21世紀型リベラルアーツの中でも変化の激しい現代では、過去の専門知識は一瞬にして陳腐化してしまう可能性があるため、専門性よりもむしろ考え方や学び方を学ぶ、表1-5の中でポイントを説明した

　「異文化理解」、「クリティカル思考」、「デザイン思考」、「システム思考」、「行為主体性」、「文理統合（データサイエンスやDXの使い方を含む）」などの事前学習が有効であり、ミネルバ大学のように多様な学生からなる

43

チームで課題解決を繰り返し行うことで、高等教育の中でも「グローバルマインドセット」や「グローバルリーダーシップコンピテンシー」が早期に身につき、日本にいながら「上級管理職の能力」や「国際ビジネス経験」の準備ができるのである。

日本の全ての大学は3つのポリシーである「ディプロマ・ポリシー（学位授与の方針）」、「カリキュラム・ポリシー（教育課程編成・実施の方針）」、「アドミッション・ポリシー（入学者受け入れの方針）」を一貫性あるものとして策定、公表することが義務付けられている。本章で述べてきた内容を3つのポリシーにあてはめてみると、「将来有望な産業の海外進出（アウトバウンド）と増加する訪日観光客（インバウンド）などの日本社会の国際化を見据え、多様性に対応出来る国際人材の育成と国際社会への輩出」がディプロマ・ポリシーになり、「このディプロマ・ポリシーに共感し、その環境に適合できる人材の国内外からの選考」がアドミッション・ポリシーとなり、「学び方を学び・多様性の高いチームでのグループワークの繰り返し」がカリキュラム・ポリシーになるのである。

高等教育機関であるこれからの大学が国際競争力を持つためには教学マネジメントが重要になる。教学マネジメントは大学の教育目的を達成するために行う管理運営であり、その確立に当たっては，学長のリーダーシップの下で，前述の3つのポリシーに基づく体系的で組織的な教育の展開，その成果の点検・評価を行い，教育及び学修の質の向上に向けた不断の改善に取り組むことが必要なのである。

5. おわりに

本章では、世界において、日本の人材・労働力が衰退し、いまだに画一的な教育制度から脱皮できない現状を認識し、いくつかの事例を学びながら、内外の優秀な人材を集め、それらの人材が21世紀型リベラルアーツや学び方、AIやITを道具として使いこなすスキルを早期に身につけ、それを実践することで、時代の変化や多様性への適応力がつき、不確実で予測不可能なVUCA の時代、マルチステージでの人生100年時代、日本の国際化に適合していくであろうという仮説を立て、人材の育成・労働力の

確保・教育制度の確立へのあるべき姿について議論してきた。

　その中で、もっとも大切なことは、現在の日本の衰退している状況を好転させるための第一歩となるポジティブスパイラルのモメンタムを具体的にどう創り、動かしていくかについてである。そのためには、わたしたち国民が日本の人材の育成・労働力の確保・教育制度の現状を認識し、「わたしたち自身が未来の選択への意識改革をすること」、「国際競争力を高める実行可能な国家戦略を立案し迅速に実現していく政府・政党を支持すること」、「企業人として企業のアウトバウンド・インバウンド戦略に基づいた国際人的資源管理を実施すること」、「未来を見据え、グローバルな視野に立ち、VUCAの時代に国際社会で主体的に行動できる人材を育成する高等教育機関に常に関与すること」などを、わたしたちが主体的に、かつ有機的に機能させていくということが、わたしたちにとっての大きな挑戦であり、課題となろう。

＜引用文献・参考文献＞

・IMD "world Talent Ranking 2023"，入手先＜ https://imd.cld.bz/IMD-World-Talent-Report-20232 ＞（参照 2024 年 9 月 23 日）
・OECD "Indicators of Talent Attractiveness"，
入手先＜ https://web-archive.oecd.org/temp/sections/talent-attractiveness/index.htm ＞（参照 2024 年 9 月 23 日）
・Rees. C. and Edwards. T., International human resource management: Globalization, national systems and multinational companies, Financial Times/Prentice Hall., 2010
・学校基本調査，『年次統計 2023 年　高等教育機関への入学状況（過年度高卒者等を含む）の推移』，入手先
＜ https://www.e-stat.go.jp/SG1/estat/NewList.do?tid=000001011528 ＞（参照 2024 年 9 月 23 日）
・観光立国推進閣僚会議，『観光の現状について（資料 1）』、首相官邸（第 14 回：2024 年 7 月 19 日）
入手先＜ https://www.kantei.go.jp/jp/singi/kankorikkoku/dai24/siryou1.pdf ＞（参照 2024 年 9 月 23 日）

第Ⅰ部　事　例

・国土庁,『日本列島における人口分布の長期的時系列分析』, 1974
・国立社会保障・人口問題研究所,『日本の将来推計人口（2019 年推計）』,
入手先< https://www.ipss.go.jp/pp-pjsetai/j/hpjp2019/t-page.asp >（参照 2024 年
9 月 23 日）
・榊泰輔, "文理芸を融合したグローバル総合大学とはなにか？",『九州産業大学理工学部研究
報告集 第 1 巻 』, 2024, pp.127-33
・世界経済フォーラム,『2020 年に求められる職業スキルトップ 10』, 2016,
　入 手 先 < https://www.weforum.org/agenda/2016/01/the-10-skills-you-need-to-
thrive-in-the-fourth-industrial-revolution/ >（参照 2024 年 9 月 23 日）
・関口倫紀, 竹内規彦, 笠原民子,『国際人的資源管理』, 中央経済社, 2016
・総務省主計局,『令和 2 年国勢調査』, 2020,
入手先< https://www.stat.go.jp/data/kokusei/2020/kekka/pdf/outline_01.pdf >
（参照 2024 年 9 月 23 日）
・大学基準協会, 山田礼子, 生和秀敏, 石井洋二郎, 田代守, 堀井祐介,『21 世紀型リベラルアー
ツと大学・社会の対話』, 東信堂, 2024
・出口治明,,『ここにしかない大学 APU 学長日記』, 日経 BP, 2020
ド・ミニク テュルパン,『なぜ、日本企業は「グローバル化」でつまずくのか：世界の先進企業
に学ぶリーダー育成法』, 日経 BP マーケティング, 2012
・日本経済団体連合会,『採用と大学改革への期待に関するアンケート結果』, 2022,
入手先<
https://www.keidanren.or.jp/policy/2022/004.html >（参照 2024 年 9 月 23 日）
・日本経済団体連合会,『Society 5.0 – ともに創造する未来』, 2018, 入手先<
https://www.keidanren.or.jp/policy/society5.0.html >（参照 2024 年 9 月 23 日）
・広井良典,『人口減少社会のデザイン』, 東洋経済新報社, 2019
・山本秀樹,『世界のエリートが今一番入りたい大学ミネルバ』, ダイヤモンド社、2018
・リンダ グラットン, アンドリュー スコット,『LIFE SHIFT（ライフ・シフト）』, 東洋経済新
報社, 2016

第2章

多極化世界というリスク

日本は存続できるのか？

はじめに

　まだ日本の国力が欧米列強と比べて弱いと身をもって知っていた明治期には、西洋知識を得ることに国を挙げて取り組み、明治政府の首脳陣ほぼ全員が約2年間にわたり、欧米視察に行き、見聞を深めた。日露戦争直前には、伊藤博文がロシアを訪問し、平和の模索に出向いていった。また、日英同盟を結ぶことで、様々な情報を収集できるようになった。例えば、日露戦争末期、ロシア領が日本軍に占領されていないため、戦争終結を検討する意思がロシア宮廷にはないとの情報を、イギリス経由で入手し、日本軍は急遽ロシア領樺太を攻撃し、ようやくロシアも戦争終結に向けての交渉をする気になった。

　しかし、日清・日露戦争に勝ち、アジア内ではそれなりの国力を持つようになったと自負し、日英同盟も廃棄してしまった後、アメリカとの戦いに勝算があるかどうかも自分の頭で考えることもできなければ、戦争を避けるため、選択肢を広げるための努力を惜しむ、凡庸首相が続いてしまった。「欧州情勢は複雑怪奇なり」という言葉を残して辞任（平沼騏一郎首相）したり、ソ連側のスパイをブレーンに抱え、ソ連仲介を頼みにしていたり（近衛文麿首相）、と明らかに己を知らず、相手を知らずに無謀な戦いを挑み、国家を崩壊させた。

　要するに、日本は国際情勢について多方面から情報を入手し、分析し、

47

国の方向性を決め、また他国に日本の意図を説明する能力が弱い。幸いにして、戦後はアメリカという覇権国と同盟を組むことにより、世界の趨勢から外れることなく過ごした。

だが、頼りのアメリカが衰退していくにつれ、従来の国際秩序は流動的となり、ウクライナ、パレスチナなどで今日地殻変動を目の当たりにしている。再び、日本の苦手な、国際情勢の分析力や説得力が問われる時代になっている。そこで、いま一度世界に何が起きつつあるのか、見ていきたい。

1. 多極化世界というリスク

1.1 多極化世界を生む底流：中進国の量産体制

第二次世界大戦後、日米欧の資本家たちは、多くの非共産主義国への資本投下や技術供与をした。2004年までG7諸国が世界のGDPの6割を超えており、途上国へ工業化に必要な資本を潤沢に持ち、さらに工業化に必要な様々な技術も寡占状態であった。こうした事情を背景に、通常の国際金融機関のみならず、世界銀行やアジア開発銀行なども通じて、途上国へ資本を融通した。（共産圏内は、共産党政権維持のための資金提供はあったものの、基本的にはソ連への搾取体制であった。）

言い換えれば、20世紀まではG7諸国とある程度協調関係を築かなければ、途上国は工業化に必要な資本にも技術にも、アクセスが難しかったのである。だが、少しずつ後進国から中進国にまでGDPが成長する国々が登場した結果、2023年時点でG7が世界GDPに占める割合は44.4％にまで落ち込んでいる一方、中進国のそれは、1990年にはわずか13.4％から2023年には34.9％と躍進している。

この底流が、これまでの冷戦、アメリカ単独覇権体制下で構築されてきた、国際秩序・標準・規範・価値観を脅かす、以下の現象の下地となっている。ここでは、新しい国際秩序を生み出し、既存秩序に挑戦するだけの

力、ポテンシャルを持つ国や国の集団を「極」と呼ぶが、今日多極化世界が生まれつつあり、その誕生に伴うリスクを以下考えていきたい。

図1　世界GDPに占めるG7と中進国の割合

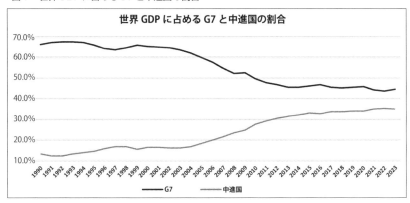

出典：国連データバンク（https://databank.worldbank.org/）を基に著者作成。

1.2　資源価格の高騰

　単純に考えても、これだけ中進国が生まれれば、工業製品の作り手が増える分、先進国が生み出す工業製品は、最先端か、強いブランド力を持つもの以外はその希少性は下がる。一方、エネルギー資源、工業製品の原材料としての地下資源の需要は、電力や工業製品に対する購買力を持つ人口が増える分、高まっていく。加えて、中進国は、大型船舶など国際輸送能力も製造でき、国際市場へ自力で持っていくことができるようになっていく。そうなれば、従来この点を見透かして強い価格交渉力を誇示していた買い手（先進国）側には、ますます不利な状況になっていく。

　さらに、資源産出国による国際カルテルが、今後生まれないとも限らない。性能のいい工業製品を製造できるのは先進国だけであった時代、先進国同士で結束しやすかった一方、地下資源は世界各地に散在するため、同じ資源を産出する国々は昔からの盟友というわけでもなく、むしろ知らない相手、あるいは競合相手と見ていたか、彼らの外交視野が、周辺国と先

第Ⅰ部　事　例

進国に集中し、さらなる外界に注目する余裕がなかったのだろう。国際カルテルを作ることもなく、全般的に先進国に有利な形で国際価格が決められていた。

　これに反旗を翻したのが、産油国だ。たまたま中東地域に原油の大部分が偏在していたことが幸いして、中東産油国が中心となりOPECを結成し、原油価格を引き上げた。さらに政治的意図を加えて、親イスラエル国には石油を売らないという宣言をし、世界に衝撃を走らせた。これが、オイルショックである。

　しかし、オイルショックにより先進国経済が不況に陥ると、先進国の資本家たちは途上国への資本を引き揚げ、途上国通貨が下落し、途上国の輸出産品である第一次産品の価格が下落し、結局広い視野で見れば、途上国に有利にはならなかった。

　とはいえ、先進国だけが国際資金調達先ではなく、また自国製品にとり主要市場とは限らなくなる分、いやが応でも中進国たちの外交視野は、全世界へと広がっていく。その過程で、同じような悩みを抱えている国々を発見すれば、第二、第三のOPECのような動きが生まれてもおかしくない。

1.3　武器の拡散

　冷戦期は東西両陣営の盟主、米ソが中心となり、武器そのものや、武器製造に繋がる技術（当然軍民両用（デュアル）技術も含まれる）が敵対陣営に行かないように、また自陣営内の地位を維持するため、目を光らせていた。これが、国際的に武器や関連技術の拡散防止に役立っていた。特に、核兵器・技術に関しては、国際原子力機関（IAEA）という国際機関を設立し、現在でも疑わしい国々へはIAEA査察団を派遣し、事実を質そうと努力し、協力しない国を「悪い」に違いないと断罪している。

　しかし冷戦後、それまで抑えられていた紛争がいくつも発生した。ユー

50

ゴスラビア連邦の解体・独立戦争もあれば、アフリカでの紛争もそうだ。ちょうど、旧ソ連軍所有の武器・弾薬が闇ルートで大量に密輸されていた時期と重なり、そこへ輸送され、大量消費されたと考えられる。さらに、どこかで戦争が終結しても、終結時点で大量の未消費武器・弾薬が手元に残ってしまう。国際機関が責任をもって一括購入・破却すればいいのだが、そういう機関は存在せず、再び闇ルートで他の戦場へ売られていってしまう。

2000年代もっとも悪名高い武器技術取引は、北朝鮮・パキスタン間のミサイル技術と核兵器技術の交換であろう。通称A.Q.カーン博士は、インドとほぼ同時期に核兵器開発を成功させ、パキスタン国内では「原爆の父」と呼ばれ、英雄視されていた。しかし、その一方で、北朝鮮、イラン、リビアへ核兵器技術を密輸したことで、西側情報業界は世界でもっとも危険な男の一人と目された。2004年にカーン博士は逮捕され、そのネットワーク解体に米中央情報局（CIA）や英情報部（MI6）が関わったと言われる。一方その見返りに、北朝鮮はスカッド、ノドン（さらにテポドン?）ミサイルをパキスタンへ送ったと言われている。

ウクライナ戦争以降、武器供給先としてロシアは北朝鮮と関係を強化している。ロシアとしては、ウクライナ戦争の終結までの関係と考えているかもしれないが、それまでの間に、どこまで北朝鮮へ先端軍事技術が移転され、そして北朝鮮がそれを応用して新兵器をテスト・誇示し、今後の交渉カードにするかが、今後懸念される。

しかし、北朝鮮以上に悩ましいのが、中国だ。ソ連によるアフガン侵攻に対抗するため、アメリカは中国に小火器を中心とした武器類を大量発注し、ムジャヒディーンたちに供給した。これで武器取引に味をしめたか、中国はその後イランなどアメリカが好ましく思わない相手にまで、武器類を売却し、米中間で摩擦を生んでいる。

51

第Ⅰ部 事 例

　最近の数字を追ってみよう。国際武器取引調査を行っているストック
ホルム国際平和研究所（SIPRI）によれば、2019-23年で、ロシアは世界
第3位、中国は第4位の武器輸出国であり、その世界シェアはそれぞれ
11％、5.8％である。このうち、ロシアの武器輸出先はインド（34％）と中
国（21％）が全体の約2/3を占める。一方、中国はパキスタン（61％）を
中心としたアジアへ85％を輸出し、アフリカにも9.9％輸出している。また、
アフリカの武器調達先は、ロシア24％、アメリカ16％、中国13％となって
いるが、サハラより南の国々に限定すれば中国が首位に躍り出て19％、続
いてロシアが17％輸出しているという。

図2　主要兵器の国際武器取引（1984—2023年まで）

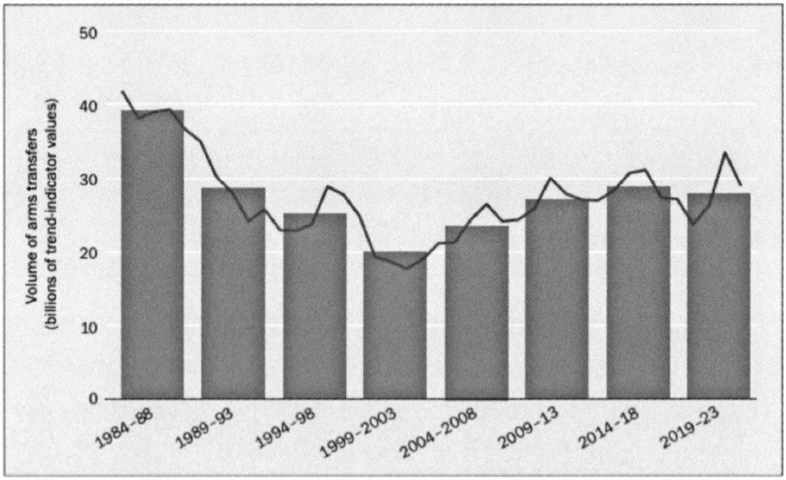

出典：Pieter d. Wezeman, Katarina Djokic, Mathew George, Zain Hussain and Siemon
t. Wezeman, "TRENDS IN INTERNATIONAL ARMS TRANSFERS, 2023", SIPRI, March
2024. https://www.sipri.org/sites/default/files/2024-03/fs_2403_at_2023.pdf

コラム：ソマリアは青空武器市場

　「武器ビジネス」の著者であるアンドルー・ファインスタインは、ソマリアを
「青空武器市場」と呼んでいる。1969年にクーデターを起こし、誕生したバ
レ政権は、最初ソ連に近づき、ソ連製の武器が流入した。しかし、1978年に
西側に寝返ると、西側、特にイタリアから毎年約1億ドル分もの武器が届けられ、

第2章　多極化世界というリスク

ソマリアはアフリカ屈指の軍隊を持つ国となった。

　しかし、バレの政権運営が放漫であったため、やがて内乱が頻発するように
なり、とうとう1991年にバレ政権は倒壊した。すると、各部族間の権力争奪
戦が展開され、それぞれが大規模な民兵を組織した。こうなってしまうと、民
兵間同士の戦い、民兵から一般市民への暴力を取り締まる国家機能はもはやな
いので、武器を持つ者のやりたい放題となってしまう。いわゆる戦国の乱世と
いったところだ。1988年から1991年の間の戦闘でソマリア北部だけでお
よそ10万人が殺された。戦争で荒廃した南部では、地域人口の1/3にあたる
170万人以上が戦争難民となってしまった。

　武器は「そこら中に転がっていて、ソマリアの64%が一丁以上の銃を所持
している。この武器の供給過多は青空武器市場さえも助長し、その最大のもの
はモガディシオのハワイカ市場である。ハワイカでは常時、ざっと400人の武
器ディーラーが活躍し、手ごろな値段で大量の武器を売っている。手りゅう弾
は25ドル、地雷は100ドルで、AK-47（著者注：一般的にカラシニコフとも
いう）の各種モデルは140ドルから600ドルである。これは極めて実入りの
いい取引だ。ある青空商はロイターの記者に認めた。『私は武器ビジネスを始め
てわずか5年だが、別荘を3軒建てた。二人の妻のために店も開いたよ』」

　ようやく1992年、国連がソマリアへの武器禁輸を課したが、無意味なよ
うだ。武器の横行の原因は、第一にバレ政権時代に作り上げた膨大な武器の備
蓄である。給料を支払われない兵士や将校たちは、武器庫から武器を盗んでは
武器商に売却した。この他、フリーの国際武器商も国連の武器禁輸を無視して、
武器をソマリアに送り込んでいる。

　こうした悲惨な状況を見て見ぬふりをしている国際社会へのしっぺ返しと
もいうべき現象が、ソマリア海岸沖での海賊行為だ。原油タンカーを含む大
型船舶まで襲撃する。「海賊たちは昔ナイフと銃を使ったが、いまやM-16と
AK-47突撃銃にRPG携帯式対戦車ロケット弾で武装できる」これらの武器は、
地元の武器市場や海外経由でも、簡単に入手できるのだ。

　このように、安易に武器類が出回り、それを取り締まる国家機能、国際的な
取り組みがないとすれば、暴力が広がる一方で、無辜の民だけが傷ついてしま
うだけなのだ。

53

第I部　事　例

1.4　食料・資源の囲い込み経済圏の誕生？

　第二次世界大戦後、米欧が中心となり、人権の尊重、民主主義など「普遍的な価値」を国際的な価値基準として推進してきた。しかしその一方で、アメリカに近い国への批判は甘く、そうではない国への批判は厳しい。公平ではなく、これを問題視する人々は多い。

　また、「シカゴ・ボーイズ」と呼ばれるシカゴ経済学派が、国際通貨基金（IMF）や世界銀行を席巻した結果、中南米、ロシア、イラクを中心に、急速かつ過激な民営化を含めた経済政策を強要した結果、庶民の生活が悪化し、反発する国民を国家暴力により抑圧するという、負のスパイラルが多発した。こうした事情が、反欧米感情を生んでしまう。

　それでも、従来は工業化に必要な資本や先端技術を得るため、途上国政府は、例えそれが国民感情を害し、人気度を下げると分かっていても、欧米との協調関係を強いられてきた。しかし、今日そこまで無理しなくとも、別の調達先候補を見出し始めている。例えば、中国が中心となって設立したアジアインフラ投資銀行（AIIB）からの資金調達も、可能である。

　そして、こうした不満分子の集まりのような組織体として、近年注目を集め始めているのが、BRICSだろう。もともとはゴールドマン・サックス証券が経済成長の有望国として、ブラジル、ロシア、インド、中国を指した造語であったが、これらの国がサミットを開くなど細々と動いていた。後に南アフリカ共和国が加わり、2024年からイラン、アラブ首長国連邦（UAE）、エジプト、エチオピアが加盟した。（サウジアラビアは、2023年に招待されたものの、2024年1月現在保留の態度をとり、アルゼンチンは2023年に政権交代し、BRICS加盟を辞退した）

　この他、加盟国に準ずる存在、パートナー国として、インドネシア、タイ、ベトナム、マレーシア、ウズベキスタン、カザフスタン、ベラルーシ、

トルコ、アルジェリア、ナイジェリア、ウガンダ、ボリビア、キューバの13か国がその候補として報じられている。なお、これらの国々は、2024年サミット宣言（カザン宣言）では盛り込まれていない。

　この組織体で注目すべきは、ブレトンウッズ体制の模倣が見られる点だ。前述のAIIBの他に、新開発銀行（NDB）を設立している。AIIBが世界銀行に相当する役割をするなら、NDBはIMF、すなわちBRICS+内の通貨安定のための機関である。さらに、2023年BRICSサミット上で、域内貿易では自国通貨建てを推進していくと報じられ、同年中国・サウジアラビア間で約70億ドル分の通貨（人民元・リヤル）スワップ取引成立が報じられた。（つまり、人民元でサウジ原油を輸入できるということを薄皮一枚でぼかしている）

　なお、簡単にサウジアラビアが原油代金を米ドル以外で受け取るということの意味に触れておこう。第二次世界大戦後、当時世界の金の2/3を保有するという事実を背景に、米ドルと金を連動させた金本位制を打ち出し、それまでの基軸通貨の地位は、英ポンドから米ドルへと移行した。しかし、金流出を防ぐため、1971年にニクソン政権が金本位制を放棄した。その代わりに1974年サウジアラビアが原油代金を米ドル以外受け取らないと宣言したため、米ドルの基軸通貨としての地位はさほど揺らがず、今日に至るまでその地位を維持している。そのため、このスワップ取引は、いわば土台に近い部分での政策変更と言える。

　このように見ていくと、G7主導の経済圏とは別の経済圏を、なかなか本格的に作ろうとしているように推察される。ただ、これが通常の貿易だけならよいのだが、域内貿易で別途「友誼価格」が生まれ、資源が格安で取引されれば、先進国の優位性はますます失われる。（現に、ウクライナ戦争を仕掛けたロシアに対する経済制裁で先進国が購入しない原油を、中国やインドが格安（まさに「友誼価格」）で輸入している。）

55

第Ⅰ部　事　例

　さらに、現在はまだ見られないが、域内のみにしか戦略的物資、資源の輸出を許可しない、あるいは域内取引を優先するというような動きが、将来ないとも限らない。BRICS諸国だけで、小麦、石油、金、ダイヤモンド、レアアースなどのトップ産出国である。例えば、世界の穀物の生産、消費シェアが共に約44%、世界の石油生産の約30%、石油消費の約33%を占めている。2024年BRICSサミットでは、プーチン大統領が域内穀物取引を提案し、受け入れられた。

　BRICS加盟国だけで、自国通貨での取引決済を可能にするための銀行ネットワーク（BCBPI）も作ることが、カザン宣言で盛り込まれている。例えば、イランが中国へ石油を輸出すると、その代金を人民元で受領し、その人民元でブラジルの穀物輸入代金を支払う、あるいは人民元をブラジル・レアルに両替し、支払うというわけだ。

図3　BRICS加盟国とパートナー国の主要資源

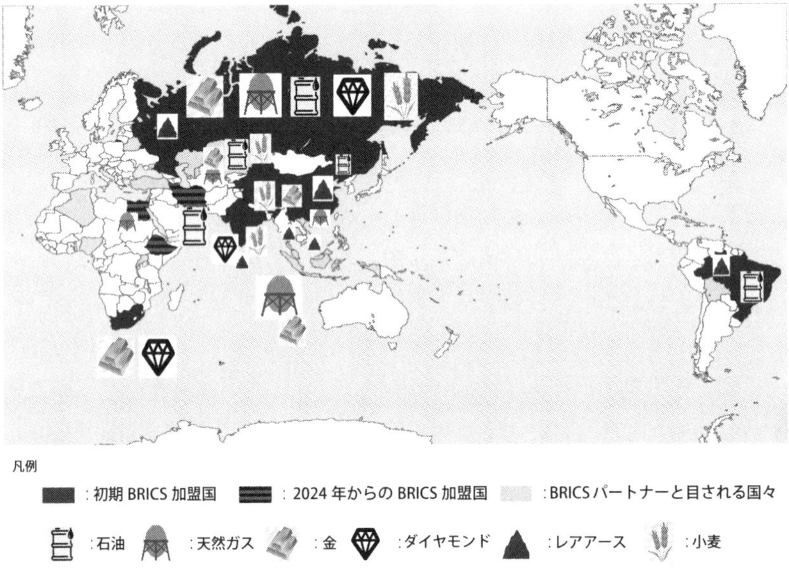

凡例

■：初期BRICS加盟国　■：2024年からのBRICS加盟国　■：BRICSパートナーと目される国々

🛢️：石油　⛽：天然ガス　🟫：金　◆：ダイヤモンド　▲：レアアース　🌾：小麦

出典：各種報道とグローバルノート（https://www.globalnote.jp/）を基に著者作成。

56

ここには、基軸通貨である米ドルは一切介在しない。また、先進国に有利な「国際価格」を使用する義務もない。ウクライナ戦争により小麦価格の高騰が途上国の懸念事項として報じられるなか、グローバルサウスと呼ばれる途上国は、魅力的な経済圏作りをめざしているといえよう。

　これに対し、BRICSによるグローバルサウスへの配慮以上に、米欧が主導する「国際秩序」に組み込む、あるいは改善できるだろうか?

　例えば、BRICSが疑問視するものに、国連がある。確かに、安全保障理事会常任理事国5か国のみが、国連決議案に対し拒否権を持つ。1945年に定められた国家間のバランスを、そのまま維持するのは適切なのか?この中にはアフリカや南米も含まれていないし、人口バランスも考慮しなくていいのだろうか?他に疑問を投げかけられたブレトンウッズ体制では、確かに世界銀行にはアメリカ政府の推薦人が、IMFにはEUの推薦人が、それぞれトップを占める不文律がある。しかし、これとても、世界GDPに占める割合からすれば、適切な国際ルールだろうか?

　どちらも、真っ当な問いである。そして、こうした縛りが従来の国際秩序にあったが故に、多くの国々はアメリカやロシア(冷戦期はソ連)のいずれかに接近し、その依存度に応じて、米ロに有利な政治取引に応じざるを得なかった。そうした苦杯をなめていないグローバルサウスはあまり存在しないので、道義的にはBRICSが発した問いに頷く国々も多いだろう。だが、その問いに応える意志は米欧にあるとは思えないし、そのような対応を真剣に検討する動きも見られない。

　しかし、そこまでの構造改革は難しくとも、ODA増額や世銀などの経由での融資、軍事支援、多少グローバルサウスに有利な政治取引をするなどの形で、米欧からグローバルサウスへ秋波を送ることはできる。

　よって、全てのグローバルサウスがBRICSになびくというわけではな

第 I 部　事　例

い。このBRICS経済が未成熟であるほか、中ロを敵視する米欧の対応が気になるからだ。事実、BRICSはそのパートナー国を明言していない。米欧からも、中ロからもある程度距離を置き、つかず離れず、「中立」を掲げながら、状況に応じて臨機応変に対応していこうと考える国々もある。

1.5　小括

　穀物や石油などの戦略的資源や武器の取引が、BRICS域内で米欧中心の「国際標準」並みの透明性が担保されないまま、完結し、増大していけば、新たなリスクが生まれる。例えば、それまで弱小であった国に新たな新兵器が急速に導入されることにより、国家間の軍事バランスが崩れ、地域全体で軍事力の大幅な増強が求められる等、不安定要素が高まる。また、2024年に北朝鮮兵士がウクライナ戦争へ駆り出されたが、その見返りに北朝鮮がロシアから何を得たか？様々な憶測を呼んでいるが、まさにこのリスクが顕在化する疑念があるからだ。

　また、意図的に戦略的資源の生産量を調整し、域外への販売には価格を吊り上げることで、域外経済へのダメージを意図するリスクもある。例えば、2010年に中国が世界最大の供給国であったにもかかわらず、突然レアアースの輸出規制を発表し、日本経済界を震撼させた。これがもっと組織的かつ戦略的に、国際カルテルのように行われれば、米欧中心の経済へのダメージは計り知れない。加えて、国際的な武器取引追跡が難しくなっていき、結果、様々な地域の紛争で、使用される兵器の威力が高くなり、それと共に死傷者数も比例的に伸びていってしまう。

　このような多極化世界というリスクに対し、日本が立ち向かう際の最大のツールは、日米同盟であるが、これも締結から70年以上経過したので、十分に対応できるのか、あらためて検証してみよう。

2. 日米同盟

2.1 危ぶまれる日本の防衛力

　日米同盟の本質とは、他国が日本を攻撃した場合、アメリカが相手国を攻撃し、日本の安全にコミットするという取り決めだ。現行の憲法では、自衛隊は、文字通り自衛行為しか認められていない。いくらか「自衛」行為に拡大解釈がなされても、現状日本が攻撃を受けた場合、攻撃国へ自衛隊を派遣し、その軍事施設を破壊し、攻撃国の主要政府機能を制圧するなどの行為は行えない。ひたすら、自衛隊は攻撃国のミサイル、戦闘機、空母などが日本の領空、領海に入ってからのみ攻撃でき、日本国民及び、在日米軍の拠点を守ることしかできない。

　そのため、攻撃国からの攻撃そのものを攻撃拠点に行って破壊するという行為は、日本ではなく、米軍が行う、という筋書きなのである。よって、自衛隊は日本領域を防衛する以上の軍事力が求められず、世界最強の軍事力を誇る国が、攻撃分の負担を一方的に負う。さらに、アメリカが第三国に攻撃されても、日本にはアメリカを防衛する義務はない。

　なぜこのような仕組みになっているかといえば、もちろん締結当初、日本は第二次世界大戦で敗北し、無一文に等しい上、同盟国・アメリカの仮想敵国・ソ連のアジア側での唯一の不凍港、ウラジオストクに近い戦略的な位置にあるため、日本をアジア側のソ連封じ込め政策の主要後方支援拠点として守りつつ、有事となれば日本から米軍が攻撃に転じる体制が、現実的かつもっとも有効な応戦体制だと考えられたからである。（逆に、共産圏以外からアメリカが攻撃されるという想定はあり得ず、わざわざ日本にアメリカを守ってもらいたいというような発想は誰も持っていなかった。）

　もちろん、冷戦終了時に仮想敵国・ソ連が消滅したのだから、この同盟を廃棄もしくはより平等な形に変更するよう提案もできただろうが、当時

第Ⅰ部　事　例

は向かうところ敵なしだったアメリカに、より平等な同盟は必要なく、ま
たあえて廃棄する理由もなく、アメリカの世界への影響力を維持する装置
（例えば、ベトナム戦争、イラク戦争時のように、在日米軍基地は、戦地
へ向かう米軍の主要後方支援基地として大いに活躍した。）として、今日
まで日米同盟は機能し続けている。その一方で、日本は戦後から第二次安
倍政権まで、防衛費をGNPの1％前後に抑え、その分経済面に国家予算を
割り振ることができた。すなわち、Win-Winの関係である。

　とはいえ、日米同盟という紙面上の約束に、どこまでアメリカの拘束力
があるのだろうか。100％アメリカを信用して、本当に日本は全く攻撃力
を備えず、「専守防衛」に専念してもいいのだろうか？

　ここで想定する敵国が誰かによるだろう。2022年の米空軍による米中
戦争シミュレーションでは、米軍は敗北するという結論になった。（ただ
し、台湾を巡る戦いの場合は、勝利すると別の米シンクタンクは結論付
けている。）勝利が難しいことが分かっている中華人民共和国との戦いに、
米軍が参戦するか、そしてどの程度の協力があるかは、その場の状況次第
と、リスク管理の観点から考えるべきだろう。（安全保障とは、究極のリ
スク管理である）

　ただしその場合、NATO加盟国を中心としたアメリカの同盟国を動揺
させる。アメリカはヨーロッパを守らないのではないか？という疑惑を生
み、親欧米と親露の狭間でさまよっている東ヨーロッパ諸国及び旧CIS諸
国を、親露路線へ走らせる。それでも構わないとするほどに、アメリカが
覇権を切り捨てる覚悟があるか否か、がポイントとなる。

　なお、今時想定される国家間戦争とは、まず軍事施設の「神経系統」
（軍事衛星や、軍司令部と各部隊間やミサイル防衛システムなど主要軍事
システムとの通信ネットワーク）をハッキング、部分破壊などにより寸断
し、軍事施設や重要施設（日本の場合、こうした施設は「重要防護施設」

60

と指定されている）を破壊かハッキングによる停止に追い込んでから、周辺の制空権、制海権を確保する。そのうえで、ほぼ敵国に乗り込んでも抵抗されるリスクを大幅に下げてからの、上陸作戦である。

そこで、「専守防衛」に徹する自衛隊能力と合わせて考えれば、第一撃波でのハッキング対策が死活問題であり、日米の軍同士の通信ネットワーク自体は、日米双方の努力が必要だとしても、国内側の準備は十分とは言い難い。また、2011年の東日本大震災の際にも一部露呈したが、官邸、重要施設（この場合は原発）を持つ企業との非常時の連携が、悪意ある外部の介入がなくても弱い。（有事の際には、どの政党が官邸の主でも、機能しなければ意味がない）

次に、自衛隊がハリネズミのように国内を守っている間に、米軍が敵国基地を攻撃するシナリオだが、米軍が来ない場合、第一撃波で破壊されなかった自衛隊の残存機能だけで、いつまでも国土防衛ができるわけではない。自力で敵国の軍事基地を攻撃しなければならない。そして、この根幹機能を、自衛隊は現在まで十分に装備していない。

だから、防衛費を増額する、そのための増税が必要だ、財源はどこだ、という話が浮上するのである。これに対し、少なくとも岸田政権は、この問題を次期以降の政権へ棚上げした。しかし、あまり悠長なことをいっていられない、重要課題なのである。

2.2　アメリカ頼みの日本の友好関係

日本にとって幸いなことに、日米同盟の相手国が率いる西側陣営諸国には、米欧のような日本の成熟製品の巨大市場兼先端技術供与元、中東のようなエネルギー資源の宝庫、東南アジアのような資源の宝庫兼（ODAと抱き合わせで）未成熟製品の市場もあった。こうした市場や資源への容易なアクセスが、日本の繁栄に大きく貢献した。

61

第Ⅰ部　事　例

図4　アメリカの友好関係（⑤と⑥、③以外は同盟か友好国）

① United States
② Alliy
③ Unfriendly
④ Friendly
⑤ Enemy
⑥ Don't I know

Stephan Lyson, "Who Are The US Allies: Understanding The Foreign Relations of the United States", ExecutiveGov, October 12, 2023.
https://executivegov.com/articles/who-are-the-us-allies-understanding-the-foreign-relations-of-the-united-states/

　一方で、アメリカと同盟国であるがゆえに、友好国との制約要件もある。日米同盟ゆえというよりむしろ冷戦体制下での制約ではあったが、共産圏との経済交流は、ココム（対共産圏輸出統制委員会）などの形で、制約された。冷戦終結により消滅したものの、依然としてアメリカが敵視した国へは、国際経済制裁という名の下に制限されている。

　近年の代表例は、イラン革命後のイランだろう。穏健派ハタミ大統領時代の2004年、日本企業がイランのアザデガン油田の75％権益を獲得した。しかし、翌年タカ派アフマディネジャド大統領が選出され、アメリカとイランとの関係が悪化すると、アメリカは日本にこの権益を手放すよう、圧力をかけた。数少ない石油権益だっただけに、日本は涙を飲んでその権益を10％に下げた。

　そして同様のリスクが、ロシアのサハリン2プロジェクトにも当てはまる。ウクライナ戦争により、アメリカがロシアの外貨獲得ルートに対し神

経を尖らせている。(2024年3月時点で、日本企業はまだ権益を維持している状態)

なお、こうしたリスクは例外的と考えるのは、早計だ。アメリカ覇権の凋落が見えるほど、BRICSのようなチャレンジャーが、アメリカが中心となって築いてきた「国際」的な価値観・秩序に反する行為を、これからますます行うことが予想されるからだ。

特に、中国との関係が今後熟慮の対象となる。中国市場は魅力的だが、政治的リスク（米中関係の悪化により、中国が日本にも反発、嫌がらせ行為をするリスクと、中国国内での騒乱リスクの二重の意味）が高い。

まずは、中国けん制を考えるなら、中国周辺国との連携が重要だ。しかし、中国の北部と西部に関しては、くさびは打ち込みにくい。北部はロシア、北朝鮮、モンゴルだ。ウクライナ戦争の関係で中朝とロシアは良好な関係であるし、モンゴルはロシアにガスや電力を依存している立場上、2024年国際刑事裁判所（ICC）から逮捕状が出ているプーチン大統領を引き渡すことなく受け入れた。

また、西部の中央アジア諸国にとり、中ロは主要産業であるエネルギー資源を購入してくれる大口顧客だ。中央アジアから南へと下り、インド、パキスタン、イラン辺りの海岸までのパイプラインが何本か稼働しない限り、欧米側につくことは難しい。（中央アジア諸国の一つ、トルクメニスタンから天然ガスをアフガニスタン、パキスタンを経てインドへ繋ぐTAPIプロジェクトがあるにはあるが、2012年に関係4か国が合意に達したにもかかわらず、いまだパイプライン建設は完了していない。）

そこで、中国の南部と東部にある近隣はといえば、韓国、台湾、東南アジア、インド、アフガニスタン、パキスタン辺りとなろう。では、これらの政府と、日本はどれほど太いパイプを持ち、いざとなれば共同戦線を作

ることができるのだろう？

　また、日本と同様、中国は石油輸入大国であり、石油確保は中国のスイートスポットだ。そして中東、中東以外の産油国政府と日本はどれだけ太いパイプを持ち、中国をけん制できるのだろうか？むしろ、イランとサウジアラビアとの国交回復の仲介をしたのは、中国であり、両国にとり最大の原油輸入国である。一方、以前はアメリカ大統領の電話一本でサウジアラビアは増産に応じ、石油価格を下げたものだが、2023年バイデン大統領がサウジアラビアを訪問しても、サウジアラビアはもはや簡単に増産に応じない。ましてや、世界GDP順位を下げ、長期化する人口減により中国以上の顧客となることを望めない日本にいかほどの影響力を望めよう？

　そこで、鍵となるのが、2点ある。1つ目は日本語に適訳がないが強いて訳せば「柔軟な発想力」となる Think out of the box という心構えだろう。例えば、全てのグローバルサウスがBRICS側に付いているわけでもないし、BRICS内でも思惑はそれぞれ異なる。よって、これらの国々の意図を探り、日本との利害一致が見える場面がないかと考えることもあり得よう。そこで、産油国には王国が多く、その王子へ日本の女性皇族を嫁がせるなど新しい試みを行ってもよいのではなかろうか？

　2つ目は、情報力である。これについては、次項で見てみよう。

2.3　情報力不足

　前述の通り、日本は大陸と適度に距離があり、明治まで関わらないでいようと思えば、外国からの介入がほとんどない歴史を持つせいか、国際情勢について情報を入手し、分析し、国の方向性を決め、また他国に日本の意図を説明する能力が弱い。

　しかし、戦後アメリカを同盟国とすることで、情報面では二重にメリットがある。1つ目は、超大国・単独覇権国アメリカの意図がある程度事前

に知らされるようになったことである。もちろん、全てのグローバル案件やアジア案件で日本政府に事前通達や相談があるわけではない。少なくとも、日本政府が内容を理解し、国内世論をアメリカ政府のベクトルに合わせるべく各関係者へ調整できる程度には、いわゆる知日派、日本研究家と呼ばれるジャパン・ハンドラーとその友人たちは、意思の疎通が可能となった。これにより、日本政府が国際社会で孤立するような、危うい選択のリスクは大幅に減少した。

　2つ目は、アメリカ政府内に日本側への配慮を求める組織、すなわち米軍（特に海軍）を獲得した点である。戦後日米関係が貿易摩擦問題により雲行きが怪しくなれば、あまりに厳しい同盟国日本への批判に対し、閣僚内で同盟関係を考慮し、穏便に収めるべきだと主張するのは、国防長官だ。それ以上に重要なことは、日本が何を考え（特に日本にアメリカと敵対する意思がないこと）、求めているのかを、アメリカ人に理解できる文脈で説明できるグループがいるということだ。

　だからといって、胡坐をかいていると、アメリカは日本の情報力不足をいいことに、アメリカに都合の良いことしか情報を流さないリスクは、忘れてはいけないだろう。例えば、2003年にアメリカは、イラクが大量破壊兵器を所持していると主張し、有志国を募ってイラク戦争に入った。しかし、イラク戦争後その痕跡はついに発見されなかった。このように、CIAがもっとも優れた諜報能力を持つと言っても、常にアメリカは正直にそのもっとも「正確な」情報を共有してくれるとは限らないし、情報の非対称性をいいことに悪用するリスクは付きまとう。

　故に、国際情勢に関して理解を深め、多面的な視点から情報の分析を行い、行動する必要があるが、まだまだ日本にはそのような能力は、発展途上である。特に、今後BRICSやその他のグローバルサウスからの発信にも耳を傾けざるを得ないが、その中で米欧中心の教育で教わってきた内容とは異なる議論や問いがなされる。そこで、何が事実かを正しく理解し、

第Ⅰ部　事　例

反論すべきことは反論すべきだが、そのような視点で日本や世界の歴史や社会を学んでいないから、なかなか困難であろう。（拙著「現代国際政治の全体像が分かる！〜ゲームのルールを世界史で探る〜」では、米欧中心の視点よりはより公正な見方で、世界史を学べるので、ぜひ参照してほしい。）

3. おわりに

　日米同盟を振り返れば、確かに冷戦期に日本が経済大国にのし上がるには、誠に都合のよいツールであった。しかし、その心地よさ故に、自ら鍛錬すべき防衛能力、外交力や情報力に十分リソース確保や努力を怠ってしまっている。それに対し、世界は確実に多極化世界へと向かっており、その対策は急務であると、十分に強調しきることは出来ない。

＜主要参考文献＞

井上智太郎、「金正恩の核兵器」、ちくま新書、2023 年。

グローバルノート（https://www.globalnote.jp/）

国連データバンク（https://databank.worldbank.org/）

吉川由紀枝、「現代国際政治の全体像が分かる！〜ゲームのルールを世界史で探る〜」、アマゾン出版、2024 年。

アンドルー・ファインスタイン、「武器ビジネス」上下巻、原書房、2015 年。

ケント・カルダー、「米軍再編の政治学」、日経 BP マーケティング、2008 年。

ケント・カルダー、「日米同盟の静かなる危機」、ウェッジ、2008 年。

ナオミ・クライン、「ショック・ドクトリン」上下巻、岩波書店、2011 年。

「2023 年軍事費ランキング、脅威への備えが顕著に」第一生命経済研究所、2024 年 5 月 2 日。https://www.dlri.co.jp/report/ld/333796.html

"Foreign holdings of US Treasuries hit record high; Japan holdings rise, data shows", Reuters, April 17, 2024.
https://www.reuters.com/markets/us/foreign-holdings-us-treasuries-hit-record-high-japan-holdings-rise-data-shows-2024-04-17/

David C. Gompert, Astrid Stuth Cevallos, Christina L. Garafola, "War with China: Thinking through unthinkable", Rand Corporation, 2016.

NBC, "War Games: The Battle For Taiwan", May 29, 2022.
https://www.youtube.com/watch?v=qYfvm-JLhPQ
「アザデガン油田撤退、中東外交に残すツケ」、日本経済新聞、2010年10月27日
https://www.nikkei.com/article/DGXNASGM25021_W0A021C1000000/?msocki
d=1651d75cd9d062873cc6c753d83a637f
「ロシア極東の「サハリン2」、ガスプロムが新たに株式取得へ…ウクライナ侵略でシェルが撤退」、
読売新聞、2024年3月26日
https://www.yomiuri.co.jp/economy/20240326-OYT1T50064/
「プーチン氏がモンゴル訪問、逮捕状が出てから初めてICC加盟国へ　歓迎受ける」、BBC、
2024年9月4日
https://www.bbc.com/japanese/articles/cd73wrejvrvo
＊世界銀行データバンク https://databank.worldbank.org
「パキスタンの「原爆の父」、カーン博士が死去　北朝鮮やイランに核技術提供」、BBC日本ホー
ムページ、2021年10月11日。
https://www.bbc.com/japanese/58866409
 "MAP: North Korea's missile trade", PBS website,
https://www.pbs.org/wgbh/pages/frontline/shows/kim/nukes/noflashmap.html
「サウジアラビア商業相、BRICSへの加盟について発言」、JETROホームページ、2024年1
月19日、https://www.jetro.go.jp/biznews/2024/01/bcd6a40297a4c9d4.html
 "China, Saudi Arabia sign currency swap agreement", Reuter, November 20,
2023.
https://www.reuters.com/markets/currencies/china-saudi-arabia-central-banks-
sign-local-currency-swap-agreement-2023-11-20/
JETRO調査部国際経済課，「BRICS、「パートナー国」創設で拡大へ」、2024年10月31日。
XVI BRICS Summit, "Kazan Declaration: Strengthening multilateralism for just
global development and security", October 23, 2024.
https://cdn.brics-russia2024.ru/upload/docs/Kazan_Declaration_FINAL.
pdf?1729693488349783
Pieter d. Wezeman, Katarina Djokic, Mathew George, Zain Hussain and Siemon
t. Wezeman, "TRENDS IN INTERNATIONAL ARMS TRANSFERS, 2023", SIPRI,
March 2024.
 https://www.sipri.org/sites/default/files/2024-03/fs_2403_at_2023.pdf
Stephan Lyson, "Who Are The US Allies: Understanding The Foreign Relations of
the United States", ExecutiveGov, October 12, 2023.
https://executivegov.com/articles/who-are-the-us-allies-understanding-the-foreign-
relations-of-the-united-states/

第3章

企業と為替リスク

はじめに

　「アインシュタインは天国で『勉強のできる子には相対性理論を勉強させ、できない子には為替の予想をさせなさい』とアドバイスしている」――これはサマーズ元財務長官のジョークとして知られるが、為替の予測がいかに当てにならないかを象徴する言葉だ。実際、為替市場は教科書通りに動くとは限らない。だからこそ、企業にとって為替リスクの管理は、自社の生存のために必須とされる。いかにコストを削減し、効率化にいそしんだとしても、為替差損で一気に赤字に転落するリスクをはらむためだ。

　特に日本は、エネルギー資源や食料などを輸入に頼る国だ。2023年の財の輸入総額は106兆8,555億円と、輸出総額の100兆3,456億円を上回り、財の貿易赤字は6兆5,009億円にのぼった。過去最大の赤字を記録した2022年の15兆5,107億円を下回ったとはいえ、2年連続の赤字となる。近年では、「デジタル赤字」と呼ばれる、クラウドやアプリのサブスクリプションなど、デジタル関連商品を中心としたサービスの赤字が膨らみ、輸入額を押し上げる状況。こうしたなか、日本企業は顧客に製品・サービスを提供する上で、為替リスクを管理する必要に一段と迫られつつあると言えよう。

　本章では、ドル円を軸に為替相場の歴史を振り返りつつ、変動要因を説明するとともに、どのように為替リスクを軽減できるのかを紹介していく。

1．1ドル＝1円で始まった円の激動の歴史

　円の対ドルでの最高値は尋ねられると、「2011年10月に記録した75円

69

32銭」との回答が大半を占めるだろう。ただし、第2次世界大戦のずっと以前、円の対ドル・レート開始時点を振り返ると、正解は1ドル＝1円。円は1871年、「新貨条例」で日本の通貨単位として採用された。当時、金の貨幣価値を基準とし、新貨条例では1円金貨の含有量は1円につき、1.5グラムと定められた。米国でも、1792年に制定された「貨幣法」で、金の含有量が制定されており、10ドル金貨で約17.5グラム程度と金の含有量がおおむね同等で1ドル＝1円となった。

　その後、西南戦争や第2次世界大戦中での戦費調達を目的とした政府紙幣の増刷や国債発行による急激なインフレなどを経て、円の価値は下落していく。第2次世界大戦後は連合国側がブレトン・ウッズ体制を導入、金・ドル本位制を採用し、金1オンス＝35ドルの固定レートでの金との交換を義務づけ、各国通貨をめぐっては、ドルとの交換比率を固定した。その結果、第2次世界大戦末期で1ドル＝4円25銭だったところ、円は1ドル＝360円とされた。

1.1　金・ドル本位制から変動相場制へ

　為替相場が金・ドル本位制を通じた固定相場制から変動相場制にシフトしたのは、1971年8月15日。当時のニクソン米大統領がドルと金の兌換停止を発表。長期化するベトナム戦争の影響や社会保障費の増大、日本と西欧の復興と経済躍進を受け、米国は輸出減・輸入増に直面し国際収支が悪化した。同時に米国の金保有量が減少、金・ドル本位制を維持しきれず、ニクソン大統領（当時）がTV演説で突然の兌換停止を発表するに至った。同年12月の10か国蔵相会議では、多角的通貨調整（スミソニアン体制）が発足し、1ドル＝308円へ切り下げられた。しかし、同体制も長続きせず、1973年2月に変動相場制へ完全に移行することになる。

　その後、円は、第1次石油危機や第2次石油危機で円売りが入りつつも、経常黒字の拡大を背景に対ドルで堅調に推移した。そして、1985年9月22日にプラザ合意を迎える。ニューヨークのプラザホテルで開催された日本、米国、英国、ドイツ、フランスの先進5か国（G5）財務相・中央銀行総裁会議では、米ドル高是正の合意が成立した。合意文書では「為替レートが

対外不均衡を調整する上で役割を果たすべき」、「主要非ドル通貨の対ド
ル・レートの更なる秩序ある上昇が望ましい」と明記。併せて、ドル売り
協調介入を実施した。財務総合政策研究所の資料によれば、「介入の具体
的方法を取り決めた『ノンペーパー』では、為替レートを10 ～ 12%ドル
安に修正すること、そのために、中央銀行が共同して 6週間に180億ドル
のドル売り介入を行い…介入通貨はドル、円、マルクの3通貨とすること」
で合意したという。ただ、その後はドルが大幅安となったため、一段の下
落を阻止すべく1987年2月22日にパリのルーブル宮殿で開催された米国、
日本、英国、ドイツ、フランス、イタリア、カナダの先進7か国（G7）財
務相・中央銀行総裁会議で、ルーブル合意が成立。もっとも、各国間の政
策協調が十分でなかったため、同年12月22日にクリスマス合意で緊急声
明を公表し、ドル安是正を通じた為替レートの安定を図った。1988年1月
4日には、日米欧のドル買い協調介入を実施、実弾でドルの一段安を阻止
した。

1.2　日米民主党政権で進んだドル安・円高

　ドル安・円高が再燃したのは、1993年4月に放ったクリントン米大統領
のドル安・円高容認発言だ。日米首脳会談後の共同会見で「（貿易不均衡
の是正にあたって）まず、円高だ」と言及。クリントン政権は日本の経常
収支不均衡（黒字縮小）と、日本の内需主導型経済を求め、同年7月から
は日米包括協議をスタートさせ、自動車・同部品などを中心に米国は数値
目標の設定を迫った。もっとも、1994年6月にドル円が100円を割り込む
と、ベンツェン財務長官が「ドルは通商政策の手段ではない…強いドルこ
そ、米国経済と世界経済にとって有益」と述べた。1995年1月に財務長官
に就任したルービン氏は同年3月、「強いドルは国益」との立場を強調し、
ドル安政策から転換。同年4月には、ワシントンG7声明で「秩序ある反
転」を望むと明記。同年7月の七夕介入（ドル買い協調介入）を実施した。
日米包括協議も。同年6月に日米間で数値目標を排除し、自由貿易の原則
維持などを確認した上で、外国製自動車の対日市場のアクセス拡大などで
合意し、ドル安・円高が収束していった。

第Ⅰ部　事　例

　逆に、1990年後半はITバブルとクリントン政権2期目での「強いドル」政策を経て、ドル円は148円台に迫った。一転して2000～01年にかけITバブルが崩壊し、2001年9月11日に同時多発テロ事件が発生すると、米連邦準備制度理事会（FRB）が2003年6月にフェデラル・ファンド（FF）金利誘導目標を1％に設定、低金利政策を導入した。2004年6月から2006年6月には利上げをし、ドル円はFRBの金融政策と日米金利差に合わせ上下した。サブプライム問題を経て、FRBが2007年9月から利下げを開始し、2008年9月に米大手証券リーマン・ブラザーズが破綻すると、同年12月にはFF金利誘導目標を0～0.25％に設定。事実上のゼロ金利政策に突入した。

　ドル円は以降、2011年3月11日の東日本大震災を経て、ドル安・円高が進行。主要7か国（G7）財務相・中央銀行総裁会議は同年3月18日、福島原発事故を受けた円急騰に際し、日本側の要請に対し、2000年9月のユーロ買い以来となる、協調介入で合意に達したが、同年10月31日に75円32銭を記録した。FRBが低金利政策に加え、量的緩和政策を導入したほか、東日本大震災で多額の保険金の支払いが予想される保険会社や、復旧に必要な大企業が海外資産を売却し、円を確保するとの思惑が広がったためだ。また、欧州債務危機が吹き荒れた結果、円への需要が強まった。安全資産としての円買いを指摘する声も聞かれた。

1.3　アベノミクスとコロナ禍でドル高・円安へ転換

　一転して2012年11月の衆議院解散前後から、ドル円はドル高・円安傾向をたどった。同年12月26日に第2次安倍政権発足後まもない翌2013年1月、「デフレ脱却と持続的な経済成長の実現のための政府・日本銀行の政策連携について」、共同声明を発表。①大胆な金融政策（日銀が経済・物価情勢を踏まえつつ、2％の物価安定目標を実現）、②機動的な財政出動（デフレ脱却を実現すべく有効需要を創出）、③民間投資を喚起する成長戦略から成る「アベノミクスの3本の矢」を掲げた。同時に、日銀は2013年4月以降、一貫して大規模な金融政策を打ち出し、ドル円は上昇。FRBが量的緩和政策の巻き戻し、事実上のゼロ金利政策の転換など出口政策入

72

りしたことも(テーパリングは2014年1月から実施、利上げは2015年12月から開始)、ドル円は2015年6月に125円台へ上昇した。

2016年以降は、アベノミクスなどの影響からドル高・円安だった流れが一転した。トランプ政権が発足し、対中追加関税措置を発動する過程で、中国が自国通貨を不当に低推移に抑制していると批判するなか、ドル安を望むとの見方が一因となり、104円台まで下落した。

2020年3月、コロナ禍による経済活動停止を受け、FRBは再び事実上のゼロ金利政策を導入すると、ドル円は101円台へ下落。ただし、トランプ政権で2度、バイデン政権で1度の大規模な景気支援策での米国内のペントアップ需要の高まり、米国でのインフレ急伸、ウクライナ戦争による供給網の混乱も重なり、FRBは積極的な利上げに転換した。日銀が大規模緩和政策の撤廃を2024年3月まで待つなかで、FRBは2022年3月から2023年7月までFF金利誘導目標レンジを5.25〜5.5%へ引き上げ、日米金利差の拡大につながった。その間、日本の当局はドル売り・円買い介入を2022年9月〜10月に3回、2024年4月と5月に1回ずつ実施したが、ドル円は2024年7月3日に一時161.95円と1986年12月以来の高値を更新。ただ、7月にも介入が観測されるなか、FRBが利上げへ向け舵を切る過程で、9月半ばには一時140円を割り込んだ。

図1　チャート：ドル円の推移（月足チャート）

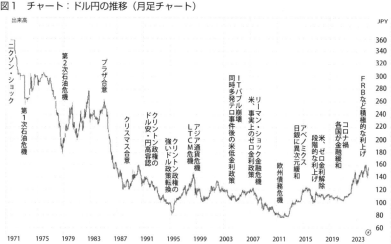

第Ⅰ部　事　例

　以上、円の相場動向を大雑把に振り返っただけでも、為替相場は政治や経済動向、金融政策によって、大きく変動してきたことが分かる。企業は、為替相場の大局観をもって、為替リスクに臨むべきだろう。

2.　為替リスクへの備え：相場の変動要因を理解する

　為替相場の変動要因は景気、金利、国際収支、政治、地政学的リスク、貿易活動など実需フロー、投機的取引と、様々だが、大きく3つが考えられる。1つは政策（経済政策、財政政策、通商政策、金融政策など）。経済、財政、通商政策を決定する行政府と立法府に対し、金融政策は政府から独立した中央銀行が運営する。2つ目は貿易動向や企業の直接投資や買収・合併（M&A）など実需のフロー、3つ目はポジションだ。

2.1　政策要因

　1つ目の政策は、1971年8月のニクソン・ショックを始め、1985年9月のプラザ合意、1993年4月のクリントン大統領のドル高・円安是正発言、そして2012年12月に発足した第2次安倍政権が打ち出したアベノミクスなどが、明らかにドル円に影響を与えてきた。金融政策でいえば、FRBの2008年12月と2020年3月の事実上のゼロ金利政策に加え量的緩和、そして日銀がアベノミクスを受け2013年4月から次々と放った大規模緩和策が思い出される。アベノミクスを受け、日米金利差が縮小する場面でも円安が進んだ。実際、アベノミクスでの円安進行はニクソン・ショック以降の円高トレンドからの転換を印象づけた。ニクソン・ショック後の1971年以降、ドル円の年間リターンとして4年連続で上昇（ドル高・円安）を迎えたのは、当時としては初めてとなる。

　直近では、2024年9月27日に行われた自民党総裁選で、第1回投票結果に反し、日銀の追加利上げに否定的な高市早苗経済安全保障相（当時）に対し、石破茂元防衛相が逆転勝利した結果、ドル円が数時間で約4円も急落する場面も。為替相場は、政権交代を控えた政策の先取りで急変動するリスクもあることを確認した。

74

図2　チャート：ドル円の年間リターン、2024年も上昇なら2回目の4年連続ドル高となる

出典：FRB、各種報道、Trading Viewよりストリート・インサイツ作成

2.2　貿易・実需のフロー要因

　2つ目の貿易・実需のフローは、文字通り各国の貿易収支の他、各企業のM&Aを始め直接投資などを含む。2024年7月半ばからドル円はドル高・円安の流れから急速な巻き戻しを迎えるが、2024年7月3日に一時161.95円と1986年12月以来の高値をつけた要因のひとつは、日本の貿易赤字だ。日本はかつて貿易黒字国だったが、構造変化により貿易赤字国に転落しつつある。円高による海外への生産拠点シフトが輸出の削減につながったうえ、ウクライナ戦争を受けた資源高、さらに中東情勢の緊迫化による供給網の制約を受け、輸入額が拡大してきた。

　さらに、内閣官房のサイトで公開されている資料によれば、2022年の医薬品の輸入超過は約4.6兆円と、コロナ・ワクチンの輸入も重なり過去最大に膨らんだ。前述したデジタル赤字も、輸入額増大の一因を担う。デジタル赤字は、「使うほど富が流出」と位置付けられるように、企業や家計が米国のクラウドサービスや動画配信サービス、アプリを使用すればするほど、赤字が拡大してしまう。デジタル赤字は、サービス収支のうち、主に著作権等使用料、通信・コンピュータ・情報サービス、専門・経営コンサルティングサービスの3つで算出され、それらの赤字は2014年の2兆

図3 チャート：2014年から2023年まで、デジタル赤字は約2.5倍に膨らむ

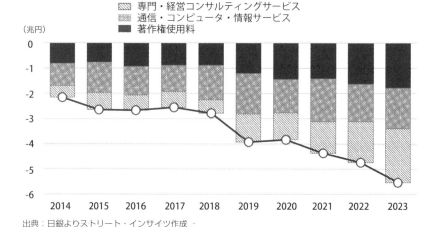

出典：日銀よりストリート・インサイツ作成

円程度から、2023年に約2.5倍の約5.5兆円に拡大した。

　貿易収支に加え、個別企業の活動も為替相場に影響を与える。ロンドン証券取引所グループ（LSEG）のデータによれば、2023年に日本企業が手掛けた海外企業の買収案件は前年比81％増の580億ドルで、日本を除くアジア太平洋地域の同26％減に反し、積極的だった。低金利環境に加え、物言う投資家などによる収益力向上として、海外企業買収への動きが活発化したという。こうした流れも、2023年までのドル円を押し上げたと捉えられよう。

　一方、最近では加コンビニ大手アリマンタシォン・クシュタールが競合のセブン＆アイ・ホールディングスに8月19日、買収案を提示し、ドル円は同日に約3円も急落した。これまでは日本企業によるM&Aを始め、直接投資がドル買い・円売りフローとして作用してきたが、2020年以降の円安を受け、海外企業からの直接投資が拡大する可能性もある。為替相場の動きを読む上では、こうしたフローへの目配りも必要だ。

2.3　ポジション要因

　最後に、ポジションが挙げられる。いわば投機筋を含めた市場のポジ

ション動向を示すが、これは米商品先物取引委員会（CFTC）が原則として毎週金曜日に公表するポジション動向が目安となる。ドル円が7月3日に一時161.95円まで上昇した流れで、投機筋による円のネット・ショート（買い持ちのポジションと売り持ちのポジションの差）は、7月2日週に18万4,223枚と、2007年6月26日週につけた過去最大の18万8,077枚に接近した。しかし、結局は同水準を超えられず、9月16日には2023年7月以来の140円割れを迎え、投機筋の円のネット・ポジションは2024年9月24日週時点で7週連続にてロング（買い持ち）となった。このように、投機筋のネット・ポジションの方向性がドル円の値動きに影響しうる。

　なお、2024年1月に開始した新NISA（少額投資非課税制度）が、ドル円を押し上げたとの説が流れた。確かに、円安の流れもあって、「オルカン」と呼ばれる「eMAXIS Slim 全世界株式（オール・カントリー）や、米国の代表的な指数であるS&P500への人気は高まった。単月での1兆円以上もの資金が海外株式型に流入したという。ただ、株安局面やドル円の下落局面では設定額の縮小や解約などが予想される。実際、ドル円の下落局面となった2024年8月5日週は、新NISA導入後で海外株ファンドから初の資金流出（124億円）に及んだ。新NISAがドル円を下支えすることは間違いないが、少なくともドル円を押し上げるドライバーとは言い難い。ドル円の方向性を見極める上では、一つの変数に依存すべきではない証左だろう。

　もうひとつ、為替動向、特にドル円の流れを読む上では、本邦当局による為替介入に気を付けたい。介入とは、財務省が指示し、日銀がオペレーションにあたる。日銀ウェブサイトからの説明は以下のとおり。

　「為替介入（外国為替市場介入）は、通貨当局が為替相場に影響を与えるために、外国為替市場で通貨間の売買を行うことで、正式名称は『外国為替平衡操作』といいます。為替介入の目的は、為替相場の急激な変動を抑え、その安定化を図ることです。わが国では、為替介入は財務大臣の権限において実施することとされています。日本銀行は、特別会計に関する法律および日本銀行法に基づき、財務大臣の代理人として、その指示に基

第I部　事　例

づいて為替介入の実務を遂行しています」

　日本では、財務省が1993年から為替介入のデータを公表。データによれば直近、本邦当局はドル売り・円買い介入を、2022年9月〜10月の3回、2024年4〜5月の2回、そして同年7月の2回にわたって実施してきた。その規模は、2022年9〜10月の3回で9兆1,880億円、2024年4〜5月の2回で9兆7,885億円、同年7月の2回で5兆5,348億円となった（同年7月の介入規模は、各日で未発表のため、それぞれ日にちの介入規模は日銀当座預金残高の「財政要因」の見通しと短資会社の予想を比較して算出）。2024年単年でみれば15兆3,233億円で、過去最大規模となる。

図4　チャート：2022年以降のドル売り・円買いの介入規模

日付	介入規模	時間帯
2022年9月22日	2兆8,382億円	17時頃
2022年10月21日	5兆6,202億円	23時半頃
2022年10月24日	7,296億円	8時半頃
2022年合計	9兆1,880億円	
2024年4月29日	5兆9,185億円	13時頃、16時頃、25時頃？
2024年5月1日※日本時間で2日	3兆8,700億円	29時過ぎ（日本時間5/2の午前5時過ぎか）
2024年7月11日	3兆1,678億円	21時40分頃
2024年7月12日	2兆3,670億円	8時過ぎ、21時半過ぎ、23時過ぎ
2024年合計	15兆3,233億円	

※介入実施の時間は想定
出典：財務省、日銀、Trading Viewよりストリート・インサイツ作成

　介入については、2024年7月に開催された主要20カ国（G20）財務相・中央銀行総裁会議の共同声明で「2021年4月の為替相場についてのコミットメントを再確認する」と明記された。その文言とは「我々は、為替レートの過度な変動や無秩序な動きが、経済及び金融の安定に対して悪影響を与え得ることを認識する。我々は、通貨の競争的切下げを回避し、競争力のために為替レートを目標としない」というもの。従って、介入は、あくまで「過度な変動や無秩序な動き」を抑制する手段にとどめ、自国通貨安誘導による輸出競争力の向上は容認されていない。

　従って、変動相場制を敷く国として、為替介入は緊急措置と言える。ま

た、頻繁に介入すれば効果も薄れるだけに、「伝家の宝刀」と位置付けるべきだろう。

3. 為替リスク管理の手法とは

　予測困難な為替相場のリスクを抑制するのは、容易ではない。だからこそ、日本だけでなく海外の大手企業も為替リスクに備えてきた。例えば、2023年10月13日付けのブルームバーグの記事によれば、アップルは1,350億ドル相当の為替予約／デリバティブを保有し、グーグルの親会社アルファベットも約600億ドル相当を保有していたという。米大手IT企業といえども、顧客が日本を始め海外とあって、為替差損のリスクに直面しかねず、ヘッジを重要視しているのだろう。

　過去には、為替リスクを適切に管理できず、損失計上を余儀なくされた企業が多数存在する。以下に、日本企業のケースを挙げた。

3.1　ヤクルトの事例

　ヤクト本社は1990年代、株価急落を受けた資産運用の損失を受け、投機性の高い金融派生商品（デリバティブ）取引を積極的に手掛ける穴埋めを図るも失敗。1998年3月期には1,000億円以上の損失を計上した。

3.2　サイゼリヤの事例

　米国がサブプライム危機に見舞われ円高が進行、2008年9-11月期に、長期の為替デリバティブ取引契約を通じ約140億円の評価損見通しを発表した。サイゼリヤ以外でも為替デリバティブで損失を被った企業は増加し、日経新聞は2010年6月4日付けの記事で「為替デリバティブで損失、輸入企業で倒産増加」と報道。帝国データバンクの数字をもとに、2009年に急激な円高による為替デリバティブ取引での損失により、同年に9社が倒産、2010年4月までに8社が倒産したと伝えていた。

4. まとめ

　為替リスク・ヘッジの手法としては、企業向け為替AI予測管理システ

ムを手掛けるトレーダムによれば、以下のオペレーショナル・ヘッジと、ファイナンシャル・ヘッジに大別される。そのうち、オペレーショナル・ヘッジは、海外生産移転や貿易建値の選択（自国、相手国、第3国）の他、パススルー（為替変動分を国内外の販売価格に"転嫁＝pass through"する手法）、リーズ・アンド・ラグズ（外貨の決済時期を"早める＝leads"、あるいは"遅らせる＝lags"手法）、ネッティング（一定期日の同じ通貨の債権と債務を"相殺し＝netting"、差額を決済する手法）、そしてマリー（同じ通貨の債権と債務の決済を"組み合わせる＝marry"手法）がある。

　ファイナンシャル・ヘッジは、為替予約／デリバティブの他、外貨建て債務や債権など、金融商品を利用し為替リスクを削減する手法だ。金融商品には、為替予約（先物）、為替デリバティブ（長期為替予約、通貨オプション）、それらの組み合わせなどが挙げられる。

　為替ヘッジを行う際、財務担当者が行うケースが多いだろう。ただ、そうなると属人的となりやすく、担当者に重圧を加えるデメリットをはらむ。そこで、為替ヘッジをAIに任せる手法が登場。例えば、企業向け為替AI予測管理システムのトレーダムのAIに6カ月先の取引の50％を上限に任せた為替予約をすることで、顧客が相場や感情に左右されないヘッジ・パフォーマンスが実現できたという。

　1972年3月以降、ドル円の1日のリターンは平均でおおむね横ばいだ。しかし、株式相場のようにサーキット・ブレーカー、値幅を制限する制度が導入されていないため、一気に傾く場合もあり得る。2024年9月末時点で、最大の上昇幅は1974年1月7日の6.5％高と50年以上も前となるが、2番目は2008年10月28日で5.7％高、1988年や1995年などを挟み、8番目には2013年4月4日に3.5％高に及んだ。ドル円が140円で3.5％高ならば、ほぼ145円で5円高となる。逆に、最大の下落率は1978年2月13日で9.1％安となり、1998年10月7日の6.8％安が続き、2022年12月20日には3.8％安を迎えた。同じく、140円で考えれば3.8％安は5円32銭安の134円68銭だ。

　為替相場がどれほど変動するか、誰にも分からない。だからこそ、企業経営にあたっては為替リスクを理解し、ヘッジに備えるべきだろう。

第**4**章

食料・エネルギー危機

超輸入依存国「日本」は半年で餓死する可能性

はじめに

　食料とエネルギーは、人間が生きるために不可欠な基本中の基本要素である。しかし、昨今の地球規模での気候変動、人口増加、政治的緊張、そして資源の枯渇などにより、世界的に食料・エネルギーの安定供給が大きく脅かされている。とりわけ温室効果ガス排出による地球温暖化は深刻で、IPCC（気候変動に関する政府間パネル）の報告によれば、地球の平均気温は産業革命前と比較してすでに約1度上昇しており、このままのペースでは21世紀末までに1.5度から2度の上昇が予測され、食料生産やエネルギー需要などへの悪影響が懸念される。

　昨今こうした不安定な世界情勢を受けて、食料やエネルギーを保有・生産する国々が輸出制限などで自国を守る傾向にあり、食料とエネルギー両方の超輸入依存国である日本は極めて重大な局面を迎えている。事象の規模によっては、今ある豊かさを失うには半年あれば十分な状況であり、温暖化による疫病流行と相まって国家存亡の危機に直面すると言っても過言ではないだろう。こうした危機に直面する可能性があることは以前から指摘されているが、日本の国、自治体、地域、企業、家庭の備えはいまだ不十分であり、「準備不足」という人為的要因で危機が深刻化することになる。

81

1. 日本の食料危機

1.1 海外要因

　日本の食料自給率はカロリーベースで2023年38％と、カナダ204％、オーストラリア233％、フランス121％、アメリカ104％など先進諸国の中でもっとも低く、世界中から食料をかき集めなければ現在の豊かな食生活は到底維持できない。当然、世界のどこかで、紛争・政治的緊張・貿易摩擦、人口急増・中所得国の経済成長、気候変動による農業生産量の変動・農産物高騰・農地減少・農業用水枯渇など、いずれか一つでも生じれば日本に大きな影響が及ぶことになる。

図1　日本の食料自給率の推移（農林水産省「令和5年度食料・農業・農村白書」より）

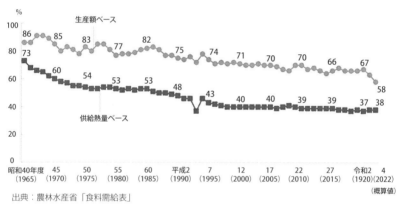

出典：農林水産省「食料需給表」
（注）平成20（2018）年度以降の食料自給率は、イン（アウト）バウンドによる食料消費像原文を補正した数値

　直近の事例では、ロシアによるウクライナ侵攻により、小麦の価格が2022年3月7日に平時の約2倍である14.3ドル／ブッシェル（27.2kg）まで急騰した。問題は価格高騰というお金だけではなく、紛争当事国以外の国々からの代替輸入も困難になることである。現にウクライナ危機の2022年には49ヵ国が食料の輸出停止措置を講じており、今後、有事の際には世界が大規模な食料供給不足に陥ることが予想される。この流れは2008年の食料価格高騰危機で39ヵ国が世界貿易量の19％に相当する食料

第4章　食料・エネルギー危機

の輸出停止措置を講じた頃から顕著になっており、ここ数年は食料に限らず対象が飼料や鉱物などに広がっている。

また、気候変動は世界各地の農業環境を大きく変える。特に気温上昇は作物の生育期間を短縮させ収穫量の減少要因となり、また、降水パターンの変化は干ばつや洪水のリスクを高めて農地の劣化を招いていく。日本においても、年々深刻化する猛暑や強大化する台風の被害が農業生産に大きな影響を与えている。気候変動についての詳細は別章を参照されたいが、日本の食を支える魚介類の漁獲量・魚種・漁場も深刻な影響を受けていることは特筆しておきたい。

さらに、深刻さを増しているのは世界の人口が増加の一途をたどっていることである。20世紀の100年間で16億人から約60億人に急増し、2023年には80億1千万人を超え、国際連合によれば2050年には約97億人に達すると予想されている。現在、世界人口の20％程度の高所得国が世界の食料の86％を買い占めて豊かな生活を送っているが、昨今は中所得国の経済成長によって肉類・植物油の消費量が増大し、その飼料となる穀物を巡る争奪戦が激化している。現に農林水産省が調査した全世界の純輸入総額を見ると、日本は1998年に約40％と首位独占であったが2021年には18％まで激減している。これは自給自足が進んだからではなく、中国など

図2　林水産物純輸入額の国別割合（農林水産省「令和5年度食料・農業・農村白書」より）

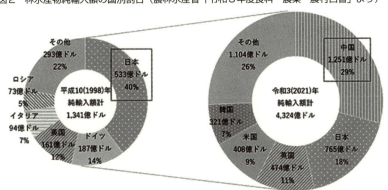

出典：S&P Global「Global Trade Atlas」を基に農林水産省作成
（注）経済規模とデータ制約を考慮して対象とした41か国・地域のうち、純輸入額（輸入額-輸出額）がプラスとなった国・地域の純輸入額を集計したもの。

83

第Ⅰ部　事　例

のライバル国の台頭によって日本の購買力が相対的に低下し、主に穀物・油糧種子・肥料・飼料などを思うように調達できなくなっているからである。世界食糧デーを主宰する1945年創立の国連食糧農業機関（FAO）は、毎年約5億ドルの予算規模で世界各地の飢餓対策に取り組んでいるが、食料争奪戦をコントロールするまでの影響力は有していない。

1.2　国内要因

　日本は高度経済成長とともに増加する人口を賄うべく、環境負荷や農家の経営規模を重視せずに農業手法を統一化して、農産物の大きさや色などの均一を図ることで大量生産を最優先してきた。そのため大量の窒素肥料投入が必要となったことで、土壌は有機質が失われ団粒構造が破壊されて肥料の保持力が低下、植物は糖分を排出しやすくなり害虫被害を誘因して農薬の多用を招いた。日本各地の農業特性を活かし守るはずの農業政策が、時代の流れで高度経済成長の要請である「大量生産」「規格一律」「見た目の鮮やかさ」を優先せざるを得なかったことに、日本の安心安全な農業を衰えさせた大きな要因があることは否めない。

　さらに、激動する世界情勢に振り回されて、生産を推奨する農作物を何度も変更してきた影響も大きい。例えば小麦は、戦後、①輸入優先で国産制限→②自給率向上のためアメリカ型小麦の国産を推奨するが日本の気候に合わず失敗→③輸入優先で国産制限→④食料安全保障の観点から国産推奨、と正反対の方針を繰り返すうちに、日本の気候にあった裸麦や大麦やめん用小麦までその農地を失う結果を招いた。自給率向上による食料安全保障を優先するのか、場当たり的な国際協調で自給率を犠牲にするか、あるいはそのバランスを明確な基準に基づき堅持するのか、国家100年の計を国民の共通理念として持ち続ける大切さを痛感する典型例である。

　ところで、日本各地にはそれぞれの気候や土壌に適応してきた固定品種と呼ばれる貴重な農作物があり、これらは農薬がなくとも害虫などに駆逐されずに存続してきた。しかし、地域特有ゆえに「大量生産」「規格一律」「見た目の鮮やかさ」という条件を満たさないため、例え栄養素や味覚が優れていたとしても農協は買い取らない。農家は止む無く固定品種のタネ

84

第4章　食料・エネルギー危機

をお蔵入り、または自己消費分のみの生産規模に縮小することになり、物理的にも市場に出回る可能性がなくなった。また、固定品種が主流とならない理由は他にもある。工業製品輸出による加工貿易業で豊かさを維持する日本は、TPP締結など国際貿易バランスを保つために諸外国から食料や種苗などを積極的に輸入する必要がある。そのため、公的にタネを保護する種子法を廃止し、同時に、大量生産に適したF1種の開発・改良には多大なコストを要することからその開発者の権利・利益を守る必要に迫られ、指定品目のタネの国内流通、海外流出や自家採種を制限する種苗法の適用を拡大しているのである。これにより、国内で使用する野菜タネの約90％は海外産のF1種となった。このF1種は優良性が一代限りのため、均一規格の農産物を毎年生産し続けるためには毎年タネを購入しなければならないのである。いずれにしても、日本古来の固定種の多くを未来永劫失った代償は計り知れない。なお、国内で本格商用化されていない遺伝子組み換え品種については、栽培することによる環境への影響、摂取することによる人体への影響などに関する研究の進展を待ちたい。

　さて、種苗が確保できたとしても、日本の自給率向上のためには、さらに険しい道のりが待っている。それは、農地不足という根本的で困難な課題である。そもそも日本の農地面積は国民一人当たりわずか3.5アール程度で、アメリカの約160アール、イギリス・ドイツの約30アールと比較して極めて小さい。さらに、農地の37％は中山間地域に点在しており、一農家あたりの耕作面積が平均2ヘクタール程度と小規模なため、機械化・高効率化が困難で価格競争力が低い。こうした背景から、専業農家の基幹的農業従事者数は2005年に約224万人だったものが2023年には約116万人と半減、年齢層も70歳以上68.3％、60歳代24.3％と高齢化が進み、農地面積は毎年、地目変更で約3〜4万ヘクタール、耕作放棄で1.5万ヘクタールも減少し続けるなど、負のスパイラルに陥っている。

　農業の復活・活性化については、昨今、官民が連携するなどして、細分化している農地の合一化、農業法人など新規参入要件の緩和、小規模ながら農業を営む移住促進、古民家の再生などが講じられるようになった。しかし、農地が今後も維持され続けるには、こうした取り組みが全国各地で

85

活発に行われ続け、その地域近隣に消費者向けサービスが存続できる環境が必要、という極めて困難な課題をクリアしなければならない。このように日本は、先進国でもっとも食料安全保障リスクを負っているのである。

図3　農地面積の推移（農林水産省「荒廃農地の現状と対策」より）

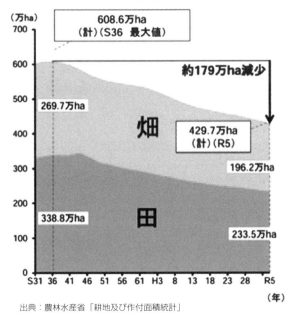

出典：農林水産省「耕地及び作付面積統計」

1.3　水源という財産

　日本の財産として忘れてはならないものに「水」がある。日本は降水量に恵まれており、この豊富な降水量を有効な資源として生成・保持する森林の水源涵養機能（洪水緩和、貯留、水質浄化）が、私たちの生命維持に不可欠な「飲める水」を大量に提供し続けている。日本の森林面積は約2500万ヘクタールと国土の約68％を占め、OECD加盟国では、フィンランド（74％）、スウェーデン（69％）に次ぐ高い森林率を誇っている。

　しかし、十数年前からこの森林を巡ってこれまでにない動きが生じている。日本の森林面積の約69％（2022年度末時点）を占める民有林が、外国に買収されるケースが増えているのである。林野庁は2006年から、外

国法人または外国人と思われる者あるいは外資系企業による森林取得の実態調査をしてきた。調査対象が森林法届け出や国土利用計画法届け出など限定的だが、それでも2023年分までに381件、3224ヘクタールが買収されていたことが明らかになり、実際はこれ以上買収されていると推測される。懸念すべきは、これら買収された森林のうち、利用目的をリゾート観光など明確にしているのは少数にとどまっており、軍事目的による買収との予測のほか、「利用価値を見出せない地区の森林が高値で買収されるのは水源だから」との見方もある。水源は古くから紛争の主原因であり、アジアとは条件が異なるが、中東ヨルダン川の水利権争いは世界を巻き込む紛争の根源となっている。

外国人による土地所有については、2022年9月に『重要施設周辺及び国境離島等における土地等の利用状況の調査及び利用の規制等に関する法律』が全面施行され、①安保上重要な施設の周辺約1キロを注視区域として土地や建物を対象に所有者の国籍や利用状況などを調査できる、②自衛隊の司令部など特に重要な機能を備えた施設周辺を特別注視区域として一定面積以上の土地や建物の売買に事前の届け出を求めることができる、とされている。しかし、貴重な水源森林を守ることまでは想定していない。

こうした水の例が杞憂であって欲しいが、平和が当たり前という油断こそが災いの最大誘因であることを私たちは認識しなければならない。いざ有事になって国や他人に責任を擦り付けたところでもう手遅れなのである。

1.4　有事への備え

農林水産省は2021年に緊急事態食料安全保障指針を策定し、食料に関わる緊急事態として様々な要因を想定した。国内要因として、大規模自然災害や異常気象、感染症の流行、家畜・水産動物の伝染性疾病や植物病害虫、食品の安全に関する事件・事故、食品等のサプライチェーンの寸断、地球温暖化等の気候変動、さらに、海外特有の要因としては、港湾等での輸送障害、輸出国等における紛争・政治不安・テロ、輸出国における輸出制限、為替変動、石油等の燃料の供給不足、肥料・養殖用飼料需給のひっ迫、遺伝資源の入手困難、水需給のひっ迫、水産資源の変動、バイオ燃料

第Ⅰ部　事　例

向け需要の増加、新興国との輸入の競合などが挙げられた。

　そして、これらの事態発生に対処するため、備蓄、出荷調整、輸入対応、生産拡大、消費者対策などについて検討が重ねられ、2024年通常国会で『食料供給困難事態対策法』が成立した。これにより備蓄については、これまで把握しなかった特定食品品目の民間在庫を調査する方針が示されたが、国家備蓄の品目や量が増加するわけではない。また、生産拡大については、生産者に財政措置が施されるとしても、耕作面積と働き手が不足する中、「生産計画の提出義務」と「拒否・不履行時の罰則」を新設した効果は、非常に限定的とならざるを得ない。

　ここで備蓄が何か月分の消費に耐えられるか算出してみると、おおむね米が5か月、小麦2か月、植物油1.5か月、砂糖2.5か月、冷凍肉類1か月、乳製品0.4か月など、となっている。このうち公的備蓄は米と小麦の一部

図4　日本の食料備蓄（農林水産省「不測時の食料安全保障の検討について～令和5年10月」から著者作成）

品目		備蓄量と年間消費量に対する割合		
米		政府備蓄　約100万トン【約13％カバー】 民間在庫　約200万トン【約29％カバー】		
小麦		政府備蓄　約90万トン【約16％カバー】		
油	大豆	民間在庫	約35万トン	【約12％カバー】
	なたね	民間在庫	約28万トン	【約14％カバー】
	パーム	民間在庫	約1万トン	【約1.5％カバー】
食用大豆		民間在庫	データなし	
砂糖		民間在庫	約38万トン	【約22％カバー】
鶏卵		民間在庫	データなし	
肉類	牛肉	民間在庫	約15万トン	【約17％カバー】
	豚肉	民間在庫	約21万トン	【約11％カバー】
	鶏肉	民間在庫	約16万トン	【約6％カバー】
乳製品	牛乳	民間在庫	データなし	
	バター	民間在庫	約3万トン	【約3％カバー】
	脱脂粉乳	民間在庫	約6万トン	【約3％カバー】

のみで、そのほかは民間が保有する在庫を頼りにしている。備蓄について他国では、スイスが1982年制定の国家経済供給法に続いて憲法に食料安全保障を明記、ドイツは1965年制定の食料供給確保法と1990年制定の食料準備法を2017年に食料確保準備法として一本化して半年を超えない程度の備蓄を想定している。こうした食料安全保障法はオランダやフィンランドでも制定されており、とりわけ、隣国が強大な武力を有するフィンランドは、寒冷地ということもあり9か月分の穀物を備蓄している。日本は核兵器や弾道ミサイルなどの軍事力を有する隣国が複数あることや人口1億人以上を抱える災害大国であることから、他国よりも充実した備蓄が求められる。なお、安全保障や災害についての詳細は別章を参照されたい。

1.5 まとめ

食料危機の要因は多種多様であることから、一朝一夕に備えを完了することは不可能である。特に、民主主義国家においては、危機管理に対する国民の普遍的な支持がなければ備え続けることは困難となる。そうした中でもとりわけ高い食料自給率を確保することは、例え国際化や他国との共生が美しいと謳われる時代にあっても、独立した国家として絶対に欠かしてはならない条件なのである。

日本は農耕中心のライフスタイルを長く続けており、終戦直後まで人口の7割が農業に携わっていた。同様の状態に戻す必要はないが、少なくとも食料自給率を高めることに多くの消費者の支持と行動が得られないうちは、真に安全安心で豊かな食生活が保障されることはない。当面は、アメリカ、中国、豪州、ブラジル、タイ、カナダの6カ国からの食料輸入に依存しないよう、①代替輸入ルートの開拓、②農業人材の国内外からの確保、③ドローン・AIや管理システム活用を含むアグリテックの開発・活用、などを急がねばならない。将来的には、気候変動や国際情勢の影響を最小限に抑えるため、例えば「輸送ロスを省いた徹底した地産地消」「生産工場による農業大国化」など持続可能な農業を目指すことになるだろう。いずれにしても大規模な食料危機への備えが急がれる。「備えあれば憂いなし」である。

第Ⅰ部　事　例

> ### コラム～「令和の米騒動？」
>
> 　2024年夏、主に量販店の棚からお米が一時的に消えた。その原因は、①来日外国人の消費増、②小麦高騰で代替として需要増、③南海トラフに備えた買い溜め、④猛暑、など突発的な事由とされているが、根本原因として、⑤減反政策、⑥備蓄米の放出拒否、があることは否めない。これまでお米市場は、需要減少傾向と需要増見込薄を踏まえて、⑤が米価下落を防いで生産者収入を守る役割を果たしてきたが、他方で突発的事由への即応性に欠ける弱点がある。皮肉なことに、今回の米騒動？に迅速な特別措置が講じられなかったことを捉えて、政府・農協が本気を出さなかったのは「需要増または供給減による価格高騰＝農協の販売手数料収入増が背景にある」と指摘する論評まである。いずれにしても、需要の的確な予想が難しい世界情勢が続くことから、今こそ「減反政策の廃止」「お米輸出規制の緩和」を講じてお米の輸出国に転身し、国内需給の変化に即応できる能力を備えるべきではないだろうか。

2. エネルギー危機

2.1　海外要因

　日本は、日常生活や経済活動に欠かせないエネルギー資源に乏しく、その自給率は2022年で12.6％と極めて低く、特に化石燃料である石油が99.7％、天然ガスが97.8％、石炭が99.6％と輸入に著しく依存している。そのため国際情勢の影響を受けやすく、例えばロシアのウクライナ侵攻では、ヨーロッパへの天然ガス供給制限でエネルギー全般の価格高騰と供給不安が生じ、日本のエネルギー安全保障が脅かされたことは記憶に新しい。

　資源エネルギー庁は「エネルギー危機の今、あらためて考えたい『エネルギー安全保障』」などにおいて、①ウクライナ侵攻の制裁として西側諸国がロシア産資源の禁輸措置などを行ったことで天然ガス・LNGが平常時の約3倍（2019年の5ドル／MMBtuが2023年には14ドル／MMBtu）に高騰、②エネルギー輸入国だった米国が「シェール革命」で輸出国に転じたこと、などを挙げ、世界がエネルギー資源の中東依存を回避する傾向

にある中、日本が依然として中東に依存していることに危機感を強めている。とりわけ石油は、一時は中国・インドネシア・ロシアからの輸入増で中東依存度を60％台まで減少させたが、2022年には輸出国の経済発展や国際情勢の変化で中東依存度が95.2％とこれまでの最高値をマークしてしまった。そのため、日本にとっての中東地域の平和は国家存続の絶対条件となっているが、パレスチナ・イスラエル戦争など紛争の種は終息するどころか深刻化しているのである。

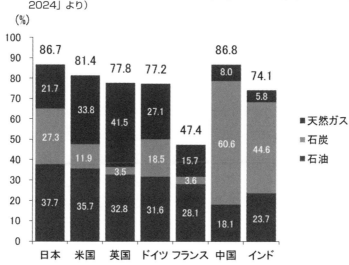

図5 主要国の化石エネルギー依存度2021年（資源エネルギー庁「エネルギー白書2024」より）

（注）化石エネルギー依存度（％）＝（一次エネルギー供給のうち、原油・石油製品、石炭、天然ガスの供給）／（一次エネルギー供給）×100。
出典：IEA「World Energy Balances 2003 Edition」を基に作成

　中東情勢についての詳細は別章を参照されたいが、平和が絶対条件なのは産油地域の中東だけではなく、日本までの長距離海上輸送ルート沿い全域の平和が不可欠であることを忘れてはならない。これに関してIEA（国際エネルギー機関）は、タンカーが攻撃・拿捕される可能性が高い狭い海峡（チョークポイントと称され、ホルムズ海峡、マラッカ海峡、バブ・エル・マンデブ海峡、スエズ運河、トルコ海峡、パナマ運河、デンマーク海

峡、喜望峰、を指すことが多い）の通過をリスクと捉え、国別のリスク値を算出している。それによると2022年時点で日本は191.9ポイント（値が大きい＝リスク大）と突出しており、英4.4、米25.1、仏49.2、独55.9、中国139.6、韓国175.2と比較して、エネルギーの輸送自体にも高いリスクを負っていることがわかる。具体的には、IMFが調査したチョークポイント船舶通過数の推移（2019〜2022年平均値と2024年時点を比較）を見ると、中東情勢などの影響を受けて、スエズ運河は46.3％、バブ・エル・マンデブ海峡も57.7％と激減し、その反動で中東を回避した喜望峰ルートが130.1％と急増した。当然、日本の船舶も例外なく影響を受けており、ただでさえ長距離輸送であるところ、さらに約7000km遠回りとなる喜望峰ルートに移行せざるを得なくなった。そのため、燃料代・保険代は約2.5倍以上に高騰、さらに航行時間も片道約10日間も長くなったことからタンカー不足が生じ、その争奪戦に巻き込まれているのである。そして極めつきは、日本などに特有のチョークポイント「台湾海峡」「ルソン海峡」の存在である。台湾有事に至らなくとも他国による事実上の海上封鎖の可能性が高まれば、フィリピン南から東に抜ける遠回りルートを確保しなければならず、さらなるコストと時間を要する。

　リスクはこうした紛争や海賊だけではなく、例えば、パナマ運河がガトゥン湖の渇水により大幅な通航制限を実施した自然現象、LNGの最大輸入先であるオーストラリアの大規模ストライキなども含まれてくる。輸入依存度が高い日本は、エネルギー市場の変動、中所得国の経済成長、国際的な政治不安定、資源枯渇、自然現象など非常に多岐に渡る要因によって、産業や生活の環境が簡単に激変してしまう高いリスクを負っているのである。

　ここでエネルギー輸入が滞った場合を簡単に想定してみる。2022年の日本のエネルギー供給需要状況を見ると、一次エネルギーは18314ペタジュール（以下、PJと表する）で、その主な内訳は石油6613PJ、ガス3939PJ、石炭4716PJ、再エネ発電2567PJ、原子力発電479PJとなっており、8割強を輸入した化石燃料が占めている。そして、これら一次エネル

第4章　食料・エネルギー危機

図6　チョークポイントとリスクの推移（資源エネルギー庁「エネルギー白書2024」より）

チョークポイント比率（%）	2000年代	2015年	2022年
英国	12.7	8.5	4.4
米国	48.3	42.5	25.1
フランス	71.8	65.5	49.2
ドイツ	45.0	58.4	55.9
中国	142.5	149.6	139.6
韓国	163.6	175.8	175.2
日本	177.8	167.7	191.9

（注1）チョークポイントを通過する各国の輸入原油の数量を合計した上で、総輸入量に対する比率をチョークポイント比率として算出している。チョークポイントを複数回通過する場合は、数量を都度計上するため、チョークポイント比率は100%を超えることもある。
（注2）チョークポイント比率が低いほど、チョークポイント通過せずに輸入できる原油が多いため、リスクが低いという評価になる。

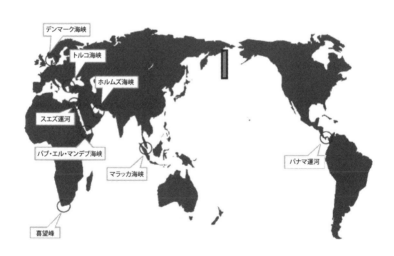

出典：IEA「Oil information 2023 database」、中国輸入統計を基に作成

ギーをもとにした需要は、家庭部門1781PJ、運輸部門2797PJ、事業部門7264PJ、エネルギー変換ロス6473PJと、工業国である日本は当然のことながら運輸部門と事業部門で8割以上のエネルギーを消費している。注視すべきは、この二つの部門のエネルギー源の約7割を石油が占めていることである。もし石油の輸入が滞ると、日本の豊かさを支えている加工貿易が困難になり、「輸出収入」の約4割を占める自動車・半導体部品・鉄鋼・自動車の部品・半導体製造装置・プラスチック・原動機などの製造流通が停滞して、収入が大幅減となる。しかし、他方で「輸入支出」は、原子力発電の稼働が不十分なままでは不安定な太陽光発電を補完する火力発電の燃料調達を欠かすことができないため、少量でも高騰した石油を買い漁るしかなく支出はそれほど減らないのである。日本は、ただでさえ2011年以降貿易赤字に陥り、また貿易黒字に転じる材料も乏しいことから、輸出による外貨獲得が鈍化すれば世界の食料争奪戦でますます劣勢になる。いかに石油の確保が日本の存続のカギを握っているかがわかる。

図7　最終エネルギー消費割合（資源エネルギー庁「エネルギー白書2024」より）

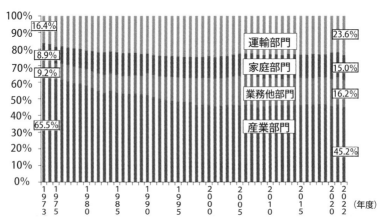

(注1)「総合エネルギー統計」は、1990年度以降、数値について算出方法が変更されている（以下同様）。
(注2) 1979年度以前のGDPは日本エネルギー経済研究所推計。
(注3) 端数処理（四捨五入）の関係で、グラフ内の構成比の合計が100％とならないこと等がある（以下同様）。
出典：資源エネルギー庁「総合エネルギー統計」、内閣府「国民経済計算」、日本エネルギー経済研究所「エネルギー・経済統計洋ラン」を基に作成。

第4章　食料・エネルギー危機

　こうした背景から日本は、石油・天然ガスの自主開発比率を2030年に50％以上、2040年に60％以上に引き上げる目標を定めている。その実現のためには、日本企業が資源権益を獲得する必要があるが、様々な事業リスクを許容できる巨大な資金力が不可欠となる。そこで独立行政法人エネルギー・金属鉱物資源機構は、旧石油公団時代から事業規模を問わず出資・債務保証などのリスクマネーを供給（昨今は年約500億円）してきた。しかし、日本企業は資源メジャーと呼ばれる海外企業等と比較して資金力がもともと弱いこと、資源調査に着手しても探鉱開発が成功する確率が低いこと、さらには化石燃料が疎まれる時代の流れもあって、自主開発比率が向上する確証は得られない。ちなみに、日本の周辺海域に相当量の賦存が期待されているメタンハイドレートについては、将来の商業生産を目指した技術開発を構想している段階であり、エネルギーとして活用するまでには相当の時間を要する。

2.2　国内要因

　日本の最終消費エネルギー総量は2022年で11842PJである。これは火力・原子力・再エネ発電による電力3621PJ、ガス1692PJ、石油5945PJ、石炭2214PJなどで賄われているが、これとは別に、上記の電力3621PJを生み出すためにガス2304PJと石炭2723PJを火力発電で消費している。電力はその特長として、消費の規模・場所・人を選ばないという他のエネルギーと比べて高い利便性を有することから、送電ロスを含めた多大なエネルギー変換ロスもやむを得ないとされてきた。しかし、日本は2030年度に温室効果ガスの46％削減（2013年度比）を目指すと宣言しており、化石燃料発電による二酸化炭素排出を抜本的に見直さなければならない。

　この点については、2016年の電力小売り完全自由化で太陽光発電を中心に再生可能エネルギーが拡大し、2022年には水力・風力・バイオマスなどの再生可能エネルギーが総発電量の21.7％を占めるに至ったことで、化石燃料依存が改善されつつあるとの見方もある。しかし、発電による二酸化炭素排出量の推移を見ると、東日本大震災によって原子力発電が停止する直前よりも2022年時点の方が0.437kg -CO2/kWhと逆に多くなってお

95

図8 電力化率の推移（資源エネルギー庁「エネルギー白書2024」より）

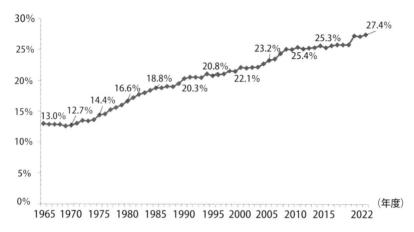

（注1）電力化率（％）＝電力消費×消費×100。
（注2）「総合エネルギー統計」は、1990年度以降、数値について算出方法が変更されている。
出典：資源エネルギー庁「総合エネルギー統計」を基に作成。

り、再生可能エネルギーによる発電が環境配慮に大きく貢献していると断言することはできない。その原因の一例として、再生可能エネルギーの多くを占める太陽光発電について、以下の課題がある。
　（イ）天候・時間帯・季節によって発電量が激変
　（ロ）地球規模の気候変動の影響で（イ）がどう変化するか不明
　（ハ）再エネ賦課金によって電気料金が割高
　（ニ）パネル素材のレアメタルは世界産出量の約9割を占める中国に依存
　（ホ）パネルの廃棄・リサイクル体制が未整備
　（ヘ）広大な土地を要するため森林破壊など地域共生に課題
　（ト）発電場所と消費場所が離れているため送電網の充実が不可欠
　とりわけ（イ）によって、太陽光発電が停止する夕刻に約200万kW/hの急激な電力不足が生じるため、この発電変動を吸収して全体の発電量を整える別の安定電源（現実には火力または原子力発電しかない）が欠かせなくなる。しかし、皮肉なことに電力自由化以降の再エネ導入拡大が火力

発電の休廃止や新規建設の抑止を招いており、最近の電力供給ひっ迫の要因となってしまった。また（ト）によって、新たな送電網の整備に多大な費用（電力広域的運営推進機構が策定した広域連系系統マスタープランによると総工費約6〜7兆円）が必要となるだけでなく、新たな送電ロスも覚悟しなければならない。このように太陽光発電は、化石燃料発電の代替役としては力不足であり、現時点で太陽光発電がその真価を発揮できるのは、昼間に電力を大量消費する場所に設置した場合に限られる。また、将来期待されている洋上風力発電も上記（ヘ）以外は太陽光発電と共通した課題を抱えている。

図9　太陽光発電の発電変動を吸収する火力発電

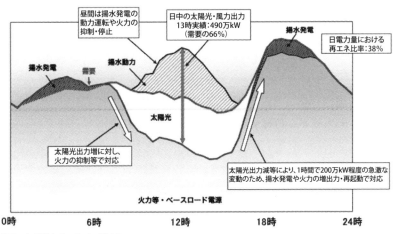

出典：九州電力ホームページより

このように、今後、再生可能エネルギーが主電源となるためには、エネルギー効率の向上、省エネルギー技術の開発、製造コストの改善、蓄電システムの革新的開発、スマートグリッドなど、技術とコスト両面で多くの課題を解決する必要がある。したがって、現実を踏まえれば、当面は環境負荷を犠牲に化石燃料発電に頼りつつ、中長期的には安全性確保を前提とした原子力発電の再稼働、新型原子力発電の新規着手は避けられないだろう。なお、原子力の安全性については、多くの書籍・論文が公開されてお

第Ⅰ部　事　例

りここでは割愛する。いずれにしても、日本は「運輸」と「電力への変換」に大量のエネルギーを消費していることから、エネルギー危機の回避にもっとも効果的なのは「モノとエネルギーの地産地消」であり、このことを常に考慮すべきである。

2.3　有事への備え

　日本のエネルギー供給に甚大な影響を与える事象には、地震や台風、豪雨、豪雪などの「自然災害」と武力攻撃などの「人的災害」があり、特に「自然災害」の多い日本にとっては、発災直後からのエネルギー安定供給やレジリエンスが極めて重要となる。そこで、2024年元日発生の「令和6年能登半島地震」を例に災害復旧を検証するとともに、武力行使やテロなどの「人的災害」対策について考察する。

　能登半島地震では、北陸エリアで複数の火力発電所が運転を停止し、道路の寸断、土砂崩れによる電柱の倒壊、配電線の断線などで約4万500戸が停電した。北陸電力は災害時連携計画に基づき、他の電力会社や協力会社等から連日1000人100台以上の作業員や電源車などの応援も受けて復旧作業を実施したが、被害が甚大であった輪島市と珠洲市が送電率約9割に回復するのに約1か月を要した。この災害時連携計画とは、2020年6月成立の『エネルギー供給強靱化法』によって一般送配電事業者に策定が義務化されたもので、2019年の台風による広域的な送配電網の被災と停電の長期化、2018年の北海道胆振東部地震による北海道全域の大規模停電（ブラックアウト）などの経験から、早期復旧の備え、発災直後の協力体制構築、地方自治体や自衛隊など関係機関の連携などを充実させようとするものである。しかし、今回の地震で、さらに精度の高い準備と初動が必要であることが突き付けられた。なお、火力発電所の耐震性については、日本電気技術規格委員会規格に基づくが、経験則から震度6強で多数の設備被害が発生すると見られる。他方、原子力発電は、東日本大震災の教訓から原子力規制委員会による新基準適合性審査がなされ、想定する基準地震動（加速度）の上限は震度6.5に相当する600ガル台が標準となっているが、炉心溶融と使用済み核燃料の露出を絶対に防止できるという確約はない。

石油・燃料油（ガソリン等）に関しては、道路損傷により大型タンクローリーでの供給が困難になった。そのため地元のサービスステーション（SS）は、一般者への給油を制限して、優先的に自衛隊・警察・消防等の緊急車両や電源車・通信車・医薬車・バキュームカーに給油、また入浴施設やランドリーカーへの積極供給も図るなど極めて重要な役割を担った。しかし、SSはいま廃業の危機にある。経済産業省「揮発油販売業者数及び給油所数の推移（登録ベース）」によると、2022年度末現在のSSは2万7963か所で1994年度末6万421か所の46％まで減少した。そのため、居住地から最寄りの給油所まで15キロ以上あるエリアが生じた自治体は282市町村、給油所が3か所以下の市町村は348市町村、そして10の町村は「給油所ゼロ自治体」となってしまった。原因は、燃費性能の向上と二酸化炭素排出削減の取り組みによる需要減、地下タンクの新安全基準による初期投資負担増などあるが、決定的なのは国による規制緩和で、①ガソリンスタンドの仕入先の選択自由化、②営業時間と併設業種の規制撤廃、③大規模小売店舗立地法の運用緩和による異業種参入、による自由競争促進である。SSの持つ公益性が犠牲になった一面は否めない。

　ガスについては、液状化や差し水などにより都市ガスの導管が被害を受けて、金沢市及び富山市で計148戸に供給支障が生じて1月4日に復旧した。上越市のLNG基地は津波警報で安全確認作業が中断したが、国産ガスプラントやパイプラインによる供給に加え、他事業者からのバックアップで大きな影響はなかった。コミュニティーガス（旧簡易ガス）は、石川県内7団地の計509戸への供給支障が生じて1月10日までに再開した。他方LPガスは、3つあるうちの2つの充填所が停止し、充填所の充填済み在庫や各家庭の既設置分でしのいで2月中旬に全面復旧し、供給拠点「七尾ガスターミナル」は設備損傷の回復を3月1日まで待たなければならなかった。

　このように地震は、無差別に被災するため網羅的に防災することが難しいが、他方で被災が限定的な「水害（低いところが被災）」や「武力攻撃（戦力を削ぎ、市民を疲弊させる拠点が被災）」は、備えれば備えただけ防災効果が高まる。とりわけ、弾道ミサイルやテロ、サイバー攻撃の

標的になりやすいエネルギー関連施設については、その防御や復旧の備え
を充実させなければならない。そこで、象徴的存在であるエネルギー備蓄
基地を見てみると、石油についてIEAが輸入量90日分以上を緊急時備蓄
として維持するよう勧告する中、日本は2024年2月時点で民間備蓄を含
めて197日分を有しているが、大消費地である関東・東海・近畿地方に国
の備蓄はなく、7か所のうち4か所が外的干渉を受けやすい地上施設であ
る。またLPガスも、2024年2月時点で109日分を有するが、北海道・東
北・東海・近畿地方には国の備蓄はなく、地上施設は5か所のうち3か所
となっている。そのほか、変電・送電・発電所・パイプラインなどの施設
設備も外的干渉に対して無防備である。なお、原子力発電については、日
本原子力研究開発機構が武力攻撃の想定を試みているが、「ハード面の対
策には限度があるため運用面の対策で備えるのが現実的」という意見まで
出ており、武力攻撃なども想定した対策をハード・ソフト両面から抜本的
に見直さなければならない。

2.4　まとめ

エネルギー資源の超輸入依存国である日本としては、今後、新しい資源
の開発、国際情勢安定への貢献、備蓄の充実などに努めながら、「エネル
ギー効率の向上」「省エネ」「災害対応」を軸とした新しい社会構造を構築
しなければならない。そのためには、その地域の消費量に見合ったエネル
ギー拠点や発電源が当該地域に点在していることが望ましいところ、昨今、
地域マイクログリッドと呼ばれる分散型エネルギーを自治体が導入する例
がある。これは、地産地消型の再生可能エネルギー導入を促進するととも
に、停電が発生した際には通常の送配電ネットワークを地域単独ネット
ワークに切り替えて、その地域への電力供給を確保するもので、同様の取
り組みが全国に広がることを期待したい。もっともミニマムな例では、各
家庭や事業所の消費電力を屋根に設置する太陽光発電と蓄電装置の連動シ
ステムで賄うことであり、こうした装置が新築・改築時の標準仕様になる
と効果的であろう。

このような自立促進の取り組みは時代の要請でもあり、参考までに自治

体が発行している最近の「防災マニュアル」を見て欲しい。以前の「避難場所への速やかな移動」から、今度は「災害後は自宅待機」を推進する内容に大きく変化している。「自分の命は自分で守ろう。行政に全て頼るな。」というメッセージではないだろうか。将来的には、食料・エネルギー備蓄と避難場所を兼ねたシェルターが、既存施設の地下空間のみならず大規模再開発ビルや個々の自宅や事業所などにも普及すれば、日本は高度な災害対策国として防災分野の国際貢献も可能となろう。災害大国に住む私たち日本人が目指すべきは「どんな災害・難局も自助・共助で乗り越える自立した個々の集団」（元々そうした国民だったと思われる）ではないだろうか。

＜参考文献＞

奥原正明『ビジネスパーソンのための日本農業の基礎知識』信山社 2022 年

川口由一『完全版自然農』株式会社ワン・パブリッシング 2021 年

環境省「2030 年度に向けた温室効果ガス排出削減目標」2021 年

経済産業省「日本のエネルギー輸送リスクと国際比較」2023 年

経済産業省「揮発油販売業者数及び給油所数の推移（登録ベース）」2023 年

経済産業省「日本の石油備蓄の現状」「日本の LP ガス備蓄の現状」2024

原子力規制委員会「新規制基準に基づく適合性審査の概要」2023 年

国際連合「世界人口予測 2023」国連ニュース 2023 年

斉藤太郎『人口爆発と世界の未来』講談社 2022 年

笹谷秀光『増補改訂・最新版Ｑ＆Ａ ＳＤＧｓ経営』日本経済新聞出版 2022 年

佐藤一郎「日本の休耕地と放棄地の現状」農村研究ジャーナル 45（3）2023 年

佐藤花子「日本のエネルギー供給における化石燃料の依存度」エネルギー経済研究 15 巻 3 号 2022 年

資源エネルギー庁「エネルギー白書 2023」2024 年

資源エネルギー庁「電力ネットワークの次世代化について」2023 年

鈴木次郎「喜望峰ルートの影響と日本のタンカー不足」海運ジャーナル 47（3）2023 年

田中一郎『エネルギー市場と中東依存のリスク』日本評論社 2022 年

日本経済新聞「日本原子力研究開発機構による原子力発電の安全性向上策」2022 年

農林水産省「日本の森林資源と国際比較」2023 年

農林水産省「外国法人による森林取得の実態調査」2023 年

第Ⅰ部　事　例

農林水産省「日本の食料備蓄状況に関する報告書」2022 年
農林水産省「令和 5 年度食料・農業・農村白書」2024 年
野口勲『いのちの種を未来に』株式会社創森社 2008 年
橋本直樹『持続可能な社会における食料問題〜日本の農業と食生活を持続するために』筑波書房 2023 年
福岡正信『自然農法 わら一本の革命』株式会社春秋社 1975 年
北陸電力「能登半島地震における復旧活動報告書」2023 年
山田次郎『日本の森林政策と国際資本』日本経済新聞出版 2023 年
山田太郎『中東情勢とエネルギー輸送のリスク管理』岩波書店 2022 年

第**5**章

気候変動と災害
激甚化・頻発化する猛暑、干ばつ、洪水、
そして水・食料不足や紛争まで

はじめに

　近年、世界各地で気象災害の発生が増えている。世界気象機関の報告書によると、世界中で報告された洪水、暴風雨、干ばつ、熱波・寒波などによる激甚な気象災害は、1970年代から2010年代の50年で5倍近くに増加した。また、その経済的損害も、1970年代の報告額は年間平均175億ドルであったのが、2010年代には同1381億ドルと約8倍に拡大している。2010年代の為替レートは1ドル平均約100円であったから、2010年代には気象災害による世界中の経済的損失が年間13兆8000億円に上った計算になる。

　2023年の1年に限ってみても、世界各地で気象災害が発生し、多くの犠牲者が出た。たとえば、アフガニスタンやインドでは、6月から8月にかけての豪雨被害で1000人以上が死亡した。リビアでは、9月に発生したハリケーン「ダニエル」による大雨の影響で1万2000人以上が死亡している。マダガスカルやマラウイでも、春先のサイクロン「フレディ」により800人以上が死亡した。

　2023年は、記録的な猛暑も相次いだ。ベトナム北部のゲアンでは5月に44.2℃という同国の史上最高気温を記録した。中国の新疆ウイグル自治区トゥファンでも、7月に52.2℃を観測し、国内最高記録を更新した。日本でも、2023年は春（3〜5月）、夏（6〜8月）、秋（9〜11月）それぞれの気温が1898年の統計開始以降でもっとも高い年となった。

103

第Ⅰ部　事　例

　猛暑は土地を乾燥させ、大規模な森林火災も誘発する。ハワイでは2023年8月の森林火災により120人以上が死亡した。カナダでも、森林火災によって2023年の1年に約18.5万平方キロメートルが焼失し、1983年以降で最大の焼失面積になった。

　こうした異常気象の発生に関係していると言われているのが、地球温暖化にともなう気候変動である。地球全体の平均気温が上がることを地球温暖化という。地球の平均気温は、2010年代（2011年〜2020年の平均）までに、19世紀後半（1850年〜1900年）と比較して1.1℃上昇している。これは、20世紀以来の工業化で化石燃料（石炭、石油、天然ガス）を大量に燃やすようになって大気中に急速に増えた二酸化炭素をはじめとする、温室効果ガスの仕業である。増えた二酸化炭素などは、まさに温室を囲うフィルムのように地球を覆い、太陽からの熱エネルギーを以前より多く地表にとどめ、温度を上げている。

　1.1℃気温が上がっただけと聞くと、大したことないように思うかもしれない。しかし、この平均気温の上昇が、気流や海流の流れ方を変えたり、大気中の水蒸気を増やしたり、海水の温度や水面を上げたり、北極や南極の氷を溶かしたりと、さまざまな変化を地球に起こしている。これらが相互に作用して、世界各地の気候に深刻な影響を与えつつあるのだ。

　現在、世界各国は2050年までに二酸化炭素の排出を実質的にゼロにすること（カーボン・ニュートラル）を目指して取り組んでいる。しかし、それでも温暖化は止まらない。気候変動に関する政府間パネル（IPCC）がまとめた最新の報告書によれば、2050年にカーボン・ニュートラルが実現される場合でも、2040年までには地球温暖化が1.5℃を超える可能性が高い。しかも、各国による現在の削減目標が着実に実施されても2050年までにカーボン・ニュートラルは実現しそうになく、むしろ2050年ごろには温暖化が2℃に近づきそうな状況だ。

　では、読者の多くが存命中に経験しそうな1.5℃や2℃の地球温暖化とは、どれほどの災禍を我々の生活やビジネスにもたらす可能性があるのだろうか。以下本章では、こうした地球温暖化による気候変動がもたらしうる自然災害や社会混乱のリスクについて、近年の研究による予測を紹介する。

104

第5章　気候変動と災害

　なお、特に別の明記がない限り、本章における気候変動の影響についての記述は、以下、世界規模に関するものはIPCC第6次報告書、日本に関するものは文部科学省・気象庁『日本の気候変動2020』報告書に基づく。気候変動のリスクについてより詳細を知りたい読者は、ぜひこの二つの報告書を読んでみてもらいたい。

図1　温暖化による気象災害の増加

（注）1.5℃および2℃の温暖化における発生頻度と温暖化前（1850-1900年）との比較
出典：IPCC (2021)に基づき著者作成

第I部 事 例

1. 気候変動にともなう自然災害リスク

1.1 猛暑・熱波

地球温暖化という言葉から真っ先に思い浮かぶ気象災害は、猛暑や熱波のような異常な高温がもたらすリスクだろう。実際、冒頭で述べたとおり、近年は世界中で猛暑や熱波の被害が目立つ。

IPCC第6次報告書によると、19世紀後半には10年に1回程度しか発生しなかったような極端な猛暑や熱波が、1℃の温暖化が進んだ現在では2.8倍の頻度で発生するようになっている。これが、間もなくやってくる1.5℃の温暖化では4.1倍、2℃の温暖化では5.6倍の頻度で発生するようになると予想される。さらに、19世紀後半には50年に1回程度だった異常な猛暑や熱波ですら、1℃の温暖化が進んだ現在では4.8倍の頻度になっており、それが1.5℃の温暖化では8.6倍、2℃の温暖化では13.9倍に増加するという。

気象庁の予測では、2℃の温暖化で日本も多くの地域で猛暑日（最高気温が35度以上）と熱帯夜（最低気温が25℃以上）が増加する一方、冬日（最低気温が0℃未満）が減少するという。すでに1910年から2019年の間に猛暑日も真夏日（最高気温が30℃以上）も増加傾向にあり、特に猛暑日の日数は1990年代半ばを境に大きく増加している。

特に都市部は、猛暑や熱波に脆弱である。都市部は、コンクリートやアスファルトで覆われ、建物が密集していて風通しが悪いため、田園地域に比べて熱がこもりやすい。加えて、エアコンやエンジンなどの熱の発生源も数多い。そのため、特に夜間には、都市部の気温が周辺の田園地域よりも数℃高くなることがある。このヒートアイランド効果は、温暖化による猛暑や熱波の影響を増幅させることになり、都市とその住民により大きなリスクをもたらすことになる。

1.2 日照り・干ばつ

また、地球温暖化の進行にともない、場所によっては日照りや干ばつが深刻となる。温暖化によって気温が上昇すると、大気中に含まれうる水蒸気量が増加して一回の雨で局地的に降る雨量が増える一方、その反動で雨

の降らない日も増える見込みだ。加えて、温暖化が進むと地表からの蒸発が増加するため、土壌や河川が干上がりやすくなり、日照りの間に乾燥を加速する。特に、現在すでに乾燥している地域や乾季がある地域では、降水頻度の減少による影響はより顕著になるだろう。

　日本でも、全国51の気象庁観測地点で1901年から2019年に観測された降水量のデータを見ると、雨が降らない日は増える傾向にある。仮に一度に多く降ることで年間総雨量に大きな変化がないとしても、雨が降らない日照りが続けば、農業や動植物には深刻な影響が出る。IPCC第6次報告書によると、農業や動植物に影響を与えるような乾燥地域での干ばつは、1℃の温暖化が進んだ現在すでに19世紀後半と比べて1.7倍の頻度で発生するようになっており、2℃の温暖化では2.4倍の頻度になるとしている。

　なお、干ばつの影響は地域によって異なる。中緯度と亜熱帯の乾燥地域（地中海、アフリカ南部・西部、オーストラリア南西部、南米南西部など）では、地球温暖化にともない降雨が減少すると予想され、年間を通して干ばつ発生の可能性が高まる。加えて、温暖化は積雪を減少させるため、雪解け水が重要な水資源である南米南西部などでは、さらに干ばつが増幅されうる。また、気温が高くなると蒸発が増加するため、降水量に大きな変化が予想されない中欧や北欧などにおいてさえ、土壌の乾燥や農業への影響が生じうる。結果として、もしも温室効果ガスの排出量が削減されないと、2100年までに世界の陸域の約3分の1が干ばつに見舞われるようになると予想されている。

1.3　豪雨・洪水

　地球温暖化は、猛暑や干ばつだけでなく、集中豪雨や洪水のリスクも高める。前述のとおり、気温が上昇して大気中に含まれうる水蒸気量が増加（気温が1℃上昇するごとに飽和水蒸気量が7パーセント程度増加）すると、一度に降る雨の量が増すからだ。

　日本でも、雨の降り方が極端になってきていると感じる読者が少なくないだろう。実際、大雨や短時間豪雨の頻度と強度は増す傾向にある。気象庁が全国約1300のアメダス観測地点で記録した降水量データによると、1

第Ⅰ部　事　例

時間降水量50ミリメートル以上という激しい短時間強雨の年間平均発生
回数は、1980年代には222.4回であったが、2010年代には327.1回に増え
ている。1時間あたり50ミリメートル以上の降水量とは、滝のようにゴー
ゴーと降り続く非常に激しい雨であり、水しぶきであたり一面が白っぽく
なり視界が悪くなるほどで、車の運転も危険なほどとされる。

　気象庁の最新評価によれば、1時間降水量80ミリメートル以上、3時間
降水量150ミリメートル以上、日降水量300ミリメートル以上などの豪雨
の頻度も、1980年頃と比較して近年はおおむね2倍程度に増加している。

　こうした豪雨は、地球温暖化のため今後さらに増加しそうである。
IPCC第6次報告書では、人間による気候変動の影響がなければ10年に1
回程度しか発生することがなかったような豪雨の頻度が、2℃の温暖化で
は1.7倍に増加すると予測されている。気象庁によると、日本でも2℃の
温暖化で日降水量100ミリメートル以上の豪雨の発生が20世紀末（1980
〜1999年平均）に比べて約1.2倍、日降水量200ミリメートル以上の豪雨
が約1.5倍に増加するという。

　大雨や短時間豪雨によって、洪水のリスクも高まる。河川が急に水かさ
を増して堤防を越えたり（外水氾濫）、一か所に雨水が溜まって溢れたり
する（内水氾濫）といったことが起きやすくなるからだ。

　日本でも、河川の増水が氾濫危険水位（洪水により相当の家屋が浸水す
る恐れがある水位）を超える事例も増加しつつある。これは、河道掘削や
堤防整備などの治水対策を上回る勢いで、気候変動の影響が顕在化してき
ていることを意味する。国土交通省が設置した有識者検討会の試算による
と、2℃の温暖化の場合、21世紀末には20世紀末と比べて洪水の発生頻度
の平均値は約2倍になるという。

1.4　台風

　地球温暖化によって、熱帯低気圧にともなう暴風雨も深刻さを増すと予
測されている。ちなみに、北西太平洋または南シナ海に存在する熱帯低気
圧のうち、最大風速（10分間の平均風速）がおよそ秒速17メートル以上
のものを台風と呼ぶ。

熱帯低気圧は、暖かい海面から蒸発する水蒸気が渦巻く上昇気流を起こして発達する。そのため、地球温暖化にともなう海面水温上昇で蒸発が増えると、熱帯低気圧はより多くの水蒸気によって、より強度を増す。こうして強度を増した熱帯低気圧では、その中心に向けて反時計回りで吹く暴風が周囲から湿った空気をどんどん引き寄せ、局地的な豪雨を起こす。加えて、気温上昇により大気中に含まれうる水蒸気量が増加していけば、仮に同じ風の強さで周囲の空気を引き寄せても、集まる水蒸気量は以前より多く強い雨が降る。これが地球温暖化によって熱帯低気圧が激甚化する仕組みだ。

　将来、日本付近では、スーパー台風と呼ばれる猛烈な熱帯低気圧の接近が増えると予測されている。スーパー台風とは、1分平均の最大風速が秒速67メートル以上に相当する台風で、米軍合同台風警報センターが設定する台風の階級で最大強度に位置づけられるものである。あるシミュレーションによれば、温暖化が進んだ21世紀末ごろには、中心気圧860ヘクトパスカル程度、最大風速秒速85メートルから90メートルにまで発達した台風が日本に接近する可能性があるという。

図2　スーパー台風（2024年11号）による被害

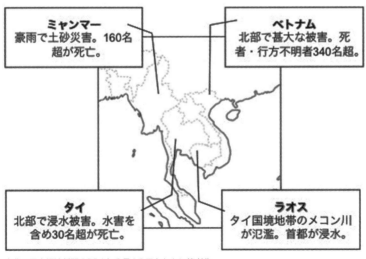

出典：日本経済新聞2024年9月16日をもとに筆者作

1.5 高潮

　台風の強度が増して暴風が激しくなる場合、沿岸付近では浸水被害のリスクも高まる。特に、台風や発達した低気圧などにともない海面が短時間に異常上昇することを高潮と呼び、これが海岸沿いに吹き寄せられて堤防などを越えると大きな人的・経済的被害につながる。

　たとえば、2013年の台風30号にともなう高潮によってフィリピン中部で7000名を超える死者・行方不明者が出るなど、実際に甚大な被害が起こっている。日本でも、2018年の台風21号により大阪湾で大きな高潮が発生した。この時は、大阪検潮所で過去最高潮位を超える潮位偏差2.77メートルの高潮が観測され、関西国際空港や阪神間の沿岸部で甚大な浸水災害が発生している。

　地球温暖化によって猛烈な台風が発生するようになると、それにともない高潮のリスクも一層高まる。高潮は、気圧低下による海面の吸い上げと、強風による海水の吹き寄せという2つの効果により生じる。一般に1ヘクトパスカルの気圧低下は1センチメートルの海面上昇をもたらす。もし地球温暖化にともない中心気圧860ヘクトパスカルのスーパー台風が発生するなら、吸い上げ効果だけで150センチメートル程度の高潮となりうる。これが、沖から岸に向かって狭く浅くなるような湾に吹き寄せられると、行き場をなくした水塊が湾奥に集まり高さを増して岸に押し寄せる。

1.6 海面上昇

　さらに、地球温暖化による海面上昇が、高潮や沿岸浸水のリスクを一層大きくする。海面上昇の主な理由は、海水温の上昇による海水の熱膨張と、氷河や氷床の融解による海水の増加である。局所的な海面水位の変化はその土地ごとに異なるが、地球温暖化にともない海面水位は世界中で上昇しており、その上昇速度は加速している。2018年時点で、世界の平均海面水位は1900年よりも約15 〜 25センチメートル高くなっており、1971年と比較しても7 〜 15センチメートル高かった。

　温室効果ガスの排出量が削減されるか否かにかかわらず、平均海面水位

は2050年までにさらに10 ～ 25センチメートル上昇する予想である。その後、仮に温室効果ガスの排出を実質ゼロとするカーボン・ニュートラルが達成されても、深海の水温は上昇し続け、また氷床の融解もすぐには止まらない。このため海面上昇は、今後数百年から数千年にわたって続く可能性がある。人間の時間スケールでは事実上すでに不可逆と言える。

こうした海面上昇は、高潮や高波による沿岸の浸水や洪水のリスクを増大させる。2050年までには、世界の20 ～ 25パーセントの場所で、従来はその地域で100年に1回程度しか発生することのなかったような極端な高潮や高波が毎年発生するようになるとの予測もある。さらに、そうした地域の割合は2100年までに世界の60 ～ 80パーセントにまで拡大するという。日本でも、沿岸の海面水位は世界平均と同程度に上昇を続けており、それにともない高潮や高波による浸水リスクが高まっている。

2. 気候変動にともなう社会混乱リスク

こうした地球温暖化にともなう気候や自然の変化は、水不足、食料不足、健康被害、紛争などを通じて、人間社会に深刻な影響を及ぼす可能性もある。そこで本節は、そうした気候変動にともなう社会混乱のリスクについて見てみよう。

2.1 水不足

現在でも世界の人口の約半分は、少なくとも1年のうちのある期間、深刻な水不足を経験している。これに加えて今後は、前述のとおり地球温暖化の進行にともなって日照りや干ばつが増えると予想されるため、水不足がさらに深刻化すると心配されている。

水不足のリスクは、地球温暖化の進展によって世界中で中長期にわたり増大し続ける。特に、温暖化のため世界各地で降雪量の減少が見込まれるため、融雪水を水源とする河川では、灌漑に利用できる水流が2℃の温暖化で最大20パーセント減少すると予測されている。また、中長期には、世界全体の氷河が5 ～ 31パーセント減少することによって、氷河からの融水を水源とする地域で農業、水力発電、生活水として利用できる水が減

少すると危惧されている。

　水不足は、何も乾燥地域だけのリスクではない。温暖化のため、世界的に雨の降らない日が増えると前述した。4℃の地球温暖化では、世界全体の陸域面積の約10パーセントで、河川などの極端な増水と極端な渇水の両方が時期によって同じ場所で発生するようになると予測されている。つまり今後の水管理は、多くの地域にとって、増水と渇水の両方の深刻化に対処しなくてはならない難しい問題となる。水管理に利用できる資金や技術などに制約がある地域は、特に困難な状況に直面することになるだろう。

2.2　食料不足

　気候変動は食料生産にも深刻な影響を及ぼしうる。水不足、洪水、極端な熱波や寒波などの深刻化のため、陸では土壌の劣化、受粉を担う昆虫などの減少あるいは害虫や疫病の発生など、様々な形で農業や畜産への影響が予想される。また、海でも、海水温上昇や海水酸性化などによって、魚や貝の生息域が変わったり、そのエサとなるプランクトンが減少したりと、漁業生産性の低下が予想されている。つまり、気候変動によって良質な食料を安定的に入手することが難しくなる可能性があるのだ。

　農業生産については、現在の平均温度が10℃以下の地域では農作物の単収（面積あたりの収穫量）が温暖化によって増加しうるが、逆に20℃以上の地域ではわずかの温度上昇でも収穫減となりうる。近年の技術改良によって農作物の単収は年に1～2パーセントのペースで増加してきたが、気候変動によってその伸びは鈍化してきている。IPCC第6次報告書によると、世界全体では今後10年あたりでトウモロコシが2.3パーセント、大豆が3.3パーセント、コメ0.7パーセント、小麦で1.3パーセント、それぞれ単収が減少する可能性があるという。

　地球温暖化がさらに進むと、気候変動による食料不足のリスクはより深刻になる。特に心配されるのが、主要穀物の世界同時不作のリスクだ。たとえば、トウモロコシの世界同時不作の発生可能性は、21世紀初頭（2001年～2010年）には6パーセントであったのが、1.5℃の温暖化では40パーセントに、2℃の温暖化では54パーセントに増加するという。また別の予

測では、トウモロコシ輸出上位4カ国（アメリカ、ブラジル、アルゼンチン、ウクライナ）で、ある年に10パーセントを超える生産減が同時に発生することは従来ほとんどなかったが、その確率は2℃の温暖化で7パーセントに、4℃の温暖化では86パーセントに増加すると推計されている。

こうした世界的な食料不足のために、特に食料確保が難しいサハラ以南のアフリカ、南アジア、中南米や小島嶼においては、ビタミンやミネラルなどの不足で病気になる人や、栄養不足に陥る人が増えていくと予想されている。長期的な3℃以上の地球温暖化の水準においては、そうしたリスクに曝される地域がさらに拡大すると懸念されている。

世界的な食料不足は、食料自給率が38パーセント（2023年度）の日本にとっても対岸の火事ではない。日本の豊かな食卓は世界中からの多様な食材の輸入によって支えられている。気候変動のために世界各地で食料生産が減少ないし不安定化すると、国際的な食料価格が高騰したり、生産国からの輸出が減少したりするようになる可能性もある。そうなると、日本人にとって合理的な価格で必要な量の食料を世界から安定的に輸入できない状況もありえよう。

2.3 健康被害

気候変動は、心身の健康にも悪影響を及ぼす。たとえば、すでに世界の各地で極端化しつつある猛暑のために、熱中症で死亡する人が相次いでいる。日本でも2023年の夏は1898年の統計開始以来もっとも暑く、7月から9月にかけて熱中症で104人が死亡した。このまま温暖化が進めば、2050年までに世界の労働生産性は最大20パーセント低下するという予測もある。酷暑での屋外労働や空調のない室内での労働を強いられる職業は特に厳しい。

気候変動にともない、感染症のリスクも高まる。たとえば、気温や水温の上昇と降雨や洪水の増加により、コレラなどの水が媒介する感染症の発生が増えている。同様に、蚊の繁殖に適した環境が増え、マラリア、デング熱、ジカ熱、ウエストナイル熱、チクングニア熱など、蚊が媒介する感染症が発生する地域も拡大している。

113

第Ⅰ部　事　例

　日本にとっても他人事ではない。気候変動によって、日本では従来見られなかった感染症が拡大するリスクがあるからだ。たとえば、2014年には主に東南アジアや南アジアで広がるデング熱の感染が日本でも確認された。デング熱は、急激な発熱で発症し、発疹、頭痛、骨関節痛、嘔気・嘔吐などの症状が見られ、まれに重症化してデング出血熱やデングショック症候群を発症して死亡することもある。デング熱は、日本でも広く生息するヒトスジシマカも媒介しうる。このヒトスジシマカの分布域が、温暖化によって徐々に北上しているのだ。1950年に米軍が行った調査では栃木県北部だったヒトスジシマカの北限が、現在は青森まで拡大しており、今後も温暖化が進めば北海道まで生息地が広がると予測されている。

　また、気温や降水量といった天候の変化は、人に不快感など心理的なストレスを与え、ときには暴力的な行動を誘発することもある。たとえばアメリカでは、気温の高い時期に家庭内暴力、暴行、レイプ、殺人が多いという調査が複数ある。また、暑い部屋と涼しい部屋で被験者の行動を比較したところ、暑い部屋の方が口論や喧嘩が生じる割合が高かったという古い実験結果がある。同様に、暑い日にはスポーツでの乱闘事件も発生しやすいという指摘もある。

　なぜ気温上昇が人の攻撃性に影響するのか。その神経生理学的なメカニズムについては、神経伝達物質セロトニンの関与を疑う説がある。セロトニンは脳内で、体温調整を担うと同時に、他の神経伝達物質であるドーパミン（喜び、快楽など）やノルアドレナリン（恐怖、驚きなど）を制御して、精神を安定させる働きをするものである。このセロトニンが低下すると、ドーパミンやノルアドレナリンのバランスが崩れ、攻撃性が高まったり、不安、うつ、パニック障害などの精神症状を引き起こしたりするという。気温が上昇すると、このセロトニンが体温調節のために低下し、それによって攻撃的な行動につながるのではないかということだ。温暖化は人を狂暴にしかねないのである。

2.4　暴動・紛争

　気候変動にともなう水不足、食料不足、あるいは移民・難民増加といっ

た社会経済上の混乱は、民族対立や反政府暴動などの種を抱えた国で紛争のリスクも高めると危惧されている。

上述したとおり、気候変動が進むと食料不足が懸念される。こうした食料不足やそれにともなう物価上昇は、社会全体で公平に影響するわけでは必ずしもない。農林水産業者や貧困層など特定の層の人々の生活を特に苦しくする。その結果、気候変動から影響を受けにくい業種に従事する者や富裕層との間で格差の拡大を招き、それが紛争の遠因となる可能性がある。

平和な暮らしで収入が減少するということは、暴力によって揉め事を解決したり、力によって資源へのアクセスを確保したりすることの機会費用が下がるということだ。多くの研究が、気候変動の影響を受けやすい農林水産業の収入減少と紛争との関係を強調している。たとえば、インドネシアでの稲作やサハラ以南アフリカのトウモロコシ栽培の時期に異常気象が生じると、それら作物の収穫量が減少して、結果として内戦の発生率が高まるという。

もちろん気候変動の影響に晒される社会で、必ずこうした紛争のリスクが高まるわけではない。ただ、農業への依存度が高い社会、低開発の社会、ガバナンス能力の低い社会などは、気候変動の影響に対して脆弱であるため、これを遠因とする紛争や暴動のリスクもその分高くなる。2019年に科学誌ネイチャーに掲載された論文では、温暖化が2℃進んだ場合には13パーセントの確率で、4℃の場合には26パーセントの確率で紛争が顕著に増えると予想されている。

日本は、こうした気候変動の影響に対して比較的高い適応力があり、また、激しい民族対立などの紛争の温床も国内には存在しない。そのため、気候変動が日本国内で紛争を引き起こす事態は想像しがたい。

ただし日本も、気候変動を遠因とする周辺諸国との衝突や対立のリスクと全く無縁というわけではない。日本が直面しうる間接的な外交安全保障上のリスクとしては、①魚貝の生息域移動などにともなう周辺諸国との排他的経済水域を巡る対立、②近隣諸国からの気候移民、気候難民の増加にともなう周辺諸国との外交的軋轢、③気候変動に脆弱な周辺諸国の政治経済不安定化、などの事態が想定される。

図3　気候変動が紛争につながるメカニズム

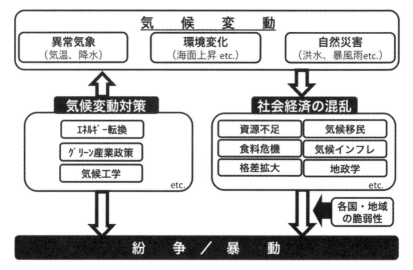

出典：筆者作

3. おわりに

　冒頭で述べたとおり、残念ながら我々の多くが生きている間は温暖化が続く。たかが1.5℃や2℃くらい気温が上昇しても大した問題ではないと思う向きも多いだろう。しかし、このわずかな気温上昇が、本章で紹介したとおり、猛暑・熱波、日照り・干ばつ、豪雨・洪水、台風、高潮などの気象災害のリスクを高めるとともに、水不足、食料不足、健康被害、紛争なども誘発しうる。

　こうした気象災害や社会混乱が具体的に自分自身の生活やビジネスへ影響するかは、それぞれの生活の環境や仕事の内容によって千差万別であり、一概には言えない。本章で紹介したような災害や混乱が起きたら自身の生活にどのような影響があるか、読者の皆様それぞれの立場でぜひお考えいただければと思う。

　気候変動によって、激甚な洪水、異常降雨、台風などは増えると予想されている。そうした気象災害が日本国内に甚大な被害をもたらすリスクは当然ある。加えて、経済的な結びつきが強いアジア近隣諸国がひとたび自

然災害で大きな被害を受ければ、その影響は日本経済にもすぐさま飛び火しうる。

　一例をあげれば、2011年にタイを襲ったチャオプラヤ川流域の洪水は、日本経済にも大きな影響を与えるものであった。この洪水によって、日系企業が多く所在するアユタヤ県内のローヂャナ工業団地をはじめ計7か所の工業団地がほぼ全域で冠水し、トヨタ、日産、ホンダ、ニコン、TDK、東レなど数百に上る日系企業が被災した。

　このときの影響は甚大で、世界銀行の試算によれば、タイ全体での経済損失は3兆6000億円にのぼったとされるほか、世界中の経済にも影響した。この洪水の影響もあって日本は、この年に1980年以来31年ぶりの貿易赤字を計上している。

　では、我々はどうしたらよいのか。もちろん、少しでも地球温暖化を食い止めるべく、温室効果ガスの排出をできるだけ早くゼロに近づける努力は必要だ。しかし、現実には、我々が生きているうちに気候変動の影響がなくなることはない。特に氷河の減少や海水温の上昇などは、我々の子や孫、そのさらに先の世代まで、もはや人間の時間軸では不可逆だろう。

　我々は、この新しい気候に適応するしかない。本章で繰り返し述べてきたとおり、日本にとっても気候変動の影響は他人事では決してない。地球温暖化にともなって深刻化する気象災害と社会混乱のリスクを予測し、その悪影響を最小限にする準備が必要である。

＜参考文献＞

（日本語文献）

気象庁『2023年（令和5年）の世界の主な異常気象・気象災害』2024.

気象庁『全国（アメダス）の1時間降水量50ミリメートル以上、80ミリメートル以上、100ミリメートル以上の年間発生回数』2024.

気象庁『気候変動に関する懇談会第6回会合資料 大雨の発生頻度に関する評価について』2022.

小林睦生「今どきなぜ東京にデング熱が」『Pest Control TOKYO』No.68、8-14.

第Ⅰ部　事　例

関山健『気候安全保障　気候変動の論理』日本経済新聞出版社. 2023.
文部科学省および気象庁『日本の気候変動2020』2020.

（英語文献）

Caruso, R., Petrarca, I., & Ricciuti, R. Climate change, rice crops, and violence: evidence from Indonesia. Journal of Peace Research, 2016, 53: 66–83.

Dunne, J. P., Stouffer, R. J., & John, J. G. Reductions in labour capacity from heat stress under climate warming. Nature Climate Change, 2013, 3(6), 563–566.

IPCC. Nationally determined contributions under the Paris Agreement. Synthesis report by the secretariat. 2023.

IPCC. Climate Change 2022: Impacts, Adaptation and Vulnerability, 2022.

IPCC. Climate Change 2021: The Physical Science Basis, 2021.

Jacob, B., Lefgren, L., & Moretti, E. The dynamics of criminal behavior evidence from weather shocks. Journal of Human resources, 2007, 42(3), 489-527; Card, D., & Dahl, G. B. Family violence and football: The effect of unexpected emotional cues on violent behavior. The quarterly journal of economics, 2011, 126(1), 103-143; Ranson, M. Crime, weather, and climate change. Journal of environmental economics and management, 2014, 67(3), 274-302.

Larrick, R. P., Timmerman, T. A., Carton, A. M., & Abrevaya, J. Temper, temperature, and temptation: Heat-related retaliation in baseball. Psychological Science, 2011, 22(4), 423-428.

Mach, K.J. et al. Climate as a risk factor for armed conflict. Nature 571, 2019, 193–197.

Pietrini, P. et al. Neural correlates of imaginal aggressive behavior assessed by positron emission tomography in healthy subjects. American Journal of Psychiatry, 2000, 157(11), 1772-1781; Moore, T. M., Scarpa, A., & Raine, A. A meta‐analysis of serotonin metabolite 5‐HIAA and antisocial behavior. Aggressive Behavior: Official Journal of the International Society for Research on Aggression, 2002, 28(4), 299-316.

Rohles, F. H. Environmental psychology-bucket of worms. Psychology today, 1967, 1(2), 54-63.

Sekiyama, T. Climate Security and Its Implications for East Asia. Climate, 2022, 10, 104.

Tsuboki, K. et al. Future increase of supertyphoon intensity associated with climate change. Geophysical Research Letters, 2015, 42, 646–652.

WMO. Atlas of Mortality and Economic Loss from Weather, Climate and Water Extremes (1970–2019). 2021.

第**6**章

デジタルガバナンスと私たちの危機
無秩序なデジタル世界の氾濫で孤立する日本

はじめに

　デジタル技術は私たちの生活スタイル、ビジネスモデルを一変させただけでなく、インターネットや通信技術の発展により情報へのアクセスや生活の利便性は格段に向上した。その中で、私たちが安心安全にデジタル空間を使用するために、デジタル空間のガバナンス、つまりデジタルガバナンスがより一層求められる時代になってきている。

　世界ではデジタルガバナンスの公正な環境整備を進めるために規制措置を検討する流れも欧州を中心に見ることができる。なぜなら、デジタル空間をめぐって情報へのアクセス、表現の自由、プライバシー権利の保護など様々な問題が私たちに生じているからだ。一方で、日々発展する技術開発の流れには規制が生じることでイノベーションの障壁になってしまうという見方もある。多様な考えを議論しているうちに次々と新しい技術が世に出ることで、私たちの生活やビジネスに新たな課題をもたらしている。

　デジタル空間は他国で起こった事象だとしても決して他人事にはならない。デジタル空間は国土を超えたボーダレスな空間であり、一度何かが起こると世界にも、日本にも容易に波及してしまうからだ。

　本章は日本も経験した世界規模の混乱から、インターネット遮断が私たちの生活やビジネスにもたらすリスク、そしてデジタルガバナンスの法整

119

第Ⅰ部　事　例

備と倫理、イノベーションのバランス、そして近年ではデジタル技術は紛
争にも多く利用されてきており、事例をもとに私たちにどのような影響が
あるのか、様々なリスクに着目していく。

1. 世界規模の混乱

「西暦2000年問題」という言葉を聞いたことはあるだろうか。世代に
よってその答えは大きく変わってくるだろうが、1999年12月31日から翌
2000年1月1日を迎えるにあたり、全世界規模でITシステムのバグが想定
された問題とのことである。具体的にプログラムロジックにおいて2桁で
西暦を表していたことから、1999年は99、2000年は00の表記（1900年と
誤表記される恐れ）となるが、その際に99から00になることによって前
年よりも数値が小さくなってしまうことに起因する。この問題に対処しな
ければ、政府はおろか、金融システム、民間のあらゆるシステムが誤作動
を起こし、巡り巡って私たちのライフラインに影響を及ぼす可能性があっ
た。私たちの生活においては電力の停止、ATMを含む金融システムの使
用不可、交通機関の停止、病院システムの停止といったデジタルシステム
を使用した全てのアプリケーションやインフラにリスクが存在した。加え
て、時差の観点から日本は世界各国に先駆けて2000年問題を迎える国で
もあり、日本のデジタルガバナンス力が問われることとなった。

　政府は1998年9月に当時の小渕総理を本部長とする高度情報通信社会推
進本部において、コンピュータ西暦2000年問題に対する行動計画を策定
した。行動計画には主に、2000年問題に対する周知や官公庁によるシス
テム点検、民間重要分野として指定された5つの分野（金融、エネルギー、
情報通信、交通、医療）の危機管理計画の促進や支援が盛り込まれた。特
に金融分野では、西暦を2桁ではなく4桁表示にするプログラムを金融シ
ステムに導入している金融機関も多かったが、全面的に対応することと
なった。危機管理対応のために、1998年末から1999年にかけて定期的に、
日本銀行、全国銀行協会、東京証券取引所によって各種決済システムの処
理について共同テストが実施された。また、1998年から1999年にかけて

政府は国民への周知徹底のために新聞や雑誌、テレビ、ラジオの媒体で政府広報を行った。

　西暦2000年問題が収束に向かった2000年3月に政府は各業界にアンケートを取り、「仮に西暦2000年問題に対して対応をしなかった場合、不具合が発生し、外部に影響がある」と回答したのはインフラ（電力、ガス、石油）、鉄道や地方自治体での割合は100％となった。迫る危機に対していかに計画し、対処をする必要性があったのか、同時にデジタルガバナンスが社会インフラに影響を与えていたか計り知れない。（図1）

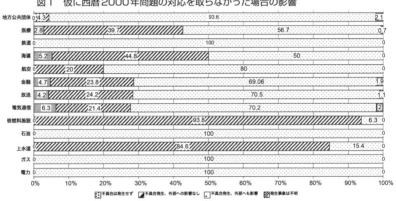

図1　仮に西暦2000年問題の対応を取らなかった場合の影響

出典：「状況調査」内閣コンピュータ西暦二千年問題対策室：2000年3月3日時点の調査をもとに筆者作成

　西暦2000年問題は予め前もって予期できた事象であった背景からも、政府を中心に民間も危機意識をもって大きな社会混乱なく対処できた。遠くの問題のようで身近であるデジタルガバナンスの危機は常に私たちの経験として存在している。

2. インターネットの遮断が私たちの生活にもたらすリスク

　世界全体ではインターネットの自由度が年々低下していくのと比例するように、インターネットが遮断される回数も2023年には過去最高を記録している。（図2）

第I部　事　例

図2　世界のインターネットアクセス自由度

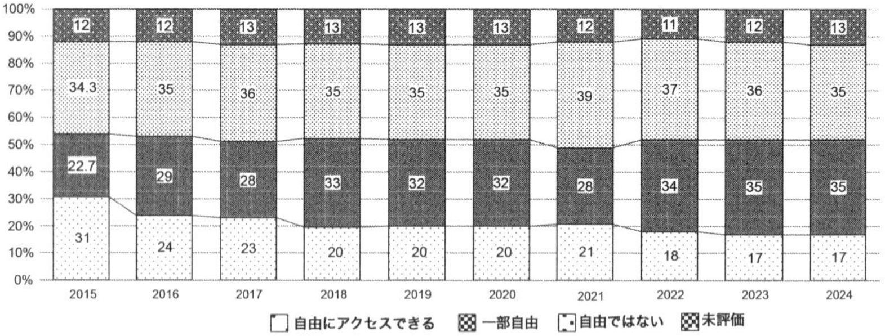

	2015	2016	2017	2018	2019	2020	2021	2022	2023	2024
未評価	12	12	13	13	13	13	12	11	12	13
一部自由	34.3	35	36	35	35	35	39	37	36	35
自由ではない	22.7	29	28	33	32	32	28	34	35	35
自由にアクセスできる	31	24	23	20	20	20	21	18	17	17

□ 自由にアクセスできる　▨ 一部自由　■ 自由ではない　▨ 未評価

出典：フリーダムハウス『FREEDOM ON THE NET』レポート2015〜2024をもとに筆者作成

　東アフリカ地域に位置し、内陸国であるエチオピアはアフリカ諸国の中でもインターネット遮断回数が多く、2016年から少なくとも26回記録されている。エチオピアでのインターネット遮断は、全国的なインターネット遮断から一部の州や特定地域のインターネットおよび通信遮断までバリエーションは多岐に渡る。

　近年では2020年10月にエチオピア北西部にあるティグライ州を拠点とするティグライ人民解放戦線と2019年にノーベル平和賞を受賞したアビー・アハメド首相率いるエチオピア政府との間に武力衝突が起きたことをきっかけに、ティグライ州を中心にインターネット遮断は継続的に実施された。ティグライ州はインターネットのみならず通信手段も遮断され、その結果として銀行業務は止まり、地域のビジネスや周辺地域との交易業務も滞ることとなった。通信以外のインフラも壊滅的な打撃を受けており、電線の損傷によってティグライ州での送電は止まったことに加えて、武力衝突はゲリラ戦となったため、人々の水・食料へのアクセス、避難するにも移動が困難となってしまった。ティグライ州に住む600万人の市民は通信手段、ソーシャルメディアを含むインターネットにアクセスできなくなり世界から切り離されることとなった。ティグライ州が世界から遮断されたことで、ティグライ市民への集団レイプや集団殺人、難民への暴力などの人権侵害に関する報道が妨害された。実際に、インターネットを含む通信手段の断絶に多くの人々が家族とのつながりが絶たれ、いかに生活や精

神的健康を維持していくことが困難であるか、インターネット権利団体ア
クセス・ナウは人々の証言を集めている。

　ティグライ州を中心としたインターネット遮断から2年ほど経過した
2022年11月に、皮肉なことにエチオピアは首都アディスアベバにてホス
ト国として国連のインターネットガバナンスフォーラムを開催した。持続
可能で共通の未来を共有するためのレジリエント・インターネットを包
括的テーマとしており、ティグライ州での状況から国際社会はエチオピア
での開催に疑問を呈していた。例えば、米国連邦議会上院外交委員会委員
長のジム・リッシュ米国連邦議会上院議員は国連による開催決定に対して
国民のインターネットアクセスを定期的に遮断しない国で開催すべきであ
ると反対意見を述べている。本フォーラム直前の同年11月にエチオピア
政府とティグライ人民解放戦線は和平に合意した。和平合意後は、復旧プ
ロセスのタイムラインは「なし」としながらもティグライ州でのインター
ネット復旧を開始した。

コラム：エチオピアで実際に体験したインターネット遮断

　2020年のティグライ人民解放戦線との武力衝突時期の前にはオロミア地
域の西部において武装グループに対する軍事オペレーションが展開されており、
一部地域においてインターネットおよび通信が遮断されていた。筆者は同年に
エチオピアの首都であるアディスアベバに国際移住機関職員として駐在してお
り、西オロミア地域にも短期で滞在していたことがあった。携帯電話も電波は
確認できず、宿を取るにも直接宿に訪問して部屋を確保したり、現地視察にお
けるアポイントにおいても電話が繋がらないため現地職員の采配に委ねるしか
なく自身の無力さを思い知ることとなった。その後もオロミア地域出身のミュー
ジシャンで社会活動家ハチャル・フンデッサ氏がアディスアベバで暗殺された
翌日に暴動がおき、斧や鍬、棒など最大限武装した市民が抗議活動をしていた。
抗議活動はアディスアベバ市民だけでなく他の地域から流入してきた市民も加
わって行われた。暴動は国連施設の前も通過しており、筆者は国連事務所内か

ら人々の様子を見ていたが、いつもは人や車の交通量が多い通りは昼間にもかかわらず静けさに加えて物々しさと緊張が走るとともに、当該日は近隣の暴動が落ち着くまで事務所から出ることを許されなかった。この暴動をきっかけにエチオピア全土でインターネットが2週間ほど遮断された。当時はコロナ禍も相まって、個々の接触は避ける方向であったが、インターネット遮断によってデータの送付はUSBの手渡しとなり、当時従事していた災害によって被災した人々への命を守る支援に係る手続きは結果として遅延した。紛争や災害下においては人々の命を守るために迅速な対応が求められるにもかかわらず、インターネット遮断において間接的に支援に係る事務処理が遅れることで救える命や支援を求める人々の声に応えられないのは無念というには言葉が軽すぎる。そしてインターネットが遮断され続けている間は当地の人々の声は無音として理解されてしまうことに、インターネットへのアクセスがいかに人間の尊厳と直結しているかを一連のエチオピアインターネット遮断は示してきた。

(写真説明)写真はエチオピア/オロミア州西部の避難民集落で水質検査を実施する筆者

第6章　デジタルガバナンスと私たちの危機

インターネットの遮断は深刻なダメージを経済にも与えていることを忘れてはならない。エチオピアのNGO団体である人権と民主主義センターによると、エチオピアは、2023年には14,910時間続いたインターネット停止により、2,900万人のインターネットユーザーに影響を与え、15億9,000万ドルの損失を被っているという。

インターネットや通信の遮断は他国の問題ではない。総務省のデータによると、日本の国際通信の99％は海底ケーブルに依存しているという。AIや先端技術の発達によりデータ量は急速に増えていく一方で、日本の海底ケーブルの陸揚げ拠点は茨城県や千葉県、そして三重県の限られた場所にしかない。2011年の東日本大震災の時には、海底ケーブルを引き上げる陸揚げ拠点に津波の被害が生じ、茨城県沖では海底ケーブルが断線し、通信にも影響が及んだ。私たちの日常生活に欠かせないコミュニケーションツールでもあるスマートフォン、ビジネスや最先端技術の発展に必要不可欠な通信は、災害やテロなどのリスクにさらされている。特定の拠点への脆弱性が高まることで、日本全体の通信の安定が損なわれてしまう可能性がある。近年では経済安保保障の分野からも、海底ケーブルの強化や分散化する機運が高まっている。

3. デジタルガバナンス運用に潜むリスク

3.1　デジタル空間における権力乱用のリスク

グローバルサウスでは一部のエリートが権力を握り、政権を維持するために国民に対する法律の制定や施行を試みることもある。本来であればテロや過激派を取り締まるためにある法律が、ときには野党勢力や市民をターゲットとされ、言論の自由や個人を守る権利が侵害されてしまう。デジタル分野にもその影響が及んでいる。

バングラデシュでは2018年に国際的に著名な写真家であり、人権活動家であるシャヒドゥル・アラム氏がアルジャジーラに学生デモに関するイ

125

ンタビューを受けた後に拘束された事案があった。この時、アラム氏はインタビューの中で政府を非難していた。バングラデシュ警察は、情報通信技術法第57条に基づきアラム氏を立件した。情報通信技術法第57条とは捏造やわいせつ、中傷、またはその効果が法秩序を悪化させたり、国家や個人のイメージを損なうこと、宗教的信念を傷つけ、個人や組織に対する憎悪を扇動するようなものであるものを、意図的にウェブサイトや電子形式で公表した者を起訴することを認めている。そして、この犯罪は最高14年、最低でも7年以下の懲役および罰金刑に処される。

　同法は2006年にデジタル通信を規制するために制定され、数回の修正を経て2018年には情報通信技術法から名を変えてデジタル・セキュリティ法として継続して施行された。情報通信技術法でアラム氏を立件した第57条はデジタル・セキュリティ法にて廃止されたが、一定の条件が揃えば（廃止された条項に基づいて公判手続きが開始もしくは受理された場合など）継続されると定められている。人権団体は同法を「提案されている法律は、言論の自由を抑制する意図はないという政府の主張を根底から覆すものだ。」と指摘し非人道的要素を廃止するよう訴えた。

　情報通信技術法を用いて人権団体への抑え込みも強まっている。バングラデシュに拠点を置く人権団体オディカルは人権活動家が中心となって立ち上げた組織である。オディカルは、2000年代初頭からバングラデシュ国内における人権レポートを毎年公表しており、市民の権利を守るために、ジャーナリストへの物理的攻撃や、誘拐、人権活動家への不当な逮捕についての統計や、女性への暴力について具体的事案を掲載している。2013年8月にはオディカルの書記官は警察に情報通信技術法の第57条に基づいて市民運動の情報を捏造したとして62日間拘留された。2014年にはバングラデシュ政府は事業を承認したにもかかわらず、オディカルに対する海外からの資金援助を停止した。バングラデシュでの草の根人権団体にとって海外からの支援援助が断たれることは組織の存続にも直結することになる。オディカルの年次レポートによると、政府による人権団体への圧力は

第6章　デジタルガバナンスと私たちの危機

国政選挙ごとに増していっていると言及する。2018年の選挙前には、選挙管理委員会は、オディカルの独立選挙監視団体としての資格を剥奪し、2022年に政府はオディカルのNGO事務局登録を取り消している。2023年にはサイバー犯罪法廷においてオディカルの書記官やディレクターに対して懲役2年の判決を出した。

　2023年9月にはデジタル・セキュリティ法は新たにサイバー・セキュリティ法に名を変え国会を通過した。新法への移行にあたり、表現の自由に関して法律の欠陥を依然として多く抱えると言われている。加えて、法整備にあたってはステークホルダーやジャーナリストなどの声を聞きいれることもなかったという。それどころか、バングラデシュ政府は、高度なスパイウェアを他国から購入して国民を監視しているという。

　情報通信技術法をはじめとする一連の法整備において大きな問題は、デジタルガバナンスに関する法整備とそれを運用する上で倫理面における環境整備が伴わないことである。デジタルガバナンスに倫理の考え方が盛り込まれなければ、政府による個人や団体への権力の濫用によって、デジタル空間における人権（言論や表現の自由、プライバシー）が侵害されてしまうリスクが存在する。

3.2　私たちに潜むデジタル依存のリスク

　デジタルガバナンスは国家側の対応に加えて、デジタルサービスを提供する側にも注意を払わなければならない。

　X（旧：ツイッター）、フェイスブック、インスタグラムなどに代表されるSNS（ソーシャルネットワーキングサービスの略）は、スマートフォンにアプリケーションをダウンロードするだけで手軽にグローバルにユーザー同士が交流できるだけでなく、自身がメッセージや動画をフォローしているユーザー間で発信できる。中でも、世界で主要なSNSの1つでもあるTikTok（ティックトック）は動画投稿プラットフォームで、全世

127

第I部　事　例

界でアップデートされた動画の閲覧に加えて自ら撮影した動画の編集及び投稿できる。TikTokへの投稿に注目が集まることでアーティストがデビューするきっかけになること、TikTokへ投稿されたダンスが子どもや若者たちの中で流行するといった新しい文化が社会にもたらされている。

　しかしながら、ソーシャルメディアは子どもたちにとって悪い影響を及ぼすという意見も出ている。2024年10月に米国13州とコロンビア特別区では、TikTokは意図的に中毒性のあるソフトウェアの使用や長時間視聴をさせるような設計によって子どもへの危害があるとして訴訟があった。米国には1.7億人という米国民の約半数のTikTokユーザーがいることからも、いかにこの事案が多くの人々に関わっているかがわかるだろう。

　サービスを提供する側にデジタルガバナンスがないことによって、市場を席巻する設計や中毒性のある設計であるとして訴訟があった。デジタルガバナンスがいかに重要であるかを提起する問題である。

4. 紛争とデジタル技術

4.1　紛争とデジタル技術（生産する国やセキュリティ対策）

　科学技術の発展と同時に世界では紛争や戦争の手法が変化をしてきている。特に2020年代以降はドローンを多用する手法が紛争の主流となってきた。その導入メリットの大きな1つに価格が関係している。爆薬弾頭を装備したドローン1機の部品総コストは500ドル以下である。安さに加えて、航続距離も数キロから20キロ以上と幅広くリモートで操作可能なことも大きい。よって、戦闘の前線へ人員を配置するリスクも軽減される。

　特に、ウクライナ侵攻では多様なドローンを組み合わせた戦術を用いており、高度かつ長距離飛行が可能なドローンを用いて数キロ先の前線の監視を行い、その監視下で爆薬弾頭を搭載した小型ドローンが対象を攻撃する。小型ドローンを実戦に用いるときには1人の兵士がドローンに装着さ

128

れたカメラの景色をみることができるヘッドセットを装着してドローン
の操作を行い、もう1人の兵士はその隣でドローンの位置がわかる地図を
タブレット上で確認しながら指示出しを行っている。さらに、ウクライナ
とロシア双方はエネルギー施設を標的にしたドローン攻撃を行っており、
2024年1月にウクライナはロシアのサンクトペテルブルクから200キロ近
く離れたバルト海に面する石油精製所をドローンで攻撃し火災が発生して
いる。この場所はウクライナとロシアの国境から1000キロ近く離れてい
る事実からも、ドローンの脅威は国土全体に広がっている。

　ドローンは私たちの日常生活にも重大な影響を与えており、例えば
2018年12月には英国ロンドンのガトウィック空港でドローンが侵入した
ため、数日間滑走路が閉鎖される事態となった。日本でも同様に2022年
10月に神戸空港にドローン侵入の目撃情報があったため1時間滑走路が閉
鎖されている。その影響は空の交通だけではない。2020年には米国ペン
シルベニア州の変電所でドローンが確認され、送電線をショートさせる意
図があった事例もあった。戦地の実践を経て先鋭化したドローン技術が、
私たちの社会インフラ基盤を脅かす脅威となっている。しかしながら、無
尽蔵に飛び回るドローンに対抗措置がないわけではない。すでにドローン
を無効化する技術も開発されており、その手法はドローンの電波を妨害し
てドローンの操作者からの信号を阻害できるものだ。

　ウクライナ侵攻で用いられている殺傷破壊能力を保持するドローンから
私たちのインフラの脅威となる偵察ドローンがある一方で、商用に導入さ
れたドローンは遠隔地の状況把握などで災害や、アクセスが難しい橋に代
表されるインフラ点検にも用いられている。このようにドローンのような
軍事・民生双方に使用される技術をデュアルユース技術という。ドローン
の例が示しているとおり、デュアルユース技術が軍事または民生目的であ
るか境界線を作ることは非常に難しい側面もあり、規制や法律、倫理面で
の環境整備が急がれる。国連は2026年までにすべての種類の自律型致死
兵器システムと呼ばれる人間の操作なしに目標を殺傷する兵器を規制する

法的拘束力ある文書の締結を目指している。殺傷破壊能力があるドローンが戦闘以外の目的で使用されることは非人道性が高く、誤射時の責任などに依然として課題も多いことから、国際社会での活発な議論や国際協調が求められる。

　ドローンや無人機をめぐって確固たる国際的な取り決めもない現状からは、常に日本はその加害者や被害者としてのリスクが生じる。もしかしたら日本の電子機器が個人や組織の意向に関わらず改造され、それがドローンに搭載され戦地を飛び回っているのかもしれない。あるいは、認知できていないだけで私たちの生活を脅かすライフラインへドローンの攻撃をすでに受けているのかもしれない。

4.2　救済ツールとしてのデジタルガバナンス

　次に、中東のイランを見てみよう。デジタルガバナンスは私たちの生活やビジネスあらゆる側面において脅威にもなる反面、他国の人々のデジタルアクセス権を守ることもできる。

　イランはインターネットなどのデジタル空間での表現や発言への自由はなく、フリーダムハウスのインターネット自由度指数2023によると100か国中上から12番目に自由度が低い国として位置づけられている。
　一方でデジタルインフラの整備は進んでおり、5Ｇは2021年に導入され、同年にはインターネット普及率は80％であると推定される。そのため、7割以上の人々がフェイスブック、ワッツアップあるいはインスタグラムなどを使用している。革命後のイランはイスラム教を重んじる国家として、さらには欧米の制裁を受けてきた経緯から政治や文化面において多くの規制をもたらした結果、ソーシャルメディアは言論の場づくりとなり、重要な役割を担っている。

　デジタルガバナンスを巡って動きがあったのは、2022年9月13日のことである。当時、クルド系イラン人女性であるアミニ氏がヒジャブと呼ば

れる頭部を覆うスカーフを適切にかぶっていなかったとしてイランの道徳
警察として知られるイスラム共和国法執行司令部に拘束された。そして拘
束から3日後の9月16日に死亡した。イラン当局はアミニ氏の死亡理由は
心臓発作であると発表しているが、アミニ氏の家族は道徳警察によって拷
問を受けて死亡したと考えている。この一連の拘束、そして彼女の死が世
界で報道されるや否や瞬く間に世界中に抗議デモが広がった。イラン国内
においてもヒジャブに代表される服装規定や治安当局の暴力性、そしてそ
の背後にいる政府への怒りは大きかった。イラン全土においても抗議は拡
大し、ソーシャルメディアでは、ハッシュタグ「＃Mahsa_Amini」とし
てアミニ氏が拘束される要因となったヒジャブを燃やす動画など、アミニ
氏の死に抗議する動画が拡散した。抗議活動の拡大に伴いインターネット
が遮断された。インターネットの遮断によりフェイスブック、ワッツアッ
プやインスタグラムなどが使用できなくなった。

　アミニ氏の死から1週間後の9月23日に、米国のバイデン政権はイラン
国内でインターネットにアクセスできない8,000万人の人々のためにイン
ターネットに自由にアクセスする支援を表明した。ウォーリー・アデイモ
米国財務省副長官は、「勇気あるイラン国民がマーサ・アミニの死に抗議
するために街頭に立つなか、米国はイラン国民への自由な情報の流れに対
する支援を強化している」と述べ、米国財務省はインターネットや関連す
るソフトウェアおよびハードウェア技術を制裁から除外することにした。
制裁の除外によって米デジタル関連企業はイラン国民に対してデジタル空
間におけるソーシャルメディアプラットフォームを含むソフトウェアサー
ビスやクラウドサービスへの選択肢を提供できるようになった。米国のデ
ジタル分野における制裁が方向転換したことで、イランの人々のデジタル
空間へのアクセス確保を維持できる支援となった。

　2024年にはイランが実施したデジタル技術を制裁の対象外とする一
連の動きが米国連邦規則となった。国際人権団体アーティクル・ナイン
ティーンは、これまでグーグル、アマゾンといった巨大テック企業がイラ

ンのユーザー向けのデバイス使用に制限をかけてきた経緯から、デジタル検閲などに対抗するために市民がクラウドインフラにアクセスし続けられるようにする責任を企業が持ち続けることが大切であるとし、連邦規則化する決定を歓迎している。

　イラン事例では複数の見方ができる。イランの人々にとっては、米国がインターネットを遮断された地域に通信手段を提供することで救われた。一方、イラン政府としては、インターネット遮断に対して別の方法で米国がイランの人々のインターネットアクセスを許可したために、イラン国内におけるインターネット統制が阻害された形となった。デジタルガバナンスの制裁に関する国際ルールが存在しないだけに、用い方や立場次第では人々への救済ツールにも国家に対する脅威にもなる。

5. おわりに
　これらの世界で表面化している事例は、氷山の一角に過ぎない。デジタルガバナンスに関して、リスクの対象範囲は日常的に使用するスマートフォンから世界中のデジタル機器までと広く、関わるステークホルダーも政府から個人まであり、影響が大きいことが窺える。

　過去には2000年の越年に向かって、日本は政府、民間、国民とその問題を認知し取り組んできたことが経験値としてあるが、アップデートされていく技術に過去の経験がどこまで生かされるのかは未知数である。年々増加しているインターネット遮断では私たちのライフラインが脅かされるだけでなく、海底ケーブルのようなデジタルインフラも災害によるリスクや目まぐるしく変化する国際情勢などあらゆるリスクを考慮しなければならない時期にきている。世界ではデジタルガバナンスの倫理面や法整備などの環境整備が叫ばれる反面、倫理や法整備、イノベーションのバランスが一度崩れるとデジタル空間での表現の自由やプライバシーの保護が侵害され、デジタル依存へのリスクもある。私たちが日常使うデジタル機器が紛争では殺傷目的を持って使用されている現実に対して、技術先進国であ

第 6 章　デジタルガバナンスと私たちの危機

る日本は議論をリードする立場にあるだろう。

　将来的に AI や様々な先端技術の発展によってデジタル空間でのガバナンスが技術進歩の早さに追いつけない場面がさらに加速するだろう。日本はデジタル世界の氾濫によって孤立してしまうかもしれない。

＜参考文献＞

（邦語文献）

総務省『令和 5 年版情報通信白書』2023 年 7 月
https://www.soumu.go.jp/johotsusintokei/whitepaper/ja/r05/pdf/n3200000.pdf
内閣コンピュータ西暦二千年問題対策室『コンピュータ西暦 2000 年問題に関する報告書』
2000 年 3 月 30 日

（英語文献）

Abdulkadr, A. A., and Neszmelyi. G. I., 'Root Caises and the Socio-Economic Impact of the Ongoing War Between the TPLF and the Federal Government of Ethiopia (2 November 2020-15 October 2021)', Hungarian Journal of African Studies, 2021, 15(4), 37-52

Access Now, 'Voices from Tigray: ongoing internet shutdown tearing families, communities, businesses apart', 13 September 2021, https://www.accessnow.org/publication/voices-from-tigray-ongoing-internet-shutdown-tearing-families-communities-businesses-apart/

Access Now, '#KeepItOn in conflict: the human impact of internet shutdowns in Amhara region, Ethiopia', 22 Nov 2023,
https://www.accessnow.org/keepiton-in-conflict-the-human-impact-of-internet-shutdowns-in-amhara-region-ethiopia/

Access Now, 'The Most Violent Year: Internet Shutdowns in 2023', 15 May 2024,
https://www.accessnow.org/internet-shutdowns-2023/

Al Jazeela, ''No Timeline' for restoring internet to Tigray: Ethiopia Minister', 30 November 2022,
https://www.aljazeera.com/news/2022/11/30/no-timeline-for-restoring-internet-to-tigray-ethiopia-minister

Anthonio, F., and Roberts, T., 'Internet Shutdowns and Digital Citizenship', Digital Citizenship in Africa: Technologies of Agency and Repression, 2023, Tony Roberts and Tanja Bosch ed., Bloomsbury Publishing Plc. London, 85-116

ARTICLE 19, 'US: Iran Tech Sanction Exemptions Become Federal Regulation, 16 May 2024,
https://www.article19.org/resources/us-iran-tech-sanction-exemptions-federal-regulation/

Central Intelligence Agency, 'Field Listing: Internet Users', The World Factbook, https://www.cia.gov/the-world-factbook/field/internet-users/

Hashemzadegan, A., and Gholami, A., 'Internet Censorship in Iran; An Inside Look', Journal of Cyberspace Studies, 6(2), July 2022, 183-204

Human Rights Watch, 'Bangladesh: Scrap Draconian Elements of Digital Security Act', 22 Feb 2018,
https://www.hrw.org/news/2018/02/23/bangladesh-scrap-draconian-elements-digital-security-act

Human Rights Watch, 'Bangladesh; Stop Attacks on Student Protesters, Critics, 6 Aug 2018', 6 August 2018,
https://www.hrw.org/news/2018/08/06/bangladesh-stop-attacks-student-protesters-critics

Islam, M. R., and Abedin, J., 'National Security, Terrorism and Counterterrorism Law, Policy and Practice in Bangladesh', Australian Journal of Asian Law, 21(2), 137-157

Odhikar, 'Bangladesh Annual Human Rights Report 2023', 4 Jan 2024, https://rfkhumanrights.org/wp-content/uploads/2024/01/AHRR-2023_Odhikar_English_Final.pdf

Ramy Inocencio, '"She was Tortured": Mahsa Amini's Family Speaks Out Amid Iran Protest', CBS Evening News, 26 Sep 2022,
https://www.cbsnews.com/news/mahsa-amini-iran-protests-family-cousin-erfan-mortezaei-speaks-out-torture/

Shahbaz, A., Funk. A., Brody, J., Vesteinsson, K., Baker, G., Grothe,C., Barak, M., Masinsin, M., Modi, R., Sutterlin, E., eds. Freedom on the Net 2023, Freedom House, 2023, freedomonthenet.org.

The Center for the Advancement of Rights and Democracy, 'Equitability of Access To the Internet in Ethiopia: Evidence from Addis Ababa and Alba Minch', June 2024,
https://www.cardeth.org/sites/default/files/CARD%20-%20Equitability%20of%20Access%20to%20the%20Internet%20in%20Ethiopia.pdf

Uddin, M.K., 'NGO's Approach to Human Rights and the Challenges in Bangladesh', Development of Policy Review, 2023, 41(3), e12667.
https://doi.org/10.1111/dpr.12667

United Nations Human Rights Office of the High Commissioner, 'UN experts urge Bangladesh to seize Human Rights Council review as opportunity to address deteriorating human rights situation', 14 Nov 2023,
https://www.ohchr.org/en/press-releases/2023/11/un-experts-urge-bangladesh-seize-human-rights-council-review-opportunity
United States Department of the Treasury, 'U.S. Treasury Issues Iran General License D-2 to Increase Support for Internet Freedom', 23 September 2023,
https://home.treasury.gov/news/press-releases/jy0974
Voice of America, 'Ethiopia Prepares to Host UN Internet Forum Amid Tigray Blackout', 17 November 2022,
https://www.voanews.com/a/ethiopia-prepares-to-host-un-internet-forum-amid-tigray-blackout-/6838629.html
Wulf, V., Randall, D., Aal, K., and Rohde, M., 'The Personal is the Political: Internet Filtering and Counter Appropriation in the Islamic Republic of Iran', Computer Supported Cooperative Work (CSCW), 2022, 31, 373-409
Zafra, M. Hunder, M., Rao, A., and Kiyada, S., 'How Drone Combat in Ukraine is Changing Warfare', Reuters, 26 March 2024,
https://www.reuters.com/graphics/UKRAINE-CRISIS/DRONES/dwpkeyjwkpm/

第**7**章

メディア

偽情報が招くグローバルリスク

はじめに

　インターネット上で拡散される偽情報が、民主主義をゆがめることへの懸念が強まっている。2024年に世界経済フォーラムが発表した『グローバルリスク報告書』は、約20年にわたる調査で初めて、偽情報を最大の短期的リスクとして位置づけた。同年はアメリカやロシア、インド、台湾などで選挙が相次ぎ、世界的な「選挙イヤー」となった。報告書は、偽情報や誤情報が大規模に拡散されることで、選挙で選ばれた政府の正統性を損なう可能性があり、政治的に不安定になるリスクを指摘している。また、暴力的なデモやテロが発生し、社会的不安や対立が引き起こされることで、メディアや政府への信頼が大きく損なわれる恐れがあるとしている。

　こうしたリスクが現実化しつつあるなか、同年3月に開催された民主主義サミットでは、AI（人工知能）とデジタル技術が個人の自由や人権、さらには民主主義のシステムそのものを脅かしているとの警鐘が鳴らされた。主催国である韓国でも、偽情報の被害が深刻化しており、尹錫悦大統領は国境を越えた連帯を呼びかけた。偽情報は国家ぐるみの選挙工作や情報操作に利用されるケースが増えており、その対策が世界共通の課題となっている。

　偽情報の増加に伴い、正確な情報を提供するメディアの役割と責任がかつてないほど重要視されている。筆者は30年間、民放記者・キャスターとして国内外で取材活動を行い、デジタル報道にも携わってきた。現在は大学でメディアリテラシーを教えており、信頼性のあるメディアによる偽

137

第 I 部　事例

情報対策の重要性を日々実感している。

　このような立場から本稿では、まず偽情報の定義や特性を説明し、次に生成 AI で作られた偽コンテンツ「ディープフェイク」の事例を通して、偽情報による最新の脅威や影響を考察する。最後にテレビや新聞といった伝統的な主流メディアからのアプローチを中心に、偽情報への対策と今後の課題を展望する。

1.「フェイクニュース」から「偽情報」へ

1.1　フェイクニュース元年は2016年

　2016年のアメリカ大統領選挙をきっかけに、「フェイクニュース」という言葉が広く知られるようになった。「ローマ法王がトランプ支持を表明した」という虚偽のニュースがSNSを通じて拡散され、選挙終盤には主要メディアの記事よりも大きな反応（「いいね！」やシェア、コメント数）を集めた。

　同年12月には「ピザゲート事件」が発生し、フェイクニュースが現実の銃撃事件にまで発展した。この事件は、「ワシントンD.C.のピザ店で児童売買が行われている」という偽情報がネット上で広まり、これを信じた男がライフル銃を持ってピザ店に押し入ったというもので、選挙期間中に拡散されたデマが暴力事件にまで至る恐ろしさを世界中に知らしめた。

　新型コロナウイルスのパンデミックにおいても、「ワクチンにマイクロチップが含まれている」や「お湯でコロナが死滅する」といったデマや陰謀論が大量に拡散され、多くの人がワクチン接種を避けるようになった。日本でも、「トイレットペーパーが不足する」というデマが物資の買い占めを引き起こした。これらの偽情報の急速な拡散により、信頼性のある情報が埋もれるリスクが増大し、世界保健機関（WHO）はこの状況を「インフォデミック（Infodemic）」と呼び、警鐘を鳴らした。

1.2　フェイクニュースから「偽情報」へ

　このように2016年以降、「フェイクニュース」という言葉は急速に広

まったが、専門家の間では徐々に使われなくなっている。なぜなら、悪意をもって作成された嘘やデマ、プロパガンダ、陰謀論を指す場合もあれば、単なる誤報や誤解を招く情報を指すこともあり、定義があいまいだからである。また、政治家が不都合な情報を報じたメディアを攻撃する際に「フェイクニュース」という言葉を乱用することもある。こうした背景から、2018年に欧州委員会内のフェイクニュース対策専門家グループは、「フェイクニュース」という言葉の使用を避けるべきだと提言した。以後、「フェイクニュース」という言葉に代わり、社会を混乱させる情報を整理するため、「偽情報」「誤情報」「悪意ある情報」という3つの分類が提唱された（図1）。

図1　社会を混乱させる情報の3分類

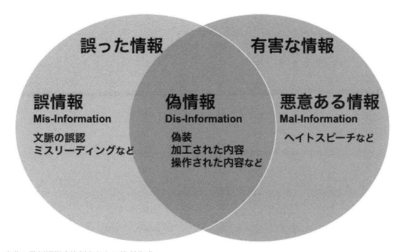

出典：欧州評議会資料をもとに筆者作成

≪社会を混乱させる情報の3分類≫
　①偽情報（dis-information）…意図的に作られた虚偽の情報であり、悪意を持って拡散されるもの。選挙におけるプロパガンダや敵対的な情報操作が典型的な例である。
　②誤情報（mis-information）…意図的ではなく誤って広まった虚偽の情

第Ⅰ部　事　例

報。発信者はそれを真実だと信じており、善意で拡散されることが多いが、結果として誤解や混乱を引き起こす。

③悪意ある情報（mal-information）…事実に基づいているが、他者への中傷や社会的混乱を引き起こす目的で悪用される情報。プライバシーの侵害や、特定の個人や団体を攻撃するために利用されるケースが含まれる。ネット炎上や暴露系YouTuberによる個人情報の拡散、ヘイトスピーチ、リベンジポルノも該当する。

　図1で示された通り、「偽情報」は、「誤情報」と「悪意ある情報」の両方の性質を持つ。次項で説明する「ディープフェイク」の事例では、この「偽情報」がいかに深刻なリスクになっているか、特に政治的利益と経済的利益を目的とするケースが問題視されている点を考察する。

1.3　フィルターバブルとエコーチェンバー

　偽情報が拡散するメカニズムには、フィルターバブルとエコーチェンバーという2つの現象が深く関わっている。フィルターバブルは、インターネットのアルゴリズムが個人の興味や行動履歴に基づいて情報を選別し、自分に合った情報だけを表示する現象である。ユーザーは自分の信念に合った情報ばかりを受け取り、異なる意見に触れる機会が減少する。これが、偽情報が疑われずに広まる原因のひとつとされる。

　一方、エコーチェンバーは、同じ意見を持つ人々が集まり、互いの意見を強化し合う状況である。SNSでは、自分と同じ意見を持つ人々の情報ばかりが共有され、異なる視点が排除されがちになる。この結果、偏った情報が強化され、偽情報であっても信じやすくなる。このようにして社会の「分断」や「極化」が加速し、自分では気づきにくい現象であるため、問題はますます深刻化するのである。

1.4　偽情報は真実よりも速く広まる

　さらに、インターネットでは偽情報の拡散が事実よりもはるかに速く、広範囲に進行する。2018年、マサチューセッツ工科大学（MIT）の

研究者らが、12万件に及ぶツイッター（現X）上のデータを分析し、「偽ニュースは正しいニュース（事実）よりも速く広く拡散する」ことを明らかにした。

論文では以下の点が示されている。

①正しいニュースが1000人以上に広まることはめったになかったが、偽ニュースの上位1％は1000人から10万人にまで広まっていた。

②偽ニュースが1500人に届くまでにかかる時間は、正しいニュースの6倍速かった。

③虚偽は、あらゆる話題で事実よりもはるかに遠く、速く、広く拡散し、特に政治ジャンルのニュースが圧倒的に拡散しやすかった。

また、分析対象の偽ニュースは正しいニュースに比べて「新奇性（目新しさ）」が高く、人間の「新奇性」への欲求が、偽情報の拡散力に大きく関与していると推測された。実際に、偽ニュースにはセンセーショナルな見出しがつけられ、人々の恐怖や嫌悪、驚きといった感情を刺激し、共有（リツイート）されやすいように作られている。偽情報は人々の感情に強く訴えかけ、事実よりもはるかに広がりやすいのである。

2. ディープフェイクの脅威

ここまで偽情報の定義や特性をみてきたが、特にディープフェイクは、単なる偽情報とは異なり、技術の進化に伴って深刻なリスクとなりつつある。この章では、ディープフェイクがどのように悪用され、グローバル社会にどのような影響を及ぼしているかを事例を交えて解説する。

2.1 ディープフェイクとは何か

偽情報が氾濫する中、最新の脅威として注目されているのがディープフェイクである。ディープフェイクとは、ディープラーニング（深層学習）とフェイク（偽物）を組み合わせた造語だ。AIを用いて合成された、本物と見分けがつかないほどリアルな画像、音声、映像、あるいはそれらを作る技術のことである。

当初はエンターテインメント分野での活用が期待され、開発が進んだが、

2022年以降の生成AIの急速な進化によって、専門知識がなくても安価かつ容易に作成できるようになり、驚くほどのリアルさから悪用事例が急増している。

たとえば著名人や一般市民に対するなりすましや詐欺、ポルノ動画の作成など、個人の名誉や財産を侵害するケースが相次いでいる。特に詐欺では、偽の音声データやフェイク映像を使った詐欺広告などが増え、個人が受ける被害の範囲が拡大している。

2.2 戦争と選挙での悪用事例

ディープフェイクは、政治や戦争の"武器"として利用されている。2022年3月、ロシアによるウクライナ侵攻開始の直後、ウクライナのゼレンスキー大統領が国民や兵士に投降を呼びかける内容の偽動画がSNS上で拡散された（図2）。ゼレンスキー大統領はすぐに動画が偽物であると発表し、主要なプラットフォームが迅速に動画を削除した。このため戦況に大きな影響を与えずに済んだが、これはディープフェイクが戦争に利用された初の事例となった。

その後もディープフェイクは情報操作の手段として悪用されている。欧州連合（EU）の欧州対外行動庁が、2023年に発生した偽情報による情報操作750件を調査したところ、ディープフェイクは171件確認され、国家元首ら59人が標的となっていた。特に、ゼレンスキー大統領を狙ったものが全体の4割を占め、主にロシアが関与していたとされた。ウクライナを支援する欧州諸国を分断する目的で情報操作が行われたことも明らかになっている。

さらに、同年10月に始まったイスラエルとハマスの軍事衝突に関連しても利用された。「バイデン大統領が徴兵法を発動した」とする偽動画がTikTokやYouTubeで拡散された（図3）。このほか、パレスチナ系アメリカ人モデルの動画も操作され、「イスラエル支持」を表明する内容に改変されてXに投稿された（図4）。口元の動きや表情が自然だったため、多くの人々が本物と信じ込み、この動画は3000万回以上も閲覧された。

また、2024年のアメリカ大統領選挙では、ディープフェイクの"音声"

が選挙妨害に利用された。民主党のニューハンプシャー州予備選直前に、バイデン大統領の声を模した偽のロボコール（自動音声通話）により、有権者に投票を控えるよう促す妨害行為が行われた。事態を重くみた連邦通信委員会（FCC）は、迅速に対策を講じ、「AIが生成した音声を使うロボコールは違法」とする新たな規制を発表した。

このようにディープフェイクは選挙結果をゆがめ、政治家や候補者の信頼を崩壊させる深刻なリスクをはらんでいる。特に、選挙や政治的プロパガンダの場面で利用されることで、民主主義の根幹を揺るがす脅威となっている。

図2　ウクライナのゼレンスキー大統領のディープフェイク

出典：https://x.com/MikaelThalen/status/1504123674516885507

図3　バイデン大統領が徴兵への協力を呼びかける偽動画

出典：https://factcheck.afp.com/doc.afp.com.33YP34M

第Ⅰ部　事　例

図4　パレスチナ系アメリカ人モデルのディープフェイク

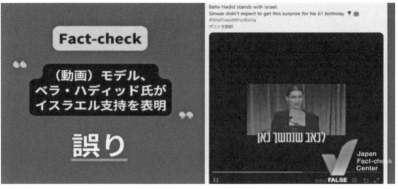

出典：https://www.factcheckcenter.jp/fact-check/international/american-model-supports-israel/,
（動画）アメリカの人気モデルがイスラエル支持を表明？【ファクトチェック】

2.3　経済と犯罪におけるディープフェイクの悪用

　海外では、ディープフェイクを使った巨額詐欺事件も発生している。2024年2月、香港で多国籍企業の会計担当者がビデオ会議中に最高財務責任者になりすました詐欺師にだまされ、2億香港ドル（約40億円）を詐欺グループに送金する事件が発生した。この事件では、会議に参加していた全員の映像がディープフェイク技術で巧妙に加工され、まるで本人たちが実際に会議に参加しているかのように見せかけられていた。

　また金融分野でも影響がみられる。2023年5月、アメリカのツイッター（現X）で「米国防総省が爆発した」という偽画像が拡散され、一見本物に見えるほど精巧に作られていたことから市場が瞬く間に混乱に陥った。これによりニューヨーク株式市場のダウ平均は一時80ドル近く急落した。

　さらに、アメリカのアリゾナ州では、AIで再現された娘の声を使った偽の誘拐事件が発生し、母親に身代金が要求される被害が起きた。このように、ディープフェイクを使った犯罪や社会的混乱が世界各地で相次いでいる（表1）。

第7章　メディア

表1　2021年以降に確認されたディープフェイクの主な事例

2021	米国	娘が所属するチアリーディングチームのメンバーを追い出すため、母親がメンバーのわいせつな画像や動画を作成し、逮捕
	欧州	ロシアの議員のディープフェイク動画と気づかず、欧州の議員がビデオ電話会議を実施
2022	世界	ゼレンスキー大統領がロシアへの降伏を呼びかける動画がYouTubeに投稿
	日本	静岡県の台風洪水デマ画像がツイッターに投稿
	英国	ディープフェイクポルノへの反対活動を行う女性のポルノビデオが作成され、ツイッターで公開
2023	米国	バイデン大統領が「徴兵法を発動する」と発表したかのような動画がSNSで拡散
	日本	岸田首相が卑わいな発言をする動画が拡散
2024	米国	バイデン大統領に似せた自動音声通話が予備選を妨害
	韓国	一般女性の写真をもとにした性的なディープフェイク被害が、10代の若者に拡大

出典：総務省資料やメディア報道をもとに筆者作成

2.4　日本におけるディープフェイクの事例

　日本でも、2023年に岸田文雄首相が記者会見で卑わいな発言をする偽動画が生成AIによって作成され、YouTubeやSNS上で拡散された（図5）。この動画は日本テレビのニュースチャンネル『日テレNEWS24』のロゴやテロップも巧妙に模倣しており、本物の記者会見のように見せかけられていた。作成したのは、何ら専門知識を持たない25歳の一般男性だった。ネット上で公開されている岸田首相の音声をAIに学習させ、わずか1時間で作り上げていた。

　また、2022年9月、静岡県で発生した台風による水害の際には、SNSに「ドローンで撮影された静岡県の水害」と称して町全体が水没した偽画像が投稿され、5000回以上リツイートされた。この投稿者も生成AIの無料ツールを使って1分程度で画像を作成していたが、「『いいね』やリツイー

145

トされるのがうれしかった」と興味本位の投稿だったことを明らかにしている。

図5　岸田首相のディープフェイク

出典：https://www.youtube.com/watch?v=OjP2oLiIUlw、ニュース画面に見せかけ"岸田首相の声"のフェイク動画拡散

　災害時は命の危険が迫り、多くの人が不安を抱える。情報が錯綜しやすく、情報を求める心理からデマが拡散しやすい。興味本位で作られた精巧な偽動画が拡散すると、救助要請など迅速に伝えるべき重要な情報が埋もれてしまう。災害に乗じて、収益目的で閲覧数を稼ぐ「インプレゾンビ」や、災害に関連する投稿を装いアダルトサイトに誘導する「スパム投稿」といった悪質な事例も相次いでいる。災害大国といわれる日本で、これらの事態への対処は喫緊の課題といえる。

　こうした災害時だけでなく、日本国内では犯罪での利用も急増しているというデータもある。英企業の調査によれば、2024年1月から3月にかけて日本国内で確認された詐欺目的などのディープフェイク件数は、前年比で24倍に増加した。具体的な件数は公表されていないが、生成AIの進化により日本語という言葉の壁が低くなり、海外の詐欺グループが日本を標的とするケースが増加している。特に、日本では電話を使った特殊詐欺が多発しているが、音声ディープフェイクを用いた新たな手口が広がりかねない。詐欺の手口がさらに巧妙化し、被害が拡大する恐れがある。ディー

プフェイクの脅威は日本においても身近な問題となりつつある。

国際大学の山口真一准教授は、ディープフェイクの普及によって「2つの大衆化」が進行していると警鐘を鳴らす。1つ目は「ディープフェイクの大衆化」であり、誰でも安価かつ簡単にディープフェイクを作成できるようになったことを指す。2つ目は「世論操作の大衆化」である。選挙への介入や世論操作をビジネスとする組織が存在する中、ディープフェイクとSNSを組み合わせることで、個人でも国内外の世論を操作できるようになったことを意味する。政治的な世論操作が従来よりも容易になったことで、深刻な懸念が生じている。

2.5　ポジティブな活用の可能性

ディープフェイクはネガティブな側面ばかりが注目されがちだ。しかし、適切に活用すれば、多くのポジティブな可能性を秘めている。たとえば、映画の多言語吹き替え、ゲーム産業、AIキャスター、バーチャルタレントなどさまざまな分野での応用が期待され、実験が進んでいる。

米ロサンゼルスのスタートアップ企業「チャンネルワン（Channel 1）」は、完全にAIで制作されるニュースサービスを立ち上げた（図6）。2024年4月、創業者アダム・モサム氏は今後の事業計画を発表する動画をXに投稿し、14か国語で語りかける様子が話題を呼んだ。彼の発言は、英語、フランス語、スペイン語、アラビア語、韓国語、日本語などで行われた。しかし、これは生成AIによる音声合成であり、「リップシンク」という技術によって話す言葉と口の動きが合成されていた。見た目には違和感がなく、まるで本人が各言語を流ちょうに話しているかのように見える。モサム氏は技術革新によって、"視聴者が好きな言語でニュースを視聴できるシステム"の早期実現を目指しているという。

また、米メディア大手NBCユニバーサルは、2024年パリ五輪での競技の実況にAIを活用した。アメリカで広く知られるベテランスポーツキャスター、アル・マイケルズの声を生成AIで再現し、競技の配信に使用した。79歳ですでに現場から引退したマイケルズだが、視聴者は彼のなじみのある声で実況を楽しむことができ、話題を集めた。

図6　チャンネルワンのAIキャスター

　筆者自身もテレビ局でキャスターをつとめた経験があるが、AIキャスターが人間のキャスターのように身振り手振りを使い、自然な語り口で原稿を読む姿には驚きを感じた。誤報や偽キャスターのリスク、倫理的な懸念はあるものの、AIキャスターは疲労や休憩の必要がないため24時間放送が可能となり、放送時間も正確に守られる可能性がある。ディープフェイク技術を適切に活用すれば、言語や年齢、時間の制約を超え、新たな可能性が広がることが期待される。

2.6　最大の脅威は「うそつきの配当」

　以上、ディープフェイクが急速に普及している実例をみてきたが、ここで皮肉にも思い起こされるのは、"百聞は一見にしかず"ということわざである。私たちは、何度話を聞くよりも、実際に自分の目で見たものを重視し、それが確かな情報を得る方法だと信じてきた。しかし、ディープフェイク技術の進化によって、この視覚的信頼性が揺らぎつつある。今や、目に見える情報や映像でさえ、本物かどうかを疑わなければならない時代が到来しつつあるといえよう。

第7章　メディア

このような状況下では、「うそつきの配当」というリスクが高まるとされる。「うそつきの配当」とは、2018年にロバート・チェスニーとダニエル・シトロンが提唱した概念で、不正行為で告発された人が、ディープフェイク技術の普及を隠れみのにして本物の情報をあえて「偽物だ」と言い張るような現象を指す。うそをついた側が利益を得ることになり、社会全体で真実への信頼が揺らぎ、混乱が生じやすくなる。

このような事態を避けるためにも、ディープフェイクを見抜くためのAI検知技術が急速に開発されているが、新たな検知技術が登場すると、それをすり抜けるフェイクも次々に現れる。いわば"いたちごっこ"の様相を呈している。偽情報の拡散を防ぎ、真実を守るために、私たちは常に新たな対策を模索し続けなければならない。

これまでディープフェイクの脅威について述べてきたが、偽情報の拡散を抑えるためには、メディアの果たすべき役割が重要である。次項では、伝統メディアによる具体的な偽情報対策について考察する。

3. 伝統メディアによる偽情報対策

3.1　4つのアプローチ

偽情報やディープフェイクには、もはや個人で対処することが難しい。社会全体での取り組みが不可欠である。

具体的には政府、民間企業、プラットフォーマー（SNS運営会社など）、マスメディア、スタートアップ企業、ファクトチェック機関など、複数の主体が連携して知恵を出し合い、それぞれの役割を果たす必要がある。

なかでも日本では、マスメディア、特に新聞やテレビといった伝統的な主流メディアによる偽情報対策が他国に比べて弱いことが指摘されている。このため、以下4つのアプローチから現状と課題を考察する。

≪伝統メディアによる偽情報対策≫
①ファクトチェックの強化：報道内容の事実確認を徹底し、偽情報や誤情報の拡散を防ぐために専門チームを設置する。信頼できるファクト

チェック機関と協力することで、より正確な情報提供が可能となる。

②信頼性の見える化：記事作成のプロセスを公開し、報道の透明性を高めることで、視聴者や読者の信頼を得る。

③メディアリテラシーの向上：ワークショップやコンテンツを通じて、偽情報を見抜くための知識を提供する。

④AIと技術的ツールの活用：AI技術を活用し、偽情報の早期発見と拡散の防止を図る。

　これらのアプローチを通じて、テレビや新聞といった伝統メディアが偽情報対策の役割を果たすことで、社会全体のリテラシー向上にも寄与することが期待される。なかでも、①ファクトチェックの強化に対する期待は大きい。

　ファクトチェックとは、発信された情報が客観的事実に基づいているかを調査し、その情報の正確さを評価して公表することである。国際大学などの研究グループによる調査では、「ファクトチェックを期待する媒体」として、テレビや新聞といった伝統メディアが「公的機関」に次いで高く評価されている。また、伝統メディアによるファクトチェック記事の効果は、政府やウェブメディアよりも高かったことが示された。

　政府がファクトチェックの主体となる場合、政治的公平性に疑念が生じる可能性があるため、中立的なメディアの積極的な参加が求められる。実際、諸外国ではすでに伝統メディアがファクトチェックに乗り出し、成功している事例も数多く存在する。ここからはイギリス、アメリカ、日本の伝統メディアにおける具体的な取り組みを紹介し、それらを比較して現状と課題を浮き彫りにする。

3.2　イギリスのBBCによる透明性の確保

　イギリスの公共放送BBCは、2023年5月にファクトチェック専門チーム「BBCベリファイ（Verify）」を立ち上げた。約60人のジャーナリストが所属し、ネット上の公開情報を活用するオープンソースインテリジェンス（OSINT）などの手法によって真偽検証にあたる。大きな特徴は、単

に検証結果を報じるだけでなく「どのようにその事実にたどり着いたか（How we verified this）」を詳細に公開している点である。これにより、視聴者が自ら検証プロセスを確認でき（図7）、信頼性の向上が図られる。

チームを指揮するBBCニュースCEOデボラ・ターネスは、「もはや"見ることが信じること"とは言えなくなっている（Seeing is no longer believing）」と述べ、操作された動画の急増に警鐘を鳴らした。だからこそ、情報の透明性を確保し、視聴者に「これまで見せてこなかった報道の舞台裏（behind the scenes）」まで見せることが重要であると述べている。この試みは大手メディアによる本格的なファクトチェック報道の一例として注目されている。

図7　真偽検証過程の確認方法を説明する「BBCベリファイ」記者

3.3　アメリカのCBSによるディープフェイク対策

アメリカの3大放送ネットワークの1つであるCBSは、2024年4月にディープフェイクや偽情報の検証に特化した番組『コンファームド（Confirmed）』を開始した。本稿執筆時点（同年9月）ではまだ開始後半年にすぎないが、医療情報や気候変動に関する真偽不明の情報の検証に注力した放送を行っている。

第Ⅰ部 事 例

この取り組みを成功させるために、CBSは大規模な投資と組織的な強化を図った。番組のために法医学ジャーナリストの採用やファクトチェッカーを養成するための研修を拡大し、最先端技術の導入に多額の投資を行った。

CBSニュース・アンド・ステーションズのCEOであるウェンディ・マクマホンは、ディープフェイクは「アメリカのジャーナリズムを根底から揺るがす最大の脅威だ」と述べ、「視聴者の信頼こそが通貨である」として投資の意義を強調した。番組は、いわば最新テクノロジーを駆使した"ディープフェイクとの闘いの場"となるが、その実効性は今後の番組の成長と視聴者の反応次第である。

3.4　ワシントン・ポストの「ピノキオ・テスト」

アメリカの大手紙ワシントン・ポストは、2007年から政治に特化したファクトチェックを行っている。なかでも「ピノキオ・テスト」と呼ばれるユニークなシステムが注目される（図8）。これは政治家の発言をピノキオの数で評価し、1から4ピノキオで誤りの度合いを示す。4ピノキオは「大嘘」を意味し、特に2016年のアメリカ大統領選挙では、トランプ氏を含む複数の候補者が4ピノキオと評価され議論を呼んだ。この手法は認知度が高く、ワシントン・ポストは長年にわたって偽情報に対抗するジャーナリズムの先駆者としての役割を果たしてきた。

しかしながら、こうした取り組みが広く評価される一方で、批判の声も存在する。どの発言を検証するか、どのように評価するかという点で、主観的な判断や政治的バイアスが入り込む懸念が指摘されている。しかし、こうした取り組みを歴史と信頼性があるワシントン・ポストが行うことで、市民のファクトチェックへの関心を高める効果もあるといえよう。

3.5　日本における取り組みの遅れ

日本では、他国に比べてファクトチェック記事の数自体が圧倒的に少ない。認定法人ファクトチェック・イニシアティブの調査によると、2022年に台湾では1273件、韓国では951件のファクトチェック記事が出された

図8　ワシントン・ポストの「ピノキオ・テスト」

のに対し、日本ではわずか242件に過ぎなかった。

　特に新聞やテレビといった伝統的な主流メディアによる取り組みが他国に比べて遅れている。同調査では、ファクトチェックを一度でも実施したことがある伝統メディアは11社に限られ、2023年にファクトチェック記事を掲載したのは、毎日新聞、琉球新報、沖縄タイムス、日本テレビの4社のみだった。また、同年のファクトチェックの記事数は、新聞が6件だったのに対し、ネットメディアが254件と大きな差がみられた。

　ただし、ファクトチェックの厳密な定義やルールに則した記事でなくとも、広義の意味で偽情報の追跡や調査報道に力を入れている社も存在する。報道機関としての重要な役割ではあるが、フランスや韓国ではすでにメディア横断的なプロジェクトが相次いで展開されている。これらと比較すると、日本の伝統メディアの取り組みは限定的だ。

　その理由としては、ファクトチェックの検証に時間がかかること、専門チームを設置する余裕がないこと、記者が短期間で交代するため継続的な取り組みが難しいことが挙げられる。また、外部から自社の記事がファクトチェックされることへの反発や、「ファクトチェックは伝統メディアの

役割ではない」という誤解も進展を妨げている。

　実際、NHK放送文化研究所が2023年10月に新聞、放送局を対象に実施した調査でも「専門部署を設置している」と答えたのは回答した22社中1社だけだったことが明らかになった。また、日本テレビはファクトチェックの特別番組を放送した際、取材に多くの時間がかかり、ファクトチェックしやすいネタ選びにならないよう苦慮したことが報告された。

　さらに、読者や視聴者への認知度も不足している。偽情報への警戒やファクトチェックに関する特集を組むなど努力はしているものの、それが十分に伝わっていないのが現状だ。そもそもファクトチェック記事が出るタイミングは偽情報が出た"後"であり、その多くが文字情報のため関心を集めづらい。実際、インドネシアのファクトチェック団体の調査によると、ファクトチェック記事は偽情報の5〜10%程度しか読まれなかった。前述したように、うそと真実には「拡散力の差」があるため、誤りを正すだけでなく、その情報をいかに多くの人にリーチさせるかも課題だ。

　今後、伝統メディアがファクトチェックに取り組む際には、人材育成や技術導入に加え、ファクトチェックの重要性を広く認知させ、情報の真実性や信ぴょう性を考えるきっかけを提供することが重要になるだろう。

3.6　偽ニュースに"予防接種"を

　ファクトチェックは重要だが、現代の偽情報や誤情報の増え方に比べて追いつかない現状がある。そこで注目されているのがプリバンキング（prebunking）だ。プリバンキングとは、選挙や災害といった偽情報が広がりやすいときに、「このような偽情報が出回る可能性がある」と"事前"に警戒を促す方法である。あらかじめ正しい情報や、偽情報の典型的な手口を知っておくことで、偽情報に直面したときに誤りだと判断しやすくなる。いわば"予防接種"のような役割を果たし、偽情報・誤情報への耐性を高める効果がある。

　プリバンキングは効果が高いとされ、教育現場での普及が進んでいる。ケンブリッジ大学やBBC、Googleの共同研究によって、専門知識を持たない団体や個人でも実践できるように、クイズ形式やアニメーションを

使ったハウツーガイドが公開されている。

　こうした動きは日本にも広がりつつある。NHKは公式サイトに「フェイク対策」と題した専用ページを設け、災害などの有事に出回りやすい偽情報の事例や傾向を紹介し、安易に信じたり、拡散したりしないよう注意を呼びかけている。こうした"事前"の情報提供によって、拡散を防ぎ、視聴者が自ら正しい情報を選び取る力を身につけることが期待される。今後はプリバンキングをはじめとする先制的なアプローチが、偽情報対策の重要な手段となるだろう。

4. おわりに

　これまで見てきたように、世界的に見ても伝統メディアによる偽情報対策はまだ途上段階にある。ニュース編集部門に専門部署を設置し、関係機関と連携してファクトチェック機能を強化する取り組みは進められているが、現段階では効果は限定的だ。

　特に日本では、市民のファクトチェックに関する知識不足が懸念される。日本経済新聞などの調査によると、日本では75%が偽情報に直面しているにもかかわらず、ファクトチェックサイトの利用方法を知っている人はわずか19%にとどまり、アジア主要国で最下位だった。また、日本人は疑わしい情報に対して真偽を確かめる行動をとる割合が、欧米に比べて低いという別の調査結果もある。つまり、日本人には情報に対して"受け身"な姿勢がみられるのだ。

　生成AIの進歩により、偽情報の拡散はさらに加速し、正確な情報を見極めることは一層困難になるだろう。民主主義を守るためには、正しい情報に基づいて政治判断を行える健全な情報環境が不可欠である。SNSの時代においても、歴史と信頼性を持ち、発信力がある伝統メディアが、事実に基づいた迅速かつ正確な報道を行い、信頼できる情報源として機能することが求められている。しかし、現状ではファクトチェック機能が限定的であるため、独立したファクトチェック機関との連携やメディア横断的な取り組みが必要だ。

　さらに、市民一人ひとりがメディア情報リテラシーを高め、偽情報に惑

第Ⅰ部　事　例

わされず、主体的に情報を検証する力を持つことが今後ますます重要となる。生成AIが進化し、偽情報がさらに巧妙化する中で、リテラシー教育の強化は喫緊の課題だ。教育プログラムの普及を通じ、市民が情報を吟味する力を身につけることは、健全な情報環境を築く一助となるだろう。メディアと市民が協力し、信頼性の高い情報を共有することこそが、民主主義を支える礎である。

＜引用文献・参考文献＞

朝日新聞デジタル「偽情報から選挙守る、連帯訴え『各国共通の課題』対策議論　韓国主催で民主主義サミット」2024年3月22日付,
 https://digital.asahi.com/articles/DA3S15892695.html?iref=mor_articlelink01
NHK NEWS WEB「『選挙イヤー』の2024年 世界で高まる"フェイクへの懸念"」2023年12月16日付,
 https://www3.nhk.or.jp/news/html/20231216/k10014289161000.html
NHK放送文化研究所「ファクトチェック マスメディアの現状と課題〜 2023年3月新聞社・放送局アンケート」『放送研究と調査』NHK出版, 2024年10月号
笹原和俊『ディープフェイクの衝撃 AI技術がもたらす破壊と創造』PHP新書, 2023年
世界経済フォーラム『第19回グローバルリスク報告書2024年版』2024年,
 https://www3.weforum.org/docs/WEF_The_Global_Risks_Report_JP_2024.pdf
立岩陽一郎／楊井人文『ファクトチェックとは何か』岩波書店, 2018年
鳥海不二夫「分断を加速するフィルターバブルとエコーチェンバー」鳥海不二夫／山本龍彦『デジタル空間とどう向き合うか 情報的健康の実現をめざして』日経プレミアシリーズ, 2022年
日本経済新聞「偽ニュースに弱い日本 検証法『知る』2割のみ 監視体制の整備急務」2023年6月4日付,
https://www.nikkei.com/article/DGKKZO71606510U3A600C2MM8000/
認定NPO法人ファクトチェック・イニシアティブ／早稲田大学次世代ジャーナリズム・メディア研究所『ファクトチェック白書2024』2024年,
 https://fij.info/wp-content/uploads/2024/06/fcwpj2024.pdf
みずほリサーチ＆テクノロジーズ「国際比較を通じた日本人の偽・誤情報に対する意識と取り組むべき対策」2022年,
 https://www.mizuho-rt.co.jp/publication/report/2022/mhrt03_disinformation_02.html
楊井人文「言論の自由の砦としてのファクトチェック」『ニュースは「真実」なのか』早稲田大学出版部, 2019年

山口真一「With フェイク 2.0 時代における偽・誤情報問題の未来と求められる対策」総務省，2023 年 11 月，
https://www.soumu.go.jp/main_content/000913230.pdf
山口真一／渡辺智暁／逢坂裕紀子／谷原吏／大島英隆／井上絵理／田邊新之助「Innovation Nippon 2024 偽・誤情報、ファクトチェック、教育啓発に関する調査研究」国際グローバル・コミュニケーション・センター，2024 年，
https://www.glocom.ac.jp/wp-content/uploads/2024/04/IN2024_report_fakenews_full.pdf
読売新聞オンライン「台風被害デマ画像、投稿者後悔『だまされたら面白いなと軽い気持ちだった』…無料ＡＩで作成」2022 年 10 月 3 日付，
https://www.yomiuri.co.jp/national/20221003-OYT1T50154/2/

BBC, "Explaining the 'how' - the launch of BBC Verify," May 22, 2023,
https://www.bbc.com/news/uk-65650822
BuzzFeed News, "This Analysis Shows How Viral Fake Election News Stories Outperformed Real News On Facebook," November 16, 2016,
https://www.buzzfeednews.com/article/craigsilverman/viral-fake-election-news-outperformed-real-news-on-facebook
CBS NEWS, "CBS News 24/7 streaming channel gets new name, expanded programming", April 9, 2024,
https://www.cbsnews.com/news/cbs-news-24-7-streaming-channel/
Chesney, R. & Citron, D. K. "Deep Fakes: A Looming Challenge for Privacy, Democracy, and National Security," 2018, https://doi.org/10.2139/ssrn.3213954
DEADLINE, "CBS News Launches Venture To Identify AI Deepfakes And Misinformation," November 6, 2023, https://deadline.com/2023/11/cbs-news-ai-deepfakes-misinformation-1235594684/
European Commission, "Final report of the High Level Expert Group on Fake News and Online Disinformation," 2018,
https://digital-strategy.ec.europa.eu/en/library/final-report-high-level-expert-group-fake-news-and-online-disinformation
European Union, "2nd EEAS Report on Foreign Information Manipulation and Interference Threats," 2024,
https://www.eeas.europa.eu/sites/default/files/documents/2024/EEAS-2nd-Report%20on%20FIMI%20Threats-January-2024_0.pdf
Sumsub, "Deepfake Cases Surge in Countries Holding 2024 Elections, Sumsub Research Shows," May 30, 2024,
https://sumsub.com/newsroom/deepfake-cases-surge-in-countries-holding-2024-elections-sumsub-research-shows/

第Ⅰ部　事　例

Vosoughi, S., Roy, D. & Aral, S., "The spread of true and false news online," Science, 2018, https://www.science.org/doi/10.1126/science.aap9559

Wardle, C., & Derakhshan, H., "Information Disorder: Toward an interdisciplinary framework for research and policy making," Council of Europe report DGI(2017)09, 2017.

第II部　理　論

第**8**章

危機管理（リスクマネジメント）と
その限界

はじめに

近年の経営者は企業を取り巻く複雑なリスクに直面しながら経営をしなければならない。為替の変動、温暖化にともなう自然災害、コロナなどのパンデミック、ウクライナ、中東、台湾における高まる地政学リスク、緻密なサプライチェインに伴う事業中断リスク、AIなど高度化した技術革新、株式市場の規制の変化など様々なリスクである。

本章では危機管理（リスクマネジメント）の理論を中心に議論をはじめ、リスクマネジメントの理論、歴史的な変遷からその問題点と限界について論じたい。

1. 危機管理（リスクマネジメント）の理論

1.1 リスクマネジメントは必要か？

多くのリスクマネジメント関連本が伝えているのは、リスクマネジメントは以下のような良い影響を与えるから必要だと説明している。

- 倒産リスクを軽減することにより企業の存続と操業の継続を保証する。
- 営業の安定した成長を妨害する不安定要素を取り除く。
- 投資家と違い、自らリスク分散できないステークホルダー（経営者、従業員、取引会社、顧客など）をリスクの脅威から守る。

161

第Ⅱ部　理　論

- リスクマネジメントを行うことで債権者と投資家との間のエージェンシー問題を軽減する。この場合のエージェンシー問題とは、企業の債権者と株主間の利益相反に伴う様々な問題のことである。
- 社会的責任や内部統制の手段としてのリスクマネジメントを行う。
- 取引先からの要請、または会社法など整備により、リスクマネジメントを行う。
- 株式を上場する企業にとって、リスクの開示とそのマネジメントが証券取引所から要求されている。

コラム（リスクマネジメントの重要性）：

　非常時には臨時の費用が必要になる。しかし、そのような事態に、銀行は将来の返済不能のリスクを恐れて、融資を断るケースが多い。1995年1月に起こった阪神淡路大震災では、多くの中小企業が銀行に緊急融資を申し込んだが、断られるケースが多発した。非常のためのリスクファイナンスが必要なのである。

図1　阪神淡路大震災時の融資相談件数（中小企業庁の調べから）

企業名	対象	支援内容
三菱電機	協力会社組合に加盟する企業約40社	無担保融資、限度額5千万円
阪神内燃機工業	阪神内燃工業協同組合の加盟社	納入代金の支払いタームを短縮
トヨタ自動車	系列販売店	店舗修復のための融資を検討

金融機関名	震災発生後7日後の相談件数
国民金融公庫	約8400件
中小企業金融公庫	約450件
商工組合中央金庫	約1700件

162

第8章　危機管理（リスクマネジメント）とその限界

1.2　リスクとは？リスクマネジメントとは？

　"危機" というと日本人は、身に危険がせまる事象や状態、状況といったマイナスの事象を思い浮かべるのではないだろうか？歴史的にも "火災、雷、火事、親父" といった順に日本人は恐怖を感じるといわれている。危機管理とはそういった危険からの回避策を講じるものと解釈していいのだろうか？

　2024年現在、一般的に定義されている "リスク" は、危機や危険がもたらすマイナスの影響だけではなく、プラスにも影響が及ぶ要因や状況のことをも含んでいる。つまり "リスク" とは "不確実性"、また "期待されること（目的）から乖離する"、影響を伴う事象を "リスク" と定義している。

　たとえば、品質保証や環境経営の規格で世界的に有名なISOにもリスクマネジメントの規格31000があり、そのISO31000の中では "リスクとは、目的に対する不確かさの影響" と定義している。また同規格内では、"リスクマネジメントとは、リスクに関与して組織を指揮し統制する活動" と定義している。このISO31000の規格形成には日本のJISも関わり、この規格は2009年に施行された。日本のJISでは、Q2001において、リスクとは "事象の発生確率とその結果の総称" と定義している。

　一方で米国では、COSO[1] がリスクの定義を2004年に公表している。"リスクとは将来起こりえる事象のことで、その事象が発生したときに目的の達成を困難にする可能性" をリスクとしている。また、COSOが定義するリスクマネジメントとは、"ある目的に脅威をあたえるリスクを特定し、評価し、またそれに対応した対策をすること" とある。

1）　米国のCOSOはCommittee of Sponsoring Organizations of the Treadway Commissionのこと。

第Ⅱ部　理　論

1.3　リスクマネジメントは経営プロセス？

　米国において広く認められたリスクマネジメントの資格として、"アソシエイト・リスク・マネジメント"という資格"ARM"がある。リスクマネジャーが専門家として活躍するための米国で公認された資格で、いわゆるCPAやCFAと同じような性質のものである。そのARMの教科書によると、"リスクマネジメントはプロセスである"とまず論じている。

　ではそのプロセスとはどういったものであろうか？図2においてリスクマネジメントのプロセスを示した。

1. "リスクの特定"：リスクの洗い出しを行う。
2. "リスクを評価"：リスクの分析と事象が発生したときの影響を計量化する。
3. "リスクへの対応"：対策が必要なリスクに対して何らかの策を講じる。これにはリスクコントロールとリスクファイナンスの2つがある。
4. "結果の評価"：結果として問題があった場合には、このプロセスを再考、見直し、やり直す。このプロセスを繰り返すことで、リスクマネジメントを進化させ、有効で効率的に動かすことができる。

　理論的にはこのプロセスを繰り返し、実践することになるのであるが、実際にやってみるとかなり難しい。日本企業でリスクマネジメントをシステム的に行っている企業はどれほどあるであろうか？彼らはリスクを専門的に扱う部署を配置しているだろうか？彼らに専門家としてのリスクマネジャーはいるであろうか？リスクマネジャー的な役割を兼業で配置していないだろうか？リスクマネジメントを重要視して意思決定しているだろうか？リスクのデータを管理しているだろうか？

164

図2　リスクマネジメントのプロセス

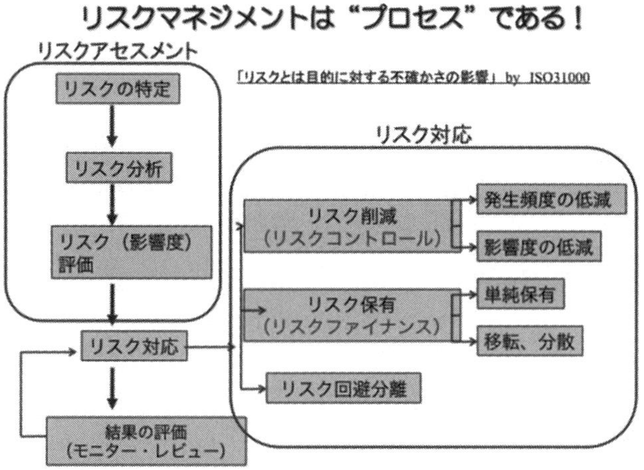

出典：The Institutes‘"Essentials of Risk Management"のテキストから筆者が作成

2. リスクの特定とは？

　リスクマネジメントの第1のプロセスはリスクを特定することである。どのようなリスクがあり、それらが企業に与える影響はあるのか、ないのか？判断する手法も、影響の評価も経験を有するものである。

　一般的に以下のリスク集団が企業を取り巻くリスクとして挙げられる。人により分類が違うかもしれないが、確固とした分類は欧米でも存在しないので、下記にその分類の一例を提示する。

・純粋リスク：純粋リスクとは保険化できるリスクのことである。たとえば、火災、風災、落雷、水災、地震（津波を含む）、一般賠償責任、土壌汚染、製造物賠償責任、労働災害、盗難、騒じょう、機械的事故、海難事故、航空事故、株主代表訴訟、サイバー事故、人為的ミス、個人情報漏洩、医療過誤、専門職賠償、死亡、疫病、信用などのリスクをいう。

・金利変動リスク：金利変動に伴う、価値や価格、コストの変動をいう。

第Ⅱ部　理　論

たとえば、金利変動に伴う、債券価格の変動、貸借対照表における自己資本価値の変動、資本調達コストの変動などをいう。

・価格変動リスク：インフレ、需給に伴う商品価格の変動をいう。仕入れ値の価格が変動することによるコスト変動もこれにあたる。

・市場リスク：様々な要因により市場が変動し、その変動に伴う株価や債券価格などの変動をいう。

・流動性リスク：資産を予期した金額で売れない、株券や債券を市場で売れない、必要なときに現金化できない、現金化するときに損失を伴うなどのリスクをいう。たとえば、このリスクにより、正味運転資金が枯渇するなどの結果を伴う。

・為替リスク：為替変動による "トランス・アクション・リスク" とは、商品の売買契約における契約価格と、受け取り時の価格の為替差に伴うキャッシュ変動のリスクをいう。影響はプラスにもマイナスにもなる。また、為替変動による "トランスレーション・リスク" とは、海外の営業利益を親会社が連結決算する際に、母国の通貨で表現する際の、為替変動による価値の変動が生じることによるものである。これも、その影響はプラスにもマイナスにもなる。

・ファイナンシャルリスク：資金調達には、負債の発行、株主資本の増資、内部留保といったものがある。株価の変動については一般的に "ボラティリティ" といわれる。これは期待値からの偏差と定義し、この変動リスクを "分散" または "標準偏差" で示し、"ボラティリティ" とよぶ。リスクが高い証券に対しては大きなリターンを求めるといった、"リスク" と "リターン" のトレードオフが投資の原則である。

166

第 8 章　危機管理（リスクマネジメント）とその限界

・事業中断リスク：災害の結果、操業を中断したことに伴う遺失利益、臨時費用の追加、代替品の調達などの間接的な影響による損害をいう。近年では、製造現場では、サプライチェーンが複雑に発達し、末端企業のリスクが間接的に自社の操業に多大な影響を与える例がみられる。

・ビジネスリスク：このリスクは事業を行う企業にとっては避けられないリスクではあるが、“戦略リスク”とも呼ばれ、企業の営業活動において競争激化や戦略が成功しなかったなど、予想した結果をもたらさない可能性をいう。

・風評リスク：企業活動における企業名やブランドに対する風評（悪評）により経済活動が制限されたり、売上減少につながったりするリスクをいう。

・地政学リスク：地域紛争や地域の規制変化に伴い、企業の経済活動が制限されたり、中断させられたりするリスクをいう。地球上における地域的な問題により発生する。国の企業に対する統治が変わる“カントリーリスク”とも同類として扱われている。

　以上のように、一企業を取り巻くリスクは無限大である。そうであれば、リスクマネジメントは経営そのものだという専門家も存在する。すべてのリスクに対応するには人的にも、財務的にも、また手法的にも限界がある。したがって、企業はこれらのリスクを洗い出し、選別をし、対応するか否かを戦略だって考える必要がある。

コラム（事業中断リスクの一例）：

　1997年2月1日、トヨタがもっとも信頼するサプライヤーの一つであるアイシン精機の一工場において火災が発生した。当時、アイシン精機はプロポーショニングバルブ（Pバルブ）の独占供給者であった。Pバルブは

第Ⅱ部　理　論

トヨタの全車種に取り付けられていた。さらに、アイシン精機がPバルブの唯一のサプライヤーであった。トヨタ、アイシン精機ともにJIT（ジャストインタイム）生産の原理を堅持していたため、手元の在庫は数日しかなかった。トヨタグループ（数百のサプライヤー工場）の一時閉鎖は避けられないとみられた。事故が起こったタイミングも消費税2%の引き上げ直前のため、自動車の駆け込み需要を狙って、トヨタの工場はフル操業の最中であった。事故後、トヨタ・グループ内の企業群の協力によりPバルブの代替生産が行われた。驚くことに、事故2日後にはPバルブの再生産が再開される。そして、3月末（およそ2か月後）には100%生産が回復した。しかし、アイシン精機は全体として78億円の損失であった。また、トヨタは7万台分の生産未達で、売上で1600億円のマイナス。トヨタは代替生産拠点の設置で200億円から300億円の損失を被った。さらに、トヨタは影響を受けたサプライヤーの遺失利益への補償として、1997年1月初頭から3月末日までのトヨタへの売上金額の1%相当額を一時サプライヤー全社に追加的に支払った。これは総額150億円以上にのぼり、例えばデンソーは15億円を受け取ることになったのである。

参照：　西口敏弘、アレクサンダ・ボーデ（1999）
「カオスにおける自己組織化-トヨタ・グループとアイシン精機火災-」

3. リスク評価、リスクマップとリスク戦略

　企業を取り巻くリスクを、すべて同様にコントロールし削減しようとすると、コストは限りなく上昇し、非効率なリスクマネジメントになってしまう。むしろ、リスクマネジメントが企業の操業を阻害する原因にもなりかねない。

　そのためリスクマネジメントは効率的に運営されなければならない。リスクの特性から、"そのリスクを認識したが、その特性からあえて対策をとらない（意識的にリスクを保有する）"といった意思決定も一つのリスクマネジメントである。そのようにリスクを認識し、選別する。そして、戦略的に対策を講じるのが適切なリスクマネジメントなのである。

第8章　危機管理（リスクマネジメント）とその限界

　リスクの洗い出しを完成させた後、それぞれのリスクの特性を大雑把に判別することになる。リスク評価（またはリスクアセスメントと呼ぶ）の一手段として、"リスクマップ"とよばれる手法がある。これは、洗い出した一つ一つのリスクの特性を、マップ上で可視化する手法であり、多くの企業で行われている。リスクは常に変化するので、このマップは年に一度の頻度で、更新されるべきである。

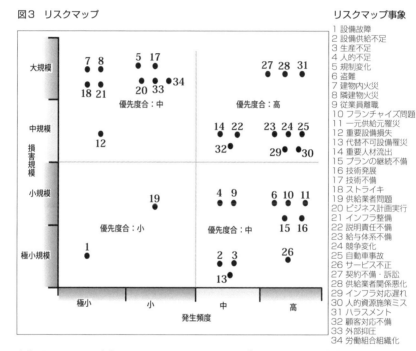

図3　リスクマップ

出典：The Institutes' "Essentials of Risk Management" のテキストから筆者が作成

　たとえば図3のようなリスクマップをリスクマネジメント部が作成したとしよう。企業のリスク委員会は、リスクマップに基づいてベストな戦略を立てるべきである。
　たとえば、それぞれのリスクまたは事象の特性を、その発生頻度（X軸）と起こったときに予想される損害規模（Y軸）という2つの特性で、大雑把でもいいので二次元図の中にプロットする。次に、この中に頻度と規模

169

第Ⅱ部　理　論

図4　リスク戦略の一例

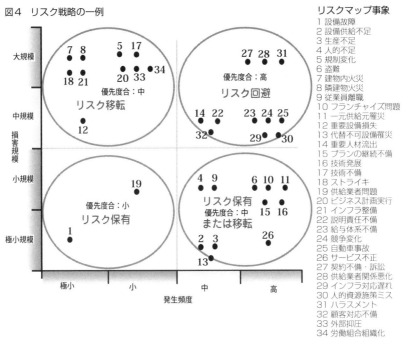

出典：The Institutes' "Essentials of Risk Management" のテキストから筆者作成

によって、（第1群）頻度が高くて、規模が大きい（第2群）頻度が低くて、規模が大きい（第3群）頻度が高くて、規模が小さい（第4群）頻度が低くて、規模が小さい、といった4つのリスク群に分ける。

　リスク戦略としては、たとえば第1群（頻度高、規模大）のリスクに対しては、企業にとって重大な影響を及ぼす脅威なリスク群であるので、できるだけ"リスク回避"を選択する。

　第2群（頻度低、規模大）のリスク群に対しては"リスク移転"を主な対策として行う。"リスク移転"とはこの場合、他企業にリスクを転嫁することを言う。たとえば保険の利用もその代表的なリスク移転対策の一つである。

　第3群（頻度高、規模小）のリスクに対しては"リスク保有"または"リスク移転"の混在型の対策を行う。4群（頻度低、規模小）のリスクに関しては自社にとって大きな脅威とはならないので、主に"リスク保

有"を行う。

　この一例のようなリスク戦略は、企業を取り巻くリスクを仕分けし、戦略だって対策を行うことにより、リスクマネジメントの効率化と、その効果を最大化させるものである。

4. リスク評価のための定量モデル

　リスクが顕在化する頻度が高いが、一年間の累積損害額がある程度予想できるリスク群、たとえば3節の第3群のリスクに対しては、1980年代より以前は、年間の累積損害の平均を使った計量化や傾向を取り入れるトレンド分析などの手法が主であった。しかし、1990年代以降にこの手法が大きく変化する。

　1990年初期はインターネットの商用利用が始まった時期で、PC業界ではマイクロソフトのWindows95が爆発的な売り上げを記録した時代である。この年代がいわゆるIT時代の幕開けとなった。同時期にみられた現象として、物理学者や数学者が金融の世界に飛び込んで、金融業界に革命的な変革をもたらしたことである。一般的に"数理ファイナンス"とよばれたが、代表的で先駆的な数学者が日本人で、伊藤清、京都大学名誉教授 である。伊藤先生の"伊藤の補題"で解析できたものの一つに、株価を対数正規分布で表現した確率プロセスモデルがある。このモデルにより、後に"ブラックショールズオプション価格モデル"として、マイロン・ショールズとロバート・マートンが、1997年にノーベル経済学賞をとることに大きく貢献した。

　このころ株価モデルと同じように、リスクのモデル化も進化した。たとえば"加法プロセスモデル"を使う手法がリスクの計量化として行われるようになった。このモデルは、リスクが顕在化する頻度を離散分布、たとえば"ポアソンモデル"で表現し、影響の規模を"正規分布"、"対数正規分布"、"ワイブル分布"、"パレート分布"などで表現する。その頻度と規模の分布を組み合わせた"複合ポアソンモデル"を損害モデルとして使う手法であった。損害がモデル化できると、PC上で、"モンテカルロシミュレーション法"を使って、5万回程度乱数を発生させるシミュレーション

第Ⅱ部　理　論

を実施する。その結果は、確率分布の形で表現され、たとえば、超過確率の上限値5%で見た"バリュー・アット・リスク"を求めるといった手法である。

　損害保険業界ではアクチュアリーが中心になって、損害モデルを応用し実践的に使うことが行われた。特に賠償責任に伴うリスク分析には、この"複合ポアソンモデル"が頻繁に使われている。

　また、頻度が低く、一度に大きな損害が予想されるが、毎年のような頻度では起こらないリスク、たとえば、地震、火災、風水災などのリスクにはシナリオ分析が一般的に使われる。保険業界では、PML[2]（最大予想損害額）、NLE[3]（通常の予想損害額）、MFL[4]（最大級の予想損害額）などと呼ばれている。それらの手法は、たとえばPMLのシナリオ設定では"A工場のBエリアで火災が発生したとしよう、一つの主要な消防設備が故障していた場合、最大起こりえる資産の損害額はどのくらいか？"といったシナリオで評価し損害額を算出する。NLEでは、防災設備などが通常どおり作動した場合に考えられる損害額。MFLでは最悪の事態を想定したときのシナリオで、"消防設備などがすべて機能しなかった、防災手段がない状態で、最大起こりえる損害額はどのくらいか？"といったシナリオで損害額を算出する。これらの評価は保険会社が抱えているリスクエンジニアが行うのが慣習となっている。

　地震や風水災害モデルも開発され、RMSやEQEといったリスクモデル専門会社はそれを商用利用できるようにモデル化しサービスを提供している。モデルは独自の調査と経験値から作られたもので、"A地点で震度XXが起こったときのPML"を算出できるものである。これらのサービスは、多くの損害保険会社、再保険会社、リスクマネジャー、リスクコンサルタントが保険料率の算出のための資料として利用している。

2）英語でProbable Maximum Loss.

3）英語でNormal Loss Expectancy.

4）英語でMaximum Foreseeable Loss.

5. リスクコントロール

　リスクマネジメント業界で言われるリスクコントロールは、"損害の発生頻度、損害規模、予知不能を軽減する自発的な活動"のことである。つまり、リスク事象に伴う損害の軽減策を実施する活動を、リスクコントロールと呼んでいる。

　なぜリスクコントロールが必要なのか？リスク事象の発生に伴って、物理的資産、人的資源だけでなく遺失利益といったマイナスな影響を企業は被るからである。

　たとえば、地震発生時の対策として建物や機械・設備に耐震設備を施す活動は、地震による資産損害が軽減されるだけでなく、操業中止の期間が軽減される。

　また、自動消火設備を設置することは、火災の影響が軽減できるだけでなく、災害エリアを限定できることで操業中断を軽減する可能性がある。さらに、物理的な対策以外にも、自営の消防団を組織し活動することや、夜間や休日の監視を強化するなど、損害軽減に対応した活動はすべて"リスクコントロール"と呼ばれている。

6. リスクファイナンス

　リスクファイナンスとは、リスク事象に伴った人的被害、物理的な損害、賠償金の支払、遺失利益からの復旧といった悪影響から金銭的な補償を得るためのファイナンス手段を構築し、その財源を管理・運営することをいう。リスクマネジメントのプロセスではリスクコントロールと並行して行われるものである。特に、事前に損害をファイナンスする手段を講じておくことが必要とされる。リスクコントロールによって軽減された損害をさらに財務的に補償する手段だと考えられる。

　たとえば、リスク移転の保険、金融派生商品の"デリバティブ"をつかったリスクヘッジ、金融機関からの災害時の借入の契約、事故時の増資、リスクの証券化、そのほかART[5] 代替的リスク移転とよばれているもの

5）英語でAlternative Risk Transfer。

が"リスクファイナンス"と呼ばれている。その中で、キャプティブ保険会社を使った自家保険もこれに含まれている。

図5は、キャプティブ保険会社の一般的な構造である。このキャプティブ保険会社は、保険の仕組みを応用して、企業グループ内に"危険準備金"としてのファンドを備えるといったイメージである。

非保険会社が保険会社と違う点は、非保険会社が"危険準備金"を損益計算書の税前で積み立てることが税法上できないことである。国内では認可された保険会社のみが"危険準備金"や"異常危険準備金"といわれる備金を、税前で積み立てることができる。そこで、一般的な非保険会社は、ドミサイルとよばれる設立地にキャプティブ保険会社とよばれる子会社を登記する。

図5のように、一般企業は国内に営業免許がある保険会社に保険料を支払い、補償を購入する。ここまでは通常の保険のシステムである。元受けの保険会社は、事業者の子会社であるキャプティブ保険会社と再保険契約を結ぶ。企業が払った保険料は、大部分がキャプティブ保険会社に流れる。そして、キャプティブ保険会社で備金が形成されるのである。キャプティブが付保できないリスクに対しては、再々保険会社と再保険を結び、リスク移転を行う場合がある。

もし、契約で補償されたリスクが実現化し、損害が発生したときには一般企業は保険金を元受け保険会社から受け取る。元受け保険会社はキャプティブ保険会社から保険金を回収する。リスク事象が発生しなかったり、発生してもリスクコントロールにより保険金が軽減されたり、損害が予想より下回ったりした時には、そのメリットはキャプティブ保険会社が享受する。その具体的なメリットとは、子会社のキャプティブ保険会社に備金が積みあがっていくことである。このように企業のリスクマネジメント活動の恩恵が、子会社に備金を積み立てられるという成果として現れるのである。

現在では、世界に7,000社を超えるキャプティブ保険会社が設立されている。米国では以前は既存の保険会社とキャプティブ保険会社が競合する状態であったが、現在では、キャプティブ保険会社の資産が成長し、伝統

図5 キャプティブ保険会社による自家保険システム

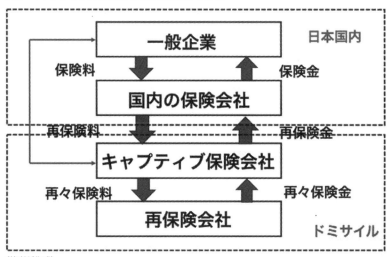

(筆者が作成)

的な保険市場の補完としての補償金額の増強に寄与している。また、備金が十分に積みあがったキャプティブ保険会社は、新たなリスク、たとえばテロやパンデミックなどのリスクを補償するツールとして期待されている。

7. リスクアペタイト：どれほどリスクを保有するのか？

　リスクアペタイトとは、どこまでならリスクを許容できるか？許容金額を示したものである。リスクへの感応度は人によりまちまちであって、保守的であったりギャンブラーであったりするように、企業もリスクに対する感応度に違いがある。たとえば、トヨタのような世界的に営業を展開し、何兆ドルもの現金を保有している会社にとっては、保険を使わずに自己責任でリスクを保有できるかもしれない。一方、中小企業や創業したての会社にとって、一つのリスクの顕在化が社の命運を左右するかもしれない。

　どれだけのリスクを自己責任で保有したらいいのか？という質問は多くの企業が疑問をもつだろう。理論的にこれだけといったものは、どの教科書にも示されていない。企業の財務体質によるだろうし、トップがどの財務指標を重要視しているかにもよる。

第Ⅱ部　理　論

　しかし、米国においては、"親指の法則"といったものがある。それを
ここに参考として表1に載せておく。これはあくまで目安であることを理
解してほしい。

表1　1年間のリスク保有の業界目安

1 正味運転資金法： 　正味運転資金の2% -5%	4 売上法： 　年間売上の0.5% -2%
2 総資産法： 　総資産の1% -5%	5 営業キャッシュフロー法： 　営業キャッシュフローの2% -5%
3 営業利益法　（税引前）： 　営業利益の1% -8%	

出典：IRMI（2021）"Risk Financing"から筆者が作成

8. 効率的なリスクマネジメント

　効率性を見る指標として、リスクマネジメントにかけるコストを総リス
クコスト（TCOR[6]）と呼んでいる。TCORとは図6に示すように4つの和
で表される。

　①リスクマネジメント活動にかかわる管理・運営費。
　②リスク保有した結果、自社で損害を負担した損害額。
　③リスクコントロール活動にかかわる対策費用。
　④リスクファイナンスに関わる費用。たとえば保険を使ったときの保険
　　料や予約融資を行ったコミットメント費など。

　この①＋②＋③＋④の総費用のことをTCORと呼んでいる。なお、そ
れぞれのコストは相関している。たとえば、リスク保有を上昇させると、
リスクファイナンスのコストが軽減される。また、リスク保有を上げるこ
とで、リスクコントロールの費用は上昇するといった相関性である。
　リスクマネジメント業界では、たとえば米国のRIMS[7]は、定期的にこ

6）英語でTotal Cost of Risk。

7）英語でRisk and Insurance Management Society, https://www.rims.org/ .

176

のTCORについてサーベイを行っており、その結果を有償で公表している。これは各業界別で売り上げ別にTCORがいくらであるか、についてのサーベイ結果である。

図6　トータルコストオブリスク

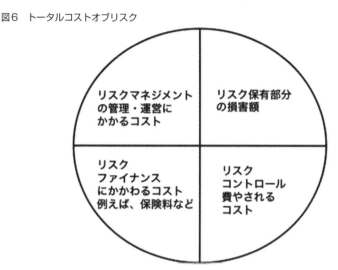

出典：The Institutes' "Essentials of Risk Financing" のテキストから筆者作成

9. リスクマネジメントの歴史と変遷

　リスクを統括して管理する"リスクマネジャー"は、米国において1960年から1980年代に一般的に配置され、当時は実質的には保険を統一して管理する"保険マネジャー"の意味合いが強かった。企業は、自社の資産や利益をリスクから守るため、主に保険会社から保険を購入することでリスクを保険会社に実質的にはすべて移転していた。しかし、年々増える保険金の支払に伴い、保険料率が高騰していき、企業が支払う保険料が莫大な金額に膨れ上がっていった。

　そこで、企業は、損害保険会社や"保険ブローカー"から経験者をヘッドハントし、"リスクマネジャー"とよび、専門家人材を自ら抱えるようになった。リスクマネジャーは保険ブローカーと協力して、保険会社と交渉することでリスクに対する保険料を効率化しようと試みた。当時のリス

クマネジャーの仕事は、保険ブローカーを選ぶこと、保険料の交渉を保険会社と行うこと、締結した保険証券を管理すること、保険金支払いの管理などであった。

日本では、一般的には、これらは総務部や財務部の"保険担当者"の仕事とされていた。当時、日本では保険会社の販売チャネルは"保険代理店"であり、保険ブローカーといった存在がなく、企業内代理店（"機関代理店"と呼んでいる）を通じて資本関係の深い保険会社から保険を購入するのが主な仕事であった。日本企業はリスクマネジャーをおいて、保険の効率的な付保を考えていなかった。

企業が実質的にリスクマネジメントを導入するのは、1960年代から1970年代の米国においてである。それも、保険契約の高額免責プランを企業が始めたのが契機となった。高額免責とは、たとえば5000万円から一億円くらいの損害までは企業が自身で責任をもって支払うが、それ以上の損害に対しては保険会社が補償するといった高額免責がついた保険契約のことである。被保険者である企業によるが、財務的に高い免責でも耐えることができる企業にとって、小損害に関わる保険料のコストがかなり削減される。

訴訟社会の米国では、企業の賠償リスクに対する責任が非常に重い。例えば、"労働災害の賠償責任"や"製造物賠償責任"と呼ばれる賠償リスクは、州によっては企業に対して実質的に発生した損害額以外に、億を超える懲罰賠償金が課せられるケースが多くなった。このように年々企業の賠償責任リスクに対応した保険の保険料が高くなり、その高額な保険料を回避または軽減するために、企業は前述のキャプティブ保険会社のような"自家保険"を活用し始めた。"自家保険"とは、企業自らの責任で損害の補償に対応することである。リスクマネジメントの業界では"リスク保有"とよんでいる。

その結果、企業はリスクを保有した金額を超過した部分にのみ保険をかけることで保険料負担ををを大幅に軽減させた。その代わりに、リスク保有の部分は企業自らの支払いとなる。このリスク保有にかかる費用や自己負担の損害をさらに削減することが、リスクマネジメントの動機づけとし

ての役割を果たしたのである。自社の負担部分のリスクコントロールによりリスクの頻度や規模を削減する方策をとることで、総コスト、つまり "トータルコストオブリスク（TCOR）" の軽減に成功したのである。

　また、火災などの財物に対する保険では、有効なリスクマネジメントを行った企業に対して保険料を安くする保険設計 が提案され販売されるようになった。保険会社はリスクエンジニアと呼ばれるリスクコントロールの専門家を抱え、実際に企業のその活動を後押しした。そのメリットとして企業は保険料の大幅な削減を享受したのである。

　1990年代には、IT技術の進歩に伴い、"金融工学" を使ったデリバティブ、金融派生商品の市場が急激に拡大した。これらのデリバティブは、本来の目的は "リスクヘッジ" の手法として活用されることにあった。しかも、資本市場は資金力が保険市場に比べて圧倒的に大きい。したがって、保険会社の財務能力に限定されていた補償範囲を、リスクに対する補償金額を量的にも大幅に拡大できるようになった。

　また、同時期に保険業界からリスクに対しての事前に融資するような、保険と融資を融合させたリスク移転プランが開発された。これにより、保険とは何か？リスクヘッジとの違いとは何かという議論がリスクマネジメント業界において活発にされるようになった。

　たとえば、地震や台風などの大災害のリスクを、"証券化" の技術を使ってリスク債券として投資家に販売され、万一の際にはその資金から補償を提供する手法も開発されるようになった。その他には、一部為替リスクをリスク統合プランとして企業と契約する保険会社も現れた 。このように1990年代以降は金融市場が保険業界と融合していく時代であった。投資家にとっては、災害リスクをポートフォリオに取り組むことにより、"リスク分散" をさらに拡大できるメリットがあった。

　2000年の直前は、いわゆる "2000年問題（ミレニアム問題）" と呼ばれる、コンピューターシステムが2000年1月1日に一斉に停止するのではないかとの不安から、金融機関を中心に、このリスクに関してマネジメントを行う企業が数多くあらわれた。BCPと呼ばれる "ビジネス復旧計画" も数多くの企業が実戦配備したのである。

第Ⅱ部　理　論

　2000年から2010年はリスクマネジメント業界にとって激動の時代であった。またITバブルが崩壊した年代としても知られている。2000年前半は、いわゆる"ファイナイト"と呼ばれる保険商品、これは融資と保険を組み合わせた保険であるが、融資の部分を含めて"全体として保険である"として販売していたオーストラリアの保険会社が倒産した。また、AIG社がファイナイトを使って不正会計を行っていたとして米国のSECから告発され、グリーンバーグ社長が経営責任を問われ退社した。

　保険以外では、エンロン社やワールドコム社のような大企業の不正会計が明るみになり倒産した。それを受けて、サーベーンス・オクスリー（いわゆるSOX法）法が連邦法として制定された。この法律により、企業の内部統制と情報開示が強化された。その中で企業は、適切なリスクとリスクマネジメントの開示を求められ、経営者のリスクマネジメントに対するコミットメントが求められたのである。結果として、リスクマネジメントの不具合が経営者責任として追求される。このことは、たとえば、リスクマネジメントの不備により株価の下落を生じたときには、経営者責任としての賠償責任の対象になることを意味する。

　日本においても、ファイナイト契約により大成火災、日産火災保険会社が倒産の危機に会い、安田火災と合併し損保ジャパンとなった。2008年には、リーマンショックが勃発した。

10. リスク取引市場としての保険市場の問題点

　18世紀のスイス人数学者ベルヌーイが提唱する"ベルヌーイの定理"によると、『保険料が損害期待値と等価であると仮定した場合、リスクを避ける人は保険を買うという行動をとるであろう』と示した。

　しかし、この定理を成立させない問題点が2つある。ひとつは"モラルハザード"とよばれるものであり、そして2つめは"逆選択の問題"である。

　保険は個人または企業から保険会社へのリスク移転手段である。リスクを移転した個人または企業経営者は、リスクがない状態になることで、その行動を変化させる。その行動の変化は、保険を引き受けた保険会社に

とって大きな問題であり"モラルハザード"と呼んでいる。つまり、保険により企業がリスクを軽減しようとする動機付けがなくなりリスク軽減策を行わないのである。この"モラルハザード"により前述の"ベルヌーイの定理"は成立しない。

この"モラルハザード"を低減するために、保険会社は免責額の設定をすることで保険金額の一部を企業（被保険者）自身が負担することや、"共同保険"のような保険契約において、損害額（保険金）を保険会社と企業（被保険者）が分担する仕組みにしたりして、被保険者にリスクを意識し共有してもらう。そのほかにも、遡及型保険料算出保険や、経験勘定方式保険などによりこの問題を低減できる。このように企業のリスクマネジメント活動は、この第1の問題、"モラルハザード"の問題を解決してくれる。

また、競争市場の原理・原則は、売り手と買い手が"情報の対称性"を持つことにある。つまり、売り手と買い手の持つ情報がすべて共有されることである。現代ファイナンス理論における"効率的な市場"とはこの原則、つまり完全に情報が開示された市場が成立するとの仮説に基づいて論理展開されている。しかし、実際の市場は非効率であり、"情報は非対称"なのである。例えば、売り手が買い手よりもリスクに対して情報を多く持っており、売り手はその自身が持っているリスク情報を利用して買い手から利得を得ようとする。これを第2の問題、"逆選択の問題"と呼ぶ。

"逆選択の問題"について保険を考えたとき、保険を購入する企業（被保険者）が保険会社よりもリスクに関する情報をより多く持っているので、この保険会社と企業との情報の非対称性が保険市場に大きな影響を与える。つまり、企業は自身だけがもつリスク情報を利用して、数理的に計算された損害の期待値よりも安い保険料で保険購入しようと努力する。その結果、リスクが高い人が保険を利用しようとするので、リスクの低い人は保険市場から撤退する行動をとる。すると保険市場はリスクが高い企業によって占められるのである。これが保険分野における"逆選択の問題"である。

企業のリスクマネジメント活動はこの"逆選択問題"をも解決してくれる。それはリスクマネジメントの活動報告またはその結果から、保険会社

第Ⅱ部　理　論

は企業のリスク情報を入手できるからである。このようにしてリスクマネジメントはリスク情報の非対称性を軽減する。

　保険が安価に提供されるには、“対数の法則”が成立し、被保険者から保険会社に“リスク移転”が行われ、保険会社において“リスクの集積”と“リスクの分散”がおこなわれることが必要とされる（杉野2014）。“大数の法則”とは、数多くの契約者を一つに集めると、そのグループのリスク事象が発生する確率が一定の値に収束するという法則である。たとえばサイコロを投げる回数を多くすればするほど、“1”がでる確率は6分の一に収束する。しかし、この法則が成立する前提として、その集積される個々には類似性がなければならない。

　保険会社において、一般の個人を対象とした保険（これを個人部門の保険と呼ぶ）にはこの“大数の法則”の原則があてはまる。しかし、企業のリスクや、地震や洪水など広域災害に関しては、この“大数の法則”の原則があてはまらない。よって、地震のように1回の地震により多くの対象が損害を被るようなものは、民間の保険会社は安価に保険を提供できないのである。保険会社ではその災害級の補償を担保する力がないので、たとえば日本の“地震保険”などは日本政府が民間保険会社の再保険者として地震リスク（個人部門のみ）を担保しているのである。企業部門に関しては保険料率がリスクにより保険会社間にバラツキがある。

　“大数の法則”とともにもう一つの保険の原則は“中心極限定理”である。“中心極限定理”とは母集団からサンプルを取るとき、サンプル数が多くなればなるほどある一定の“正規分布”に近づくという法則である。この法則は、保険会社が契約者を集めれば集めるほど、損害が極めて予測可能となることを示している。予測が可能になれば、提供する保険料率も確実性を高めるのである。しかし、この原則も、母集団が企業群となると異なる結果をうむ。個人と違って、企業の数は相対的に小さいため、保険会社が予測する損害の分布にぶれが生じるのである。そのため、保険料率が保険会社により異なるので、企業は保険会社を選ぶ行動をとるのである。

　さらに、保険は国内と海外とのリスクに対する移転コストには差が存

在する。図7は米国と日本のリスク移転コスト[8]の差である。1997年から2023年度までの27サンプルでリスク移転コストを観察すると、19サンプルで（約70パーセント）で日本のほうがリスク移転コストは高い、つまり米国のほうが安い。一方、それ以外の7サンプル（約26パーセント）では米国のほうが高い、つまり日本のほうが安いことが判明した。つまり、海外のほうがリスク移転コストは日本より安い可能性が高いのである。

本来なら、リスクの卸売市場である"再保険市場"を通じて、米国の保険市場と日本の保険市場にはリスクに対するコストの差が生じないはずである。しかし、実際には様々な要因で、たとえば国の監督・保護、料率規制、保険会社の競争状態などにより、このコストが国間で一致しないことが多いのである。保険会社はこのコスト差を知っているので、リスクの裁定取引を行うことができるのである。企業は、自らのキャプティブ保険会社を持っていれば、保険会社と同様に内外価格差を裁定取引することが出来る。

図7　米国と日本のリスク移転コストの年次変化

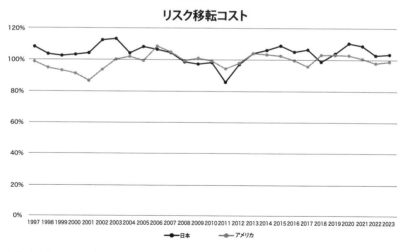

出典：NAIC、Strata、損保協会のデータから筆者作成

---

8) リスク移転コストは損害保険業界（NAIC, 損保協会など）のコンバインドレシオから筆者が算出した。

第Ⅱ部　理　論

11. リスク取引市場としての金融市場の問題点

　保険は"リスク移転"といわれる企業の損害の実額を保険会社が支払う契約である。これとは違った"リスクヘッジ"の手法が金融派生商品を使ったリスク対策である。先渡し契約、先物、オプション、スワップといわれるデリバティブ取引とリスクの証券化がそうである。"大数の法則"と"中心極限定理"が成立する保険に比べて、金融市場を使ったリスクコストは相対的に高い。そこで保険とデリバティブの特性の違いをあげると表2のようになる。

　一番の違いは、保険は"ダブルトリガー"で支払いがおこなわれ、デリバティブは"シングル・トリガー"である点である。保険が"ダブルトリガー"とは、保険金支払いには2つのトリガーとなる要素が必要となるからである。2つのトリガーとは、"事象の発生"と"損害の発生"の2つである。一方、デリバティブが"シングル・トリガー"とは"事象の発生"のみが支払いの要件であるからである。そのためデリバティブで填補されるのは損害額と必ずしも同価にはならない。また逆に、デリバティブでは、

表2　保険とデリバティブの違い　（筆者が作成）

保険		デリバティブ	
1	リスクの移転である。	1	リスク移転ではなく、損害をデリバティブの利得で相殺する。
2	実際の損害を補償する。	2	資本市場の資金力は膨大である。
3	オフバランスである。	3	流動性が高い。
4	保険料は経費あつかいである。	4	損害がないのに利得を得ることがある。
5	保険会社の支払い能力に頼る。	5	支払いは早い。
6	損害が無ければ保険金は支払われない。	6	ベーシスリスクが残存する。
7	保険会社の引受けに制限がある。	7	短期的な契約しかできない。
8	保険金の支払いプロセスが複雑である。	8	オフバランスである。（会計制度による）
9	リスクコストは安い。	9	リスクコストが高い。

損害がないのに利得を得られるケースもある。このように、補償してほしい金額とデリバティブからの利得が必ずしもマッチングしないというリスク（これを“ベーシスリスク”と呼ぶ）が残存する。

　保険とデリバティブは、政府の監督と規制も大幅に異なる。日米双方、保険会社は金融庁による厳しい監督の下、保険商品の認可などには煩雑で複雑な手続きが必要であるが、デリバティブの開発・販売は比較的規制が緩い。

　この規制の緩さが問題化したのは、2008年に起きた“リーマンショック”である。AIG社内のファイナンシャルプロダクツ部門が開発したCDS（クレジット・デフォルト・スワップ）は信用リスクを保証したデリバティブであった。非常に類似した保険商品に「信用保険」があり、AIGも保険部門ではその信用商品を保険として取り扱っていた。当時、サブプライムローンの信用保証はリスクが高いとして保険会社は引き受けなかった。しかし、AIG社はCDSの引き受けを続け、結果として倒産の危機を迎え、連邦政府により救済された。その後、デリバティブ取引については規制が強化される傾向にある。ヨーロッパにおいては、ソルベンシーIIやベーゼルIIIといった規制を金融機関に強化した。この事件により、システミックリスク（一つの金融機関が他の金融機関に及ぼすリスク）が注目された。システミックリスクが大きい金融機関には、株主資本のさらなる増強が求められた。

　ポートフォリオのリスク分散をしたい投資家は、相関のない災害リスクの債券を彼らのポートフォリオに入れたいと考えている。しかし、他の金融商品と違って、彼らになじみのない災害リスクにたいしては情報欠如のため、投資に躊躇する投資家も多くいる。この問題から、災害リスクを証券化するには、非常にわかりやすいリスク指標が求められる。たとえば、A地点での震度7がトリガーになる、とか、B地点での雨量はXXミリがトリガーになる、とかの明確さである。客観的な指標に加えて、過去のデータが重要な参考値になる。リスクモデルを作成し、投資家に支払いの可能性（確率）を明示するため、過去の確かなデータを必要とするのである。

第Ⅱ部　理　論

12. リスクマネジメントの問題点

　米国においてはリスクを移転するか否か、どの保険会社を選ぶか、まだ
どれだけ補償を買うのかという企業の意思決定は毎年見直しがされている。
なぜなら、リスク取引市場は絶えず変化しており、その取引価格としての
保険料率は保険会社により毎年変化するからである。リスクマネジメント
のプロセスで、企業は様々な選択肢から対策を選び、保険会社を選ぶの
であるが、そのプロセスにプロのコンサルタントとして入るのが“保険ブ
ローカー”の役割である。

　保険ブローカーは、保険代理店とは違い、企業サイドに立ったコンサル
タントとしての契約を顧客と結ぶ。そして、保険会社との“仲介者”とし
ての役割を果たすのである。一方、保険代理店は、保険会社の代理人とし
て保険契約を締結できるのである。

　保険ブローカーは、米国においては、州保険庁の認可されたものでなけ
れば営業できず、免許制となっている。マーシュ、ウィリス、エーオンと
いった大手の保険ブローカーは、合併によって大きくなり、今では国際的
に営業を展開する組織を持ち、保険会社より多い従業員が働いている。彼
らは保険以外にも、様々なリスクマネジメントサービスを提供している。
彼らが提供するサービスには、リスクコントロールのコンサルティング、
クレームマネジメント、システム構築、キャプティブのマネジメントなど
がある。また、そのグループ会社に再保険ブローカーや人事コンサルティ
ング会社を持つ一大グループ群を形成している会社もある。

　一方、日本にも保険ブローカーが存在しているが、米国とちがって保険
料の代理徴収権がないなどの制限がある。これが、日本においてブロー
カーが大きく成長できない阻害要因があると考えられている。また、日本
において大手企業では自社内や企業グループ内に、“機関代理店”と呼ば
れる保険代理店を持っている。企業はこの機関代理店を通じて、保険を調
達しているのである。しかし、代理店を通じた保険だと、企業のリスク特
性にあった保険プログラムをテーラーメードに作り上げるといった発想が
生まれない。なぜなら代理店は、保険会社の意向で保険を売ることを仕事
とするからである。企業としてのメリットは、代理店手数料を自社内やグ

ループ内に留保できるということのみである。そこには実質的な保険料の割引のシステムができあがっている。

　ブローカーを使うのが必ずしも良いとは言えないが、ブローカーはプロの集団なので、その存在が大きくなると、保険会社と企業の間にプロ対プロの緊張感が生まれる。保険契約を委託されたブローカーは、顧客利益を優先して保険契約することが求められ、専門職としての過失責任も負う。しかし、保険代理店の過失責任を担うのは、あくまで保険会社である。

　企業におけるリスクマネジメントというと部署や人によりその意味や仕事内容が異なる。例えば、総務部の保険担当者は保険を手配し管理することがリスクマネジメントを行うことと誤解しているであろう。しかし、工場の製造現場で働くマネジャーや現場作業員にとっては労働者の安全を守る活動がリスクマネジメントであると答えるかもしれない。また、輸入や輸出を担当する部署にとってのリスクは"為替変動"であり、リスクマネジメントというと"リスクヘッジ"のため先渡契約や先物取引をすることと答えるであろう。

　このようにリスクマネジメントが立場によって意味することが違うという事実は、日本でも米国でも違いがなく、"リスクマネジメントはサイロ化されている"とよく言われる由縁である。意味するのは、畑の"サイロ"が1箇所でなく複数箇所にそれぞれ独立して積み上げられ管理されているのが企業のリスクマネジメントと似ているというのである。立場により意味することが違うのは、部署別で独自にリスク管理されているとのことである。

　米国では、一般的にリスクマネジャーが配置されており、その専門職の職務が確立している。さらに彼らはマネジャーの上級待遇で迎えられている。上場企業に要求されるリスク委員会には、経営トップや財務部長の他にリスクマネジャーがメンバーとなっていることが多い。最近では、チーフ・リスク・オフィサー（CRO）という職種をおいている企業もある。このCROはCFOと同格の待遇を保証されている。近年のERM（エンター・プライズ・リスク・マネジメント）の普及にともなって、企業は統一的にまた全社的なリスク体制に変遷している。キャプティブ保険会社

第Ⅱ部　理　論

の社長にリスクマネジャーがなることが多いのは、社内での職責の高さを
示している。

13. 伝統的リスクマネジメントからERMへ

　現代ファイナンスのポートフォリオ理論から考えてみよう。複数のリス
ク資産を一つのポートフォリオで管理する。たとえば、リスク（標準偏
差）の違う2資産をひとつのポートフォリオとして管理したとき、ポート
フォリオ全体のリスク（標準偏差）は個々のリスクよりも小さくなる。こ
れら2資産の相関係数が低い、またはマイナスの相関の場合は、ポート
フォリオにすることによるリスク削減の効果はより大きくなる。

　同じ理論で、リスクマネジメントの組織を説明してみよう。サイロ化し
たリスクマネジメントよりも、同じ部署でポートフォリオとして統合して
管理するほうが、組織にとっては統合効果を享受できる。そこで、企業の
リスクマネジメントは、全社のリスク群を一つに統合したものであるべき
だとERM（エンタープライズ・リスク・マネジメント）が提唱された。

　ERMは1990年代後半にはじめて提唱されたが、様々な場面で提唱され
るようになったのは2000年になってからである。COSOやソルベンシー
Ⅱなどを通じて、企業はERMを導入するべきであると提言された。2000
年から2010年ごろにかけて、米国、欧州、日本において損害保険会社が
ERMを整備しはじめた。この動きは、主に欧州における法令ソルベン
シーⅡに対応したものであった。また、格付会社がERMの格付けを始め
た。たとえばS＆P格付会社が保険会社のERM格付けを公表している。

　伝統的なリスクマネジメントとERMとの違いは以下のとおりである。
　　・サイロ的な運営ではなく、統合的、全社的である。そして、企業を取
　　　り巻くすべてのリスクに対応したものである。
　　・価値の創造を目的としている。
　　・リスクマネジメントが戦略的である。
　　・企業の内部統制として活用される。
　　・チーフ・リスク・オフィサー（CRO）により管理運営されているこ
　　　とが多い。

188

第8章　危機管理（リスクマネジメント）とその限界

　たとえば、最近ではウォールマート、GM、ペプシコ社など多くの非保険会社がERMを模索しながらも組織内で活動している。

　ERMとして組織するためには、企業を横断した部署を設置するとともに、その部署は上下にも精通した組織であるべきである。取締役のリスク委員会、会計、財務、法務、IR、安全、サプライチェイン、輸出入、など幅広い部署の担当者がERMに関わるような体制である。ERMにはCEOのコミットメントが必須であり、究極的な責任はCEOが引き受ける。

14. リスクマネジメント教育

　リスクマネジメントの専門家にとって必要な知識は、統計学、経営学、ファイナンス学である。一般的に学士やMBA教育において導入されているところが多い。

　たとえば米国においては、歴史的にリスクマネジメントが保険マネジメントから変遷していったと前述した。リスクマネジメント教育もその影響を受けており、RMI [9] "リスクマネジメントと保険" といった専門コースが大学に設置されていった。

　Kwon（2014）が行った2014年サーベイによると、多くの国でRMI "リスクマネジメントと保険" が大学や大学院といった高等機関で専門コースとして設置されている。また、RMI 教育が学部として独立しているケースは米国以外にもドイツ、中国、韓国などの複数の国で見られる。それらは基本的には工学士である。

　米国においては、たとえばSt. John's大学のようなRMI 学部および大学院は網羅的で専門的な教育を提供している。米国では同等な教育レベルを提供している大学に、テンプル大学、ジョージア大学、ジョージア工科大学、ジョージア州立大学、フロリダ州立大学、イリノイ州立大学、ウィスコンシン大学などの有名校がある。

　興味深いRMI教育を提供しているのは、インディアナ州の私立バトラー大学のRMIである。バトラー大学では、大学がバミューダで法人登記し

9）英語でRisk Management and Insurance.

189

第Ⅱ部 理 論

たキャプティブ保険会社を、RMI履修の学生が中心になり運営するといった、実学に根ざした教育をしている。キャプティブ保険会社を運営することで、リスクマネジメントの実務を包括的に学ぶことができるようにプログラムが提供されている。

さらに米国では、学生の奨学金や研究資金などは保険業界からの献金が大きな割合を占めている。特に、大学院学生は関連の企業から財政的なサポートを受けて勉強していることが多い。このように大学とリスクマネジメント業界は人材育成の点で密接に依存しあっており、教育については大学が大きな責任を担っている。

一方、日本において学部、大学院においてRMI教育は全く独立したものとはなっていない。むしろリスクマネジメント教育が実務家との交流が全く図られていない。日本におけるRMI教育を調査すると、早稲田大学、慶応大学、明治大学、関西学院大学、一橋大学その他多くの大学で見られるように商学部または経営学部がコースの一部でRMIを担っている。

それらの大学においては保険論、損害保険論、生命保険論と一緒にリスクマネジメント論やアクチュアリー論が教えられている。再保険、リスクファイナンス、リスクコントロールなどの教科は全くないので米国ほど網羅的なカリキュラムになっていない。各大学で保険を担当している教員は少数（1～2名）で専任教員が担当している。米国のようにRMIが独立した学部やスクールで教えらえているケースは見受けられない。

日本の大学には、米国のような保険業界からの財政的サポートは全く見られない。リスクマネジメントの教科を履修したから保険業界への就職に結びついた事例も少ない。奨学金や研究費が保険業界から直接提供されることもない。日本の大学のいずれのコースも、即戦力で通用するスキルを教えるものではなく、基礎的な理論や概念を教えているにとどまっている。よって保険会社は、大学ではなく、独自の研修機関により教育を提供している。

専門家でなく"総合職"を育成したい日本の保険会社は、人材を一つの部署に固定し専門的知識とスキルを成熟させることはない。一方で、保険業界が共同で資金や人材を出し合って支えている損保協会や総合保険研究

所が、一般的な"保険論"や"リスクマネジメント論"などを全保険会社の社員に提供していることは行われている。

この米国と日本の違いの主な理由として、大学とRMI業界間の距離が大きく違う点である。米国ではRMI業界と大学とは密接な関係があり、大学は業界の人材育成という責任を担っている点が大きい。大学は財政的にも業界に依存していることもあって、実務界が必要とする人材を供給する機関となっている。したがって、多くの大学は業界のニーズを反映したカリキュラムを提供するし、学生はRMI関連企業に就職するケースがほとんどである。特に大学は業界との太いつながりにより就職率はどこも100％に近い状況である。

さらに米国においては、RMI関連企業の幅が広い。つまり、保険会社だけでなく、保険ブローカー、大学、商業銀行、投資銀行、コンサルティング会社、会計の専門会社、TPA [10] など幅広い。日本においては大学を卒業した進路の中では損害保険会社、生命保険会社そして保険会社の代理店だけがその関連業界であるといえよう。日本のリスク業界の裾野は非常に狭いのである。日本企業においては今現在、リスクマネジメントの需要は増している。ただし、まだ初期の段階である企業が多く、リスクマネジャーとして確立した専門部署や職種は日本企業には多くは存在していない。いまだにリスクマネジメントは保険マネジメントと考えているため、担当者の地位や権限は低く、ましてや会計や総務部の仕事の一部と考えられているところが多くみられる。

米国では、RMIを卒業した学生は、保険会社や代理店だけではなく、保険ブローカー、クレームマネジメント会社などのTPA、リスクコンサルティング会社、アクチュアリー会社、投資マネジメント会社、銀行など就職先の機会が幅広くある。

---

10) Third Party Administratorの略で、損害査定、支払いサービス、キャプティブマネジメントなど第三者として提供するサービス会社のことである。

第Ⅱ部　理　論

15. おわりに

　本稿では、リスクマネジメントの理論からの議論を始めた。リスクマネジメントの歴史を観察することで、保険マネジメントからスタートしたものが現在ではERMまでに進化してきた変遷について考察した。さらに、リスクマネジメントの限界と問題点についても論じた。今後、日本企業がリスクマネジメントを本格的に始めるにあたっては、マトリックス組織の体制や専門家としての人材育成、そして、トップのリスクマネジメントへのコミットメントが必要となろう。

＜参考文献＞

ARM the Institutes, "Essentials of Risk Management," Insurance institute of America. (1993)
　https://web.theinstitutes.org/designations/associate-risk-management .
ARM the Institutes, "Essentials of Risk Financing, Volume 1 and Volume 2" Insurance Institute of America. (1993)
IRMI.com "Risk Financing" URL: https://www.irmi.com/ (2021)
Kwon, J. " Collegiate Education in Risk Management and Insurance"
　https://sites.google.com/view/w-jean-kwon/rmi-education-globally . (2014)
Vaughan, E. " Fundamental of Risk and Insurance" Wiley. (2014)
池内、杉野、前田『キャプティブと日本企業－リスクマネジメントの強化にむけて』保険毎日新聞社。(2013)
杉野文俊『保険とリスクマネジメント―トータルに理解する』白桃書房。(2014)
前田祐治『企業のリスクマネジメントとキャプティブの役割』関西学院大学出版会。(2015)
前田祐治『企業リスクファイナンス－リスクマネジメントにおけるファイナンスの役割』関西学院大学出版会。(2022)

第Ⅲ部　解決へのヒント

第9章

VUCA時代の生存戦略としての
リスクマネジメント

マインドセット・リスクカルチャーの転換に向けて

はじめに

　本書第1部では、各分野の専門家によってさまざまな危機やリスク事象が解説されている。続く第2部では、それらに対する対応の理論や方法論が紹介されている。本章では、これらの知見を踏まえ、読者がVUCAという先行きが不透明な時代において、どのようにビジネスやキャリアを進めていくべきかについて、"VUCA時代の生存戦略としてのリスクマネジメント"と題して、リスクに対峙するうえで重要となるマインドセットとリスクカルチャーの転換について考えたい。

　従来、リスクは総じてネガティブなものと捉えられがちであった。しかし、VUCA時代に成長を実現するためには、必要に応じて攻めの姿勢に転換しながらリスクと対峙することが重要となる。従来型のリスクカルチャーの延長線上では、VUCA時代の厳しい競争環境を乗り越えることは難しい。だからこそ、VUCA時代に相応しいマインドセットを理解し、それを基盤とした新しいリスクカルチャーを醸成することが大切になると筆者は考える。

　本章は、リスクマネジメントの実務経験がない方や、普段は別の職種や領域を担当している方にも、できるだけわかりやすく解説することを意識している。本章で解説するマインドセットとリスクカルチャーを通じて、本書全体で各分野の専門家より解説された危機管理・リスク事象への理解

195

第Ⅲ部　解決へのヒント

を、読者の皆様に一層深めていただければ幸いである。

1.　VUCA時代におけるリスクカルチャーとマインドセット

1.1　VUCA時代に知っておきたい「リスク」の意味

　まず、"リスク"とは何かについて、あらためてフラットな目線から考えてみたい。一般的に"リスク"という言葉は、"危険"や"損失"と結びつけられてイメージされることが多いように思われる。しかしながら、リスクの本質は"不確実性"にある。不確実性とは、未来の結果が予測できない状態を指し、その結果が良い方向に進む可能性もあれば、悪い方向に進む可能性もあるということである。この点からリスクマネジメントを考えると、リスクには必ずしもネガティブな要素だけではなく、適切に管理することで機会を生み出すようなポジティブな要素も含まれていると分かる。

　例えば、ある人が優良なベンチャー企業の株を購入するか迷っている場面を想定してみよう。この企業が成長すれば利益を得られるかもしれないが、研究開発の失敗や景気の悪化などにより損失を被る可能性もあるだろう。

　このような投資の場面において、「想定されるリスクは何か？」と問われたならば、損失リスクを考える場合が多いのではないだろうか。しかし、同時に、リスクを取らなければ得られない機会も存在する。"何もしない"という選択肢にも、実は機会を逃すというリスクがある。

　よくある誤解として、リスクマネジメントとは損失などの悪い結果、ネガティブな要因を排除するための活動だという捉えられ方がある。しかしながら、リスクマネジメントのあるべき姿とは、単にマイナス方面のリスクを回避するだけでなく、不確実性を受け入れ、管理しながら、可能性を最大限に引き出すアプローチである。リスクに対して"ブレーキ"を踏むことは重要だが、時に"アクセル"を踏むことも、現代のリスク環境において成功する上で重要な姿勢である。

図1 不確実性は機会と脅威の両面を含む（筆者作成）

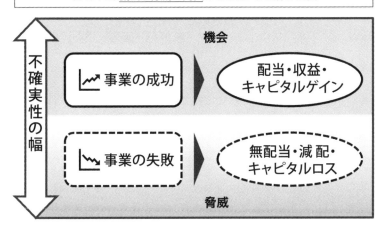

　経営戦略において、成長の源泉はリスクテイクであり、競争力はリスクを正しく取り込む力である。重要な問いは、それらのリスクテイクが適切かどうかということである。過度のリスクテイクは、いうなればギャンブルとなりかねない。市場全体が上昇傾向にあるような高度経済成長期ならそのような手法も通用したかもしれないが、今日の複雑で不確実な時代では、それはもはや合理的な戦略とは言えないのではないだろうか。

　VUCA時代という言葉が広く知られるようになって久しい。VUCAとは、"Volatility"（変動性）、"Uncertainty"（不確実性）、"Complexity"（複雑性）、"Ambiguity"（曖昧さ）の頭文字を取った言葉で、現代の複雑で予測不可能な世界を象徴している。この概念自体は新しいものではな

第Ⅲ部　解決へのヒント

く、実は1980年代から存在していた[1]。しかし、今日に至って再び注目されるようになったのは、グローバルな相互依存関係の深化とともに、技術革新の加速や地政学的リスクの増大、気候変動やパンデミックといった地球規模の課題が相まって、これらが複雑に絡み合い、リスクの発生頻度やそのインパクトが大幅に増大しているためである。特にボラティリティに関しては、政治的、経済的な不安定要因が増大しており、金融市場の急激な変動や供給チェーンの寸断など、現実に顕在化する事例が頻発している。そのため、VUCA時代のボラティリティはかつてないほどに高まっていると言えるだろう。

　それでもなお、挑戦をやめることはできない。困難な時代において、賢く、正しく、時に"ブレーキ"を踏みつつ、しかし必要な場面では勇気をもって"アクセル"を踏んでリスクテイクすることが求められる。これがVUCA時代における新たなリスクマネジメントのあるべき姿であると筆者は考える。このようなマインドセットをもって、本書で概観してきた各種の危機・リスク事象に立ち向かうことが、これからの時代を生き抜く戦略、"VUCA時代の生存戦略としてのリスクマネジメント"になるのではないだろうか。

　次節以降、前章までで解説された危機・リスク事象に対処しながら、ビジネスやキャリアを前進させる上で重要となる"アクセル"と"ブレーキ"のバランス感覚について、リスクマネジメントの基礎的な概念やリスクの具体的な中身を見ながら理解を深めていきたい。

1.2　日本におけるリスクカルチャー

　VUCA時代において、リスクマネジメントは単なる危機回避ではなく、不確実性を管理しつつ、新たなチャンスを掴むための戦略的な取り組みと

1）VUCAの起源に関しては諸説あるが、米ソ冷戦後の不確実な情勢を説明する概念として、1980年代後半に米陸軍により提唱された概念とされている。
https://usawc.libanswers.com/faq/84869

第9章　VUCA時代の生存戦略としてのリスクマネジメント

捉えることが肝要である。この考え方を支える理論やフレームワークは数多く存在しており、第8章「危機管理（リスクマネジメント）とその限界」をぜひお読みいただきたい。

　本節では、こうしたリスクマネジメントの理論やフレームワークを実践する際に重要となるマインドセットとリスクカルチャーに着目する。具体的には、従来のリスクマネジメント（オペレーショナルリスクマネジメント）を通して醸成されてきたリスクカルチャー（ゼロリスクカルチャー）と、VUCA時代に求められるマインドセット（戦略リスクマネジメント）への転換について考察する。

1.3　オペレーショナルリスクマネジメントとゼロリスクカルチャー

　従来のリスクマネジメントにおけるリスクの対象としては、日常的な事業遂行レベルにおけるリスク、いわゆるオペレーショナルリスクに焦点があてられることが多かった。

　オペレーショナルリスクとは、企業の日常業務に関連して発生するリスクのことを指し、人的ミス、システム障害、法令違反などが原因となり得る。具体的な例としては、製品の品質問題によるリコール、工場や建設現場での労働災害、あるいは金融機関における不正取引やデータ漏洩などが挙げられる。

　不確実性の中でも、オペレーショナルリスクは基本的には脅威であり、機会を含まないことが多い。言い換えるならば、起きてはならない類のリスクである。たとえば、昨今でも労働力不足や事業場の安全確保不足といった要因に基づく労働災害 ―場合によっては死傷者が発生するような事故― が起きている。また、食品や医薬品の品質問題による健康被害も生じている。こうしたリスクの顕在化は、人命や健康という何にも勝って優先されるべき価値に関わるという点において、許容されないリスクである。これらリスクが顕在化すると、場合によっては企業のブランドや信

199

第Ⅲ部　解決へのヒント

頼性を大きく棄損する場合もある。ゆえに、オペレーショナルリスクマネジメントは、従来も、そしてこれからも重要である。主要企業においては、第8章で解説されているようなリスクマネジメントプロセスに沿って、年次単位でオペレーショナルリスクのPDCAサイクルがまわされている。

　他方で、オペレーショナルリスクマネジメントには、リスクマネジメントとは単に"マイナス事象を無くす活動である"というカルチャーを醸成してきた側面もあるかもしれない。

　日系企業に根付く、いわゆる"ゼロリスクカルチャー"は、オペレーショナルリスクに対する厳格なマインドセットを背景にしている可能性があるのではないかという見方もある。具体的には、事故や品質問題に対して許容できる失敗をゼロとするようなカルチャーであり、これは品質や安全性を重視する日本の企業文化に深く根付いている。

　日本の強みとして、細部の品質管理へのこだわりや部分最適の究極化には優れた点があり、これは競争力の源泉でもある。製造業を中心に、日本企業は"カイゼン"を通じてミスやエラーを最小限に抑えることで高品質を実現してきた。

　無論、ゼロリスクカルチャーは重要である。特にオペレーショナルリスク領域で、人命にかかわる類のリスクにおいては、リスクへの対応策の基本は回避であり、ゼロリスクカルチャーは引き続き重要なマインドセットの一つであるべきである。

　他方で、ゼロリスクカルチャーには課題もある。不確実性が増すVUCA時代において、リスクを完全に排除することに重点を置くと、新しい機会を逃してしまう可能性がある。特に次節でみるような、脅威だけでなく機会も含むような不確実性においては、リスクを避けるカルチャーのみに力点が置かれると、新たな挑戦やイノベーションが生まれにくくな

る可能性がある。そうした不確実性に対しては、リスクテイクを含む柔軟な判断力を養うことがますます重要になっている。この点に関して、次節で検討したい。

1.4　戦略リスクマネジメントから探る新しいリスクカルチャーの形

　不確実性の中でも、機会と脅威の双方を含むようなものがある。具体例としては、地政学リスク、イノベーション・技術リスク、気候変動リスク、人的資本リスクなどがあげられる。いずれも今後数年〜十数年単位での環境変化が見込まれるメガトレンド的な性質を有するリスクである。これらのリスクは、経営戦略上、新たな機会創出という恩恵をもたらす場合もあるが、重大な損害を生じさせるような環境変化を引き起こす場合もある。ポジティブ、ネガティブ、いずれの方面に事象が展開したとしても、経営戦略上、重要な影響が生じることが想定されるリスクである。

　こうしたリスクは、近年"戦略リスク"と呼称されるようになっている。戦略リスクについては明確な定義が存在するわけではないが[2]、本稿では、経営戦略の計画・意思決定に際して考慮すべき不確実性であり、機会と脅威の双方にもなりうる事象を戦略リスクとして考えたい。

　本章冒頭でも述べた"アクセル"を踏むべき機会は、こうした戦略リスクの中に見出すことができる。ゆえに、"VUCA時代の生存戦略としてのリスクマネジメント"を考えるときには、戦略リスクへの向き合い方がマインドセットとしても重要になる。

　戦略リスクに関する取り組みは海外で先行していたが、近年日本でも、企業や組織がリスクマネジメントのスコープに戦略リスクを組み入れるアプローチが進展している。これはVUCA時代の様々な環境変化も要因で

---

[2] デロイトリスクアドバイザリー合同会社著『リスクマネジメント 変化をとらえよ』（日経BP）では、戦略リスクは「企業全体の経営戦略上の不確実性」と定義されている。
　デロイトリスクアドバイザリー『リスクマネジメント 変化をとらえよ』（日経BP、2022年）P.24

第Ⅲ部　解決へのヒント

はあるが、日本においては、コーポレートガバナンス・コードにおける開示要請が一つの引き金となっている。2021年改訂のコーポレートガバナンス・コード[3] では、取締役会の重要な役割として、適切なリスクテイクを支援するための環境を整備し、これらを開示することが示されている。また、事業等のリスク開示において、戦略リスクを含む全社リスクマネジメント体制について詳しく説明する企業も増加している。

　加えて、ステークホルダーからも、リスクテイクへの透明性の高い開示に従来にない関心と期待が寄せられている。こうした変化も、企業が適切に"アクセル"を踏む経営へ移行することを後押ししていると考えられる。

金融庁「記述情報の開示の好事例集」
（2023年1月31日）に見る戦略リスクマネジメント（事例：帝人株式会社）

　金融庁ホームページにて公開されている「記述情報の開示の好事例集」で取り上げられている帝人株式会社の有価証券報告書開示事例では、同社が「経営戦略リスク」の名称で戦略リスクを特定し、機会と脅威の両面を捉えたリスクマネジメントを実践していることが分かる。

　帝人株式会社では、同社がTRM（トータル・リスク・マネジメント）と呼称する全社リスクマネジメント体制において、オペレーショナルリスクに相当する「業務運営リスク」と、戦略リスクに相当する「経営戦略リスク」の両面から、リスクの統合管理を実施している。同社が公開している経営戦略リスクには、地政学的リスク、半導体リスク、環境対応におけるサプライチェーンリスク等が確認できる。

　同社は経営戦略リスクへの対応方針を、短期と中長期に分けて整理し、前者については経営環境悪化に適時に対応するためのモニタリングや対応策を策定する一方、後者の中長期的な対応方針としては「リスクの一方にあるビジネス機会を逸しないよう既存事業の成長、企業再編や新事業獲得

---

3) https://www.jpx.co.jp/news/1020/nlsgeu000005ln9r-att/nlsgeu000005lne9.pdf

第 9 章　VUCA 時代の生存戦略としてのリスクマネジメント

機会を追求する」ことを明記している。攻めのリスクマネジメントの一端を見ることが出来る事例といえるだろう。

出典 金融庁ホームページ [4]

　具体的に戦略リスクマネジメントを推進する上では、組織が長期的な競争優位を確保し、環境変化に対応することを目的として、以下のような取組を実施することが重要となる。

　第一に、シナリオプランニングである。自社の事業に関連する重要アジェンダに関して、複数の未来シナリオを想定する。シナリオは最良のパターンから最悪のパターンまで幅があることが望ましい。複数のシナリオのうち、蓋然性の高いシナリオについては、経営戦略上の前提条件シナリオとし、その他のサブシナリオに対しては、対応策やコンティンジェンシープランを検討・準備することで、危機事象発生時のレジリエンスを高めることが期待できる。（シナリオプランニングについては、第11章「サプライチェーンと投資におけるリスク管理 – 1.2.3. 予測とシナリオ分析」にて、村上教授からも解説されているので、ぜひご一読いただきたい。）

　事業ポートフォリオマネジメントも重要である。企業は保有する事業のリスクとリターンを考慮して、より機会が期待される事業にリソースを集中し、脅威が多い事業からは撤退することでリスクを分散できる。戦略リスクやメガトレンドの進展をとらえながら、中長期時間軸で事業ポートフォリオを調整することが求められる。（事業ポートフォリオマネジメントについては、第11章「サプライチェーンと投資におけるリスク管理 – 2. 投資のリスクマネジメント」にて、村上教授により事業投資リスク評価の観点からも詳細に解説されているので、ぜひご一読いただきたい。）

---

[4] https://www.fsa.go.jp/news/r4/singi/20230324/06.pdf

第Ⅲ部　解決へのヒント

　また、戦略リスクのモニタリングも重要である。リスク動向をモニタリングするための指標として、KRI（Key Risk Indicator）を定めることが一案となる。リスク顕在化の兆候を早期に検知し、KRIが閾値を超過した際には迅速に対応策を実施することで、リスクの影響を可能な限り最小化できるようになる。

　戦略リスクマネジメントにおけるリスクテイクとは、経営意思決定と密に連携する。経営計画策定における外部環境分析も戦略リスクマネジメントの領域と密接に関連することになる。よって、経営計画策定とリスクマネジメントの連携も重要になる。リスクを考慮した目標設定や資源配分をすることで、バランスの取れたリスクマネジメントと経営を実現する。

コラム　〜地政学リスク実務の現場から〜

　筆者は、戦略リスクの中でも地政学リスクに関連した案件に多数従事した経験を有している。その経験を基に、地政学リスクとして近年注目を集めている米中対立および台湾有事問題を例に、実務現場の地平を紹介できればと思う。

　グローバルに事業を展開する企業の中には、米中双方で事業活動を行い、両市場の売り上げが経営戦略において過半を占めるようなケースも珍しくない。また、サプライチェーンや研究開発といった分野で米中への依存度が高い企業も多い。中長期経営計画がこれら要素を前提としている場合、米中対立の先鋭化や台湾有事問題の進展具合によっては、事業計画達成が困難になる可能性がある。

　まず注目すべきは、シナリオプランニングの難易度である。米中対立や台湾有事といった地政学アジェンダについては、従来シナリオプランニングに従事してきたインハウスのビジネスリソースでは対応が難しく、外交・安全保障の専門家との連携が不可欠となる。しかし、ビジネスと外交・安

全保障の分野ではそれぞれ求められるスキルや視点が異なる。ゆえに、両分野に精通した専門家による橋渡しが必要となる。

地政学リスクへの対応策の検討も難易度が高い分析となる。例えば、台湾有事の可能性が高まる場合、従業員の退避が検討されるかもしれない。従業員の身体生命の安全はもっとも優先されるべき価値であるが、退避判断に関するKRI設計やトリガーイベントの整理は難しい。早すぎる退避はビジネスに悪影響を与える可能性がある一方、遅すぎる判断は、退避手段の確保が困難になるリスクをはらんでいる。従って、正確なKRIの策定とモニタリングには、精度と信頼性の高いインテリジェンスへのアクセスが鍵となる。

また、インテリジェンスは事業ポートフォリオマネジメントにおいても重要である。米中両国に事業を展開する企業は多く存在するが、企業や業種ごとに外部環境や内部環境が異なるため、一律の対応は難しい。仮にデカップリングが進展した場合、ある企業にとっては、事業を一方の国に集中させることが最適解となることもあるが、中長期的には新たな市場機会が生じる可能性もある。例えば、地政学的な理由で一部のプレイヤーが撤退した市場が、一時的に厳しい状況になったとしても、競争相手が減少し、中長期的にはブルーオーシャンに転じるというケースも考えられるかもし

図2　地政学リスク シナリオプランニングのイメージ（筆者作成）

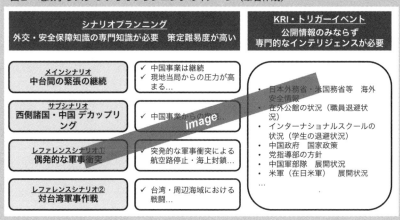

第Ⅲ部　解決へのヒント

れない。こうした、場合、短期的な損失を覚悟しつつも、中長期的な機会を踏まえて、事業機能を維持する選択肢を検討する余地が出てくるかもしれない。しかしながら、こうしたアプローチは、リスクテイクの中でも極めて高い難易度が求められることになる。ここでも精度の高いインテリジェンスが鍵となる。

　日本でも、経済安全保障が重要視される中で、日系グローバル企業の一部が経済安全保障専門部門を設置し、この中でインテリジェンスを収集する、あるいは独自のインテリジェンス分析要員を配属するといった動きが見られはじめている。また、インテリジェンスの収集・分析においては、AIやOSINT 5）の活用や、外部のインテリジェンスファームとの連携などがある。いずれにせよ、インテリジェンスに対する向き合い方は、今後ますます重要な経営課題となるだろう。

　ここまで、不確実性としてのリスクについて、機会と脅威の両側面、オペレーショナルリスクと戦略リスクの両側面から考察し、VUCA時代にあるべきマインドセットとリスクカルチャーの形を探ってきた。

　VUCA時代において、戦略リスクマネジメントの考え方とアプローチはビジネスの成長にとって有益な考え方を提供しうる。従来のリスク回避型のアプローチから一歩進み、リスクを機会として捉え、適切に管理するマインドセットを持つことが、成功の鍵となる。

　特に地政学リスクをはじめとする戦略リスクにおいては、単なる回避ではなく、柔軟な対応と戦略的なリスクテイクが求められる。企業はこうした新たなリスクカルチャーを醸成し、基盤としながら、各種対応策策定、専門家との連携、インテリジェンス収集と分析能力を強化することで、不確実性の中から競争力の源泉を見出せるようになることが期待されている。

5）Open Source Intelligence：オープンソースインテリジェンス

2. キャリア論としてのリスクマネジメント

2.1 キャリアをめぐるリスクに対峙するには

前節までは、企業や組織の視点から、"VUCA時代の生存戦略としてのリスクマネジメント"に求められるマインドセットとリスクカルチャーを考察してきた。

この概念は、VUCA時代における個人のキャリア形成にも応用が可能であると筆者は考えている。本書はこれから社会に出て活躍される学生や、ヤングプロフェッショナルの今後のキャリアに資する情報提供を狙いの一つとしているが、その観点から、VUCA時代のキャリア論としてのリスクマネジメントについて、応用的に考えていきたい。

VUCA時代における働き方とキャリアについては、次章「働き方の多様性」にて、今永典秀教授による考察と具体的な提言が展開されている。新たな時代のキャリア環境に想定されるリスクや対応策については、10章をぜひあわせてお読みいただきたい。本章では、VUCA時代における攻めのキャリアを実現する上でのマインドセットを中心に考察できればと思う。

筆者は長年、外資系コンサルティングファームに所属し、フロントオフィスでビジネスコンサルティングプロジェクトに従事してきたが、プロジェクトワークのみならず、新卒・中途採用や人材育成などの人事領域にも関わってきた。こうした経験を通じて、キャリアを取り巻く環境変化についても様々なことを感じてきている。ここからは、私が実際に見てきたキャリア環境の変化とそれに対する私見から、キャリアにおけるリスクマネジメント戦略を検討していきたい。

次章で今永教授からも解説されるように、日本的なキャリアは崩壊の危機に瀕している。良い企業が働き終えるまで存在していないリスクは日に

第Ⅲ部　解決へのヒント

日に高まっている。加えて、健康寿命の長期化や社会保障の変化に伴う引退年齢の上昇により、キャリア戦略をより超長期的に考える必要が出てきている。

　ロンドン・ビジネススクールのリンダ・グラットン（Lynda Gratton）教授の著書『LIFE SHIFT』は、こうした時代のキャリアを考える際に非常に参考になる。

　グラットンは、人生100年時代を迎えた現代において、長寿命化が恩恵だけでなく課題ももたらすことを指摘 [6] している。同教授は、20世紀型の「教育・仕事・引退」という3ステージモデルでは現代の変化に対応できなくなり、代わりに「マルチステージ」の人生が求められると説く。長寿命化の中で、一つのキャリアだけで働き続けることは、様々な観点から不合理であると教授は考える。長く働くためには、時にはキャリアブレイクを取ることも重要である。また、キャリアの持続性を確保するために、自らのスキルや専門性のポートフォリオを絶えず更新することも重要となる。

　そうした中で、終身雇用モデルや一つの職種のみで働くのではなく、時にはインディペンデント・プロデューサーやポートフォリオ・ワーカーといった働き方が重要になるとグラットンは説明する。インディペンデント・プロデューサーとは、特定の企業に雇われるのではなく、フリーランスとしてさまざまなプロジェクトに取り組む個人を指し、自分の専門知識やスキルを活かしながら働くスタイルを特徴とする [7]。ポートフォリオ・ワーカーは、複数の仕事を掛け持ちし、異なるプロジェクトや職務を同時に行うことによって、収入源を多様化し、自分のスキルセットを拡充する

6）リンダ・グラットン／アンドリュー・スコット『LIFE SHIFT』（東洋経済新報社、2016年）、P.17-P.22
7）同上 P.239-P.249

働き方である [8]。これらの働き方は、個人の自律性や柔軟性を強化すると共に、複数の仕事やプロジェクトを通じてスキルを磨くことで、キャリア選択の幅を拡大することに役立つ。ひいてはキャリア上のレジリエンスやキャリアの持続性向上につながる。

　この考え方は、VUCA時代におけるリスクマネジメントとして本稿で検討してきた内容とも非常に親和性が高いように思われる。不確実な未来に対して、自分自身のキャリアをどのように設計すべきか、どのように攻め、適切なリスクテイクをしながら、持続性の高いキャリアを実現できるか、グラットンの提案を参考にしながら考えていきたい。

2.2　攻めのマインドセットでVUCA時代のキャリアを構築する

　筆者自身も、人生100年時代におけるキャリアの持続的な発展という点について、様々なことを考える中で、昨年コンサルティングファームを退職した。現在はシンクビジョンコンサルティングというコンサルティングオフィスを開業し、自身の専門分野に関するコンサルティングに従事しながらも、これまで未経験の分野の仕事や事業経営への参画など、様々なことに挑戦しながら、ポートフォリオの拡充を目指している。グラットンの提唱する働き方でいえば、インディペンデント・プロデューサーとポートフォリオ・ワーカーの中間に位置づけるような形を模索している。

　以下、筆者自身の経験について、一つのケースとして紹介したい。

　筆者はこれまで、経営コンサルタントとして多様なクライアントの様々な実務現場に従事してきた。しかし、事業運営に直接関わる経験が不足しているのではないか、という課題意識は常に抱いていた。このような課題感は多くのコンサルタントがキャリアの転換点で直面するものであり、私も例外ではなかった。

---

8) 同上 P.249-P.256

第Ⅲ部　解決へのヒント

　また、専門性の維持に関しても課題を感じていた。これまで、メガトレンドに基づいた経営戦略の策定や経営管理体制の構築に取り組んできたが、長期的なキャリアを考える中で、こうした専門性だけに依存することがリスクになるのではないかという不安があった。AIの進化によって、基礎的な経営分析のような領域においてはAIが優れた成果を発揮し始めている点も見逃せない。例えば、従来はジュニアアナリストが担当してきたような議事録作成や情報分析作業において、AIは効率やスピード、そして分析の精度において、場合によっては人間と同等か、それ以上のパフォーマンスを見せることがある。また、AIが専門知見へのアクセスを容易にする時代が到来すれば、コンサルティングファームが持ってきた競争優位性、すなわち圧倒的な先端知見のバリューが低下する可能性もある。無論、コンサルティングファーム側はそれに対抗する更なるハイバリューを提供するようになると思うが、個人的な問題意識としては、そのような環境変化の中で、ファームのブランドではなく、自分自身の名前で指名されるコンサルタントにならなければならないという危機感が芽生えた。

　また、経営コンサルタントの役割は、先端の知識や戦略立案のサポートといったロジカルな面が多いと思われがちである。しかし、筆者は経営の意思決定には、論理的な判断に加え、感情的な要素も関わると考えている。リスクを取る場面では、冷静な分析だけでなく、豊富な経験を持つ人物の直感や助言が重要になることが多い。そのため、コンサルティングファームのマネジャーとしての自分に不足しているのは、こうした経営者を後押しできるような、独自の経験値ではないかと感じるようになった。こうした思いから、もっと多様で厳しい意思決定の場に身を置く必要があると強く感じるようになった。

　組織に属する意味は大いにある。私自身、コンサルティングファームでの仕事を楽しんでいたし、組織を離れるという選択は簡単なものではなかった。しかし、自分のスキルを棚卸しすると、時には組織を離れることが、自身のスキルを拡張する上で有益になる場面もあるだろう。様々な経

験値を積み、再び組織に属することも、これからの時代には十分に想定されうる選択肢である。決して楽な道ではないが、私は現在のインディペンデント・プロデューサーとポートフォリオ・ワーカーとしての働き方を前向きに楽しんでいる。そして、この選択が、キャリアの持続性向上を実現するために重要な選択肢であったという手ごたえも、少しずつではあるが感じ始めている。

2.3 VUCA時代の持続的キャリア実現にむけたヒント

以上、筆者のリスクマネジメントとしてのキャリアデザインについて共有させていただいたが、もし読者が、これから就職活動を控えている学生であるなら、あるいは転職やキャリアチェンジを意識されているプロフェッショナルなら、どのように行動すべきだろうか。

まずは、リスクに対する高い感度を持つことが重要である。本書の前半で紹介したリスク事象は、今後の世界で何らかの形で顕在化する可能性が高く、重要な論点ばかりである。これらの事象に対して、常に解像度の高い理解を保つことを意識してほしい。リスク事象の不確実性やリスクシナリオのパターンを理解することで、不確実性の中で機会と脅威をバランスよく判断し、持続的なキャリアの発展に繋がるであろう。

キャリアは想像以上に長いものであり、現在のキャリアフレームワークが数十年後には大きく変わる可能性が高いことは、すでに述べたとおりである。しかし、新卒学生が就職活動をするような環境においては、どうしても長期的な視点より、短中期的な動向に引き寄せられてしまうこともあるように思われる。どれだけ主体的にキャリアを考えているつもりでも、就職活動中は企業の人気ランキングといった情報が飛び交い、周囲の友人や同期の動向にも無意識的にも影響されることがあるかもしれない。特に日本では、新卒一括採用というシステムが根強く残っているため、横並びでの就職活動が展開されやすく、そこに引き込まれてしまうことも多い。

第Ⅲ部　解決へのヒント

　こうした環境に流されずに主体的なキャリア観を築くためには、不確実性に対する高い感度を持つことが有益だと考える。何事においても高い情報感度が正しい判断の基礎となるからである。まずは、自身が興味を持つ業界や業種に関する中長期的なリスクシナリオを考えてみることをお勧めする。

　リスクシナリオは、公開情報からも多く得ることができる。有名な例としては、イアン・ブレマー（Ian Bremmer）率いるユーラシアグループ（Eurasia Group）が年次で発表する「Top Risks[9]」や、世界経済フォーラム（World Economic Forum：WEF）が公表する「グローバルリスク報告書[10]」が挙げられる。これらを参考にすることで、業界や経済に影響を与えるリスクを幅広く理解できる。

　可能であれば、こうした公開情報をもとに、自分自身でオリジナルのリスクシナリオを描いてみる、その中から機会と脅威を検討してみることも有益である。確度の高いシナリオを作成するのは専門家の領域であるが、前提条件を設けた上で展開パターンを考える程度であれば、特別な専門知識がなくても挑戦可能である。

　例えば、読者が経理業務に従事しているビジネスプロフェッショナルであるとする。近い将来、AIやテクノロジーが台頭するシナリオを想定し、経理業務の大幅な自動化が進むと仮定する。ベストシナリオは、業務負荷の軽減と専門人材の戦略的業務へのシフトなどが考えられるかもしれない。サブシナリオとして、経理業務における人の必要性の激減ということもあるかもしれない。この場合、機会と脅威は何か。機会としては、経理業務の専門性を活かしつつ、経営企画やリスクマネジメントなどの他の領域での活躍があるかもしれない。あるいは、脅威として、経理領域における雇

9) 2024年版は以下
https://www.eurasiagroup.net/issues/top-risks-2024

10) https://jp.weforum.org/publications/series/global-risks-report/

用の減少や自動化に伴う人の練度低下もあるかもしれない。もしもこうした未来が到来したとき、有効なキャリアシフトをするためには、いまからどのような分野への自己投資や研鑽が必要になるだろうか。自らのスキルのポートフォリオをどのように拡充するべきだろうか。社会人の学び直し、いわゆるリスキリングやリカレント教育については、次章でも、最新の情報や提案がまとめられている。

　以上はあくまで仮説であるが、重要な点は、自分自身のリスク感度を高め、シナリオプランニングを通してキャリアをより能動的に考えられるようになることである。キャリアは一度決めたら終わりではなく、特にVUCA時代では環境変化に応じて柔軟に変化させていく必要がある。自己投資を怠らず、リスクに対する敏感さを持ちながらキャリアを築いていくことで、未来に備えることができるだろう。

3.　おわりに

　本章では"VUCA時代の生存戦略としてのリスクマネジメント"について、特にマインドセットとリスクカルチャーのあり方を考察してきた。

　これからの時代においては、リスクを機会と脅威の両面を持つ不確実性として捉え、"アクセル"と"ブレーキ"を賢く使い分ける視点がますます重要となる。ゼロリスクを目指すべき領域では、リスクを最小化するための最大限の努力が不可欠だが、同時に、リスクを取るべき場面では、勇気を持って踏み出す決断力も求められるようになる。

　このマインドセットは、ビジネスのみならずキャリア形成にも当てはまる。VUCAの時代と長寿命化が進展する現代においては、キャリアもマルチステージでの展開が求められる。自身のスキルを振り返り、リスクシナリオを見極めながら、柔軟にスキルのポートフォリオを拡充していくことが、キャリアの充実と持続可能性を高めるリスクマネジメントとなる。

第Ⅲ部　解決へのヒント

　この章の内容が、読者にとって何らかの有益な気付きや発見、新しい行動のきっかけになれば幸いである。

＜参考文献＞

（書籍）
中央青山監査法人『全社的リスクマネジメント フレームワーク編』（東洋経済新報社、2006 年）
監査法人トーマツ『リスクマネジメントと内部統制』（税務研究会出版局、2003 年）
有限責任監査法人トーマツ『リスクマネジメントのプロセスと実務』（レクシスネクシス・ジャパン株式会社、2014 年）
デロイトリスクアドバイザリー『リスクマネジメント 変化をとらえよ』（日経 BP、2022 年）
リンダ・グラットン / アンドリュー・スコット『LIFE SHIFT』（東洋経済新報社、2016 年）

（報告書・ガイドライン）
金融庁「記述情報の開示の好事例集 2022 – 4.「事業等のリスク」の開示霊」（2023 年 1 月 31 日）
株式会社東京証券取引所「コーポレートガバナンス・コード 〜会社の持続的な成長と中長期的な企業価値の向上のために〜」（2021 年 6 月 11 日）

<small>第</small>10<small>章</small>

働き方の多様性

所属や地域を超えた新しい働き方と学び方

はじめに

「良い大学に入って、良い企業に入ることは、幸せなキャリアを保証するのか？」

これまで、小学生・中学生で良い成績をとり、いわゆる進学校に入り、予備校などに通い受験勉強の戦いに勝ち、偏差値の高い大学に進学する。大学進学後には、名前の通った大企業や、行政などの団体に入社する。「こんなキャリアを歩んでいくことが、幸せになるために必要不可欠だ」。と考える人もいるかもしれない。もしかしたら、これは個人の意思ではなくて、父親や母親などの家族が、子供を将来幸せに過ごすために、導かなければならないというメッセージを受けた人も多いかもしれない。

しかしながら、これからの時代においては、むしろ、もうこの時点から、このようなキャリアを歩むことは、大きく2つの観点で、「危機」に飛び込んでいくリスクが想定される。

①「良い企業」が、入社後働き終えるまで、存在しないリスク
② 日本の旧来型の企業・雇用の崩壊の可能性

①「良い企業」が、入社後働き終えるまで、存在しないリスク
年月の経過とともに、当時学生時代に人気だった企業は、姿を変えてい

215

第Ⅲ部　解決へのヒント

る。それどころか、人気企業の業界の中には、ランキング上位から姿を消している企業もある。これまでの数十年と、これからの数十年を比較すると、AIの進化などによって働き方の変化や求められるサービスが異なり、学生時代の就職ランキング上位の企業であっても、場合によっては、顧客が求めるサービスの提供ができなくり、不要となる可能性もある。結果、ビジネスモデルが成立しなくなり、企業そのものが消滅してしまうリスクが存在する。2005年卒以降、10年ごとの就職人気企業ランキングをみてみよう。

図1　2005年卒、2015年卒、2024年卒就職人気企業ランキング

2005年卒　就職人気企業ランキング			2015年卒　就職人気企業ランキング			2024年卒　就職人気企業ランキング		
順位	業界	企業名	順位	業界	企業名	順位	業界	企業名
1	電気機器	ソニー	1	旅行・ホテル・ブライダル	JTBグループ	1	商社（総合・専門）	伊藤忠商事
2	食品	サントリー	2	レジャー・アミューズメント	オリエンタルランド	2	スポーツ・ゲーム・その他メーカー	任天堂
3	輸送用機器	トヨタ自動車	3	運輸・倉庫	ANA（全日本空輸）	3	マスコミ（新聞・放送・広告・出版・芸能・エンタメ）	講談社
4	通信	NTTドコモ	4	衣料品・化粧品・トイレタリー	資生堂	4	食品	味の素
5	電気機器	富士通	5	商社（総合・専門）	伊藤忠商事	5	マスコミ（新聞・放送・広告・出版・芸能・エンタメ）	集英社
6	サービス	ジェイティービー（JTB）	6	銀行・信金	三菱東京UFJ銀行	6	食品	アサヒ飲料
7	電気機器	日本電気（NEC）	7	運輸・倉庫	JAL（日本航空）	7	印刷・紙・パルプ・事務用品	大日本印刷（DNP）
8	電気機器	松下電器産業	8	運輸・倉庫	JR東日本（東日本旅客鉄道）	8	医薬品・化粧品・日用品	資生堂
9	商社（総合）	伊藤忠商事	9	旅行・ホテル・ブライダル	H.I.S（エイチ・アイ・エス）	9	レジャー・アミューズメント	オリエンタルランド
10	食品	キリンビール	10	銀行・信金	三井住友銀行	10	スーパー・流通・百貨店	イオングループ

出典：学情就職ランキング
https://service.gakujo.ne.jp/wp-content/uploads/2023/10/230215-ranking.pdf

216

上位の企業が変化していることがわかる。これから先、働き方や働くために必要な能力やスキルが変化することで、今後さらにダイナミックに変化することが予測される。これから先、学生が新卒で入社する企業が、働き終えるまでの間、新卒で入社したときの状況で、ずっと存在し続ける可能性は高いのか。本当にその会社に入社して、幸せに働き続けることができるか、考えることが重要となるだろう。

②日本の旧来型の企業・雇用の崩壊の可能性

日本の雇用は、戦後の高度経済成長期に、製造業を中心とした重厚長大型の産業の発展に向けたモデルと整合し、日本型雇用慣行として「終身雇用」「年功賃金」「企業別組合」が3種の神器と言われていた。

高度経済成長期には、労働力不足を補うために、新卒入社の社員を大量に採用し、社内での人材育成をもとに、年功序列の賃金で、定年までの間終身雇用を前提として育成することが特徴であった。また、企業ごとに労働組合が結成されることで、問題が生じた際の対応の速さを担保し、これらの日本独自の雇用システムが、国内の企業の失業率を低く抑えてきた。

しかし、前述のように、企業で働く環境を取り巻く社会の変化も大きく、終身雇用で40年以上同じ会社で働き続けることが少なくなってきた。転職などを重ねる人や、企業が中途採用を実施する割合も高くなりつつある。そのような中では、終身雇用と一体となっていた新卒一括採用の仕組みも少しずつ崩れつつある。新卒一括採用では、毎年10月に正式な内定を出し、卒業後の4月1日より一斉に入社することになるが、中途採用などと同じように通年採用を採用する企業も増加している。グローバル化が進む中では、大学卒業のタイミングが3月末ではなく、9月末などの場合も存在する。これらの事情を考慮すると、いつのタイミングでも入社が可能な通年採用へと変化しつつある。

2022年6月に閣議決定された「経済財政運営と改革の基本方針2022」

第Ⅲ部　解決へのヒント

（注1）では、「働く人のエンゲージメントと生産性を高めることを目指して働き方改革を進め、働く人の個々のニーズに基づいてジョブ型の雇用形態を始め多様な働き方を選択でき、活躍できる環境の整備に取り組む」と記述し、「ジョブ型雇用による働き方」を多様な働き方の1つの形態として着目している。専門知識や技能を持った新卒学生などがより一層活躍できるようにするための就職・採用方法の検討や、フリーランスが安心して働ける環境の整備、良質なテレワークの推進、多様なキャリア形成を促進する観点からの副業・兼業の推進などが列挙されている。

　伝統的な日本企業のことをJTCという名称で揶揄されることがある。JTCとはJapanese Traditional Companyの略である。上意下達の企業文化や硬直的な組織運営といった「昭和」体質が残る企業を指すネット用語である。
　JTCと呼ばれるような言葉が出てくることに、今の日本社会、企業を取り巻く環境が変化に揺れていることを理解できる。もしかしたら、今後は、JTCが消滅するかもしれないが、JTCこそ日本らしい企業、働き方ということが示されるかもしれない。

　現在の時点では、日本型雇用慣行を採用していた企業が減少し、また、徐々に新たな採用方法や人材育成方法などが模索される状況にある。このような中で、JTCだけで働くことが、自分の将来のキャリア形成にとって最適であるとは限らないであろう。
　個人個人にあった働き方を模索し、個人の働き方や価値観などにあった企業を探して、働くことが求められる。一生同じ会社に勤めるのではなく、転職することも、兼業や副業などを行うこともあるだろう。また、ライフステージによって、20代、30代、40代で異なり、出産や育児・介護など、家族との関係性によっても異なる働き方や優先する事項が変わることが想定される。

1. 新しい教育のあり方

「従来の高校までの教育で学んだ『偏差値型教育』が、社会に出てから通用しない可能性」

時代ごとに、若者たちを取り巻く社会情勢や、その環境下で育った人たちの特徴を示す言葉として「〇〇世代」という言葉が使われることがある。2020年代においては、高校生、大学生、若手社会人は、「脱ゆとり世代／デジタルネイティブ世代」「Z世代」と呼ばれている。

Z世代とは、1990年代半ばから2010年代序盤に生まれた世代で、デジタルネイティブ、SNSネイティブとも呼ばれる。Z世代は、タイパ（タイムパフォーマンス）重視の効率主義、強い仲間志向、仕事よりプライベート重視、多様性を重んじるなど、従来の若者以上に特徴的な価値観を有する（注2）。

図2 Z世代と各世代の一般的な定義

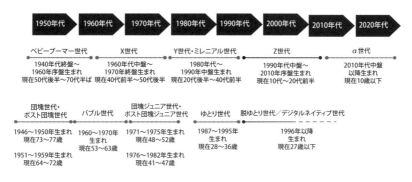

出典：野村総合研究所（注2）

世代ごとに特徴の変化が生じる背景には、デジタル技術の発達による影響も大きく受ける。デジタル技術が発達することによって、社会での仕事の仕方が変化することに加えて、日常的な生活が変化し、さらには小学校や中学校、高等学校での学習内容や学習方法に変化が生じる。

第Ⅲ部　解決へのヒント

　2010年代前半以前には、インターネット通信環境が現在とは異なる状況であった。無線LAN環境が整備されていない状況であり、現在のように一人一台パソコンやタブレット端末を保有することはなかった。また、インターネット通信環境が整い、時間のラグがほとんどない状況で、インターネット通信環境を利用しながら、双方向のやり取りができなかった。逆に言えば、通信環境が整備され、その後、ノートパソコンやタブレット端末、スマートフォンなどが登場して、普及したことや、新たなSNSやYouTubeなどが普及発展したことで、生活スタイルや、学習方法が変化した。

　幼少期に当然のようにこれらの端末に触れて、生活を続けて、教育機会の中で使いこなしてきた世代と、すでに40代・50代以上でこれらの新たなサービスに触れる機会に乏しく、使いこなせない人とのギャップが生じる状態になっている状況にある。

　このような状況の中で、従来の教育のあり方から、現在の状況を踏まえて、未来に向けたあるべき教育についての議論が行われている。

　文部科学省が発表する2040年高等教育のグランドデザインによると（注3）、
　「①テクノロジーが急速かつ継続的に変化しており、これを使いこなすためには、一回修得すれば終わりというものではなく、変化への適応力が必要になる」
　「②社会は個人間の相互依存を深めつつ、より複雑化・個別化していることから、自らとは異なる文化などを持った他者との接触が増大する」
　「③グローバリズムは新しい形の相互依存を創出しており、人間の行動は、個人の属する地域や国をはるかに越え、例えば経済競争や環境問題に左右されることがあるとされている」

　情報技術の発達に対応するための、絶え間ない適応力が求められ、複雑化かつ個別化する社会に対して、異なる他者との接触機会が増え、さらに

グローバル化の影響から、地域や国を超えた問題に対応する必要があることが言及されている。

　このような中で「高等教育が目指すべき姿」として以下のようなことが述べられている。基礎的で普遍的な知識・理解と汎用的な技能を持ち、その知識や技能を活用でき、ジレンマを克服することも含めたコミュニケーション能力を持ち、自律的に責任ある行動をとれる人材を養成していくためには、高等教育が「個々人の可能性を最大限に伸長する教育」に転換し、次のような変化を伴うものとなることが期待される。

・「何を教えたか」から、「何を学び、身に付けることができたのか」への転換
・学生や教員の時間と場所の制約を受けにくい教育研究環境へのニーズに対応するとともに、生涯学び続ける力や主体性を涵養するため、大規模教室での授業ではなく、少人数のアクティブ・ラーニングや情報通信技術（ICT）を活用した新たな手法の導入が必要。
・学年ごとの期末試験での評価で、学生が一斉に進級・卒業・修了するという学年主義的・形式的なシステムではなく、個々人の学修の達成状況がより可視化されることが必要。
・生涯学び続ける体系への移行が進み、高等教育機関での学びの期間を越えた、リカレント教育の仕組みがより重要となる。
・学内外の資源を共有化し、連携を進め、学修者にとっての高等教育機関としての在り方に転換していく必要がある。

　従前のように知識を習得するために一方的な座学の知識の提供ではなく、アクティブ・ラーニングなどの新たな学び方や、実践的な学習を含めた転換、個人個人に合わせた、教育機会と、これらを実現するために、情報技術を活用することや、学内外のさまざまなステークホルダーと連携した教育への転換の必要性が言及されている。

第Ⅲ部　解決へのヒント

　さらに、学内外の企業などと連携した教育については、「インターンシップ」があげられる。

　インターンシップは、日本では2000年代から、キャリア教育の観点を重視し、主に大学教育を中心に発展を遂げてきた。現在では多くの大学で、単位化したプログラムが存在している。また、上述の専門職大学での臨地実務実習は、長期インターンシップなどの要素を教育プログラムに組み込んだ形で、実際に学生が学んだ理論を、実践を通して、使える技術・技能へと昇華することを目指すことになる。

　日本のインターンシップは、2010年代には採用の前段階に傾斜した超短期間の体験・説明に似た「ワンデーインターンシップ」というものが広く浸透した。その後、大学や経済団体や文科省などの協議の中で、一定の制約や名称変更などが生じた。ここでは、これらのインターンシップの可否などを評価することが目的ではないが、2000年以前の世代は、このようなインターンシップを未経験の人たちで、世代間での教育を受けた有無が、その後の社会人生活や働く価値観に大きな影響を与えている可能性が含まれると言えよう。

　また、数が多いわけではないが、日本のインターンシップの歴史の中では、チャレンジ・コミュニティ・プロジェクトと呼ばれるコミュニティ・団体が存在する。NPO法人ETIC.やNPO法人G-netなどが中心となって「長期実践型インターンシップ」というサービスを展開してきた。長期実践型インターンシップは、「1ヶ月以上の長期間で、専属のコーディネーターが学生と企業双方に、事前・インターンシップの実施中・事後にわたって、伴走支援を行うことで、企業の事業価値を高めながら、学生の教育効果の実現を両立するインターンシップ」である（注4）。

　採用を主目的とした内容ではなく、単なる短期間の就業体験や、ボランティアに近いような内容ではなく、一定期間、地域や地域中小企業、ベンチャー企業・NPO法人などの組織の中で、一緒になって本気で企業の課題に取り組み、コーディネーターと呼ばれる支援者のサポートも受けながら、一定以上の期間、課題解決や事業創造に向けて取り組むことになる。

第 10 章　働き方の多様性

　これらの経験を学生時代にすることによって、社会人とのネットワークが将来にわたって生かされていることや、数年経って消えてしまうようなスキルや知識ではなくて、自分にとって大切にしたい働く価値観や、将来のキャリア形成に向けて有益な機会であったということが、調査の結果から明らかになっている。

2.　社会人の学び

　これまでは、社会の変化から、キャリアを形成するにあたって、従前と同じように企業に入ってそのまま最後まで存在することへの危機意識について、特に、教育環境の変化や、社会人になる前段階の学生生活に焦点を当ててきた。

　以下では、社会人として働き始めたときに、従前のままの会社人として、会社が求めること提供することをそのまま受け入れているだけでは、「危機」に陥るリスクが高いことを言及する。

　社会が大きく変化する中で、企業においては、ビジネスモデルの変革が求められる。AIなどの進化によって、これまで必要とされてきた、働く人個人としてのスキルや能力が変化することに加えて、企業そのもののサービスを変化させて、革新させていくことが求められる。

　企業のイノベーションについて、「両利きの経営」について紹介したい。「両利きの経営」（注5）とは、企業がイノベーションを起こす上では、重要な二つの行動、知の深化（exploitation）と知の探索（exploration）を両立する経営の実践のことである。

　オライリー教授は、「世の中の変化のスピードが速く」「技術、規制、そして消費者の嗜好の変化が加速している」現代において両利きの経営は必要不可欠だと述べる。

　仕事の進め方や社員の目標設定、評価方法などを変えないまま、イノ

223

図3 両利きの経営

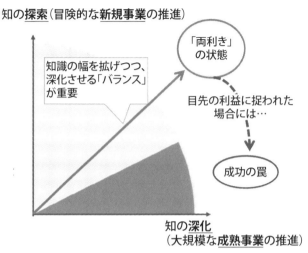

出典:経済産業省(2019)、P42 一部抜粋(注5)

ベーションの創発に向けて行動する場合に、既存業務による「知の深化」ではうまくいっても、新規事業の「知の探索」を行う場合にはうまくいかないことが多くある。

　例えば、既存事業に長年従事していて、自分の役割に専念して、ルールを守って実施することが得意な人がいた場合を想定する。新規事業を任され「知の探索」を行うときには、このような経験やスキルよりも、むしろルールを作って、新たな役割を作って、目に見えるニーズや要求をこなすよりは、新たなニーズを作り出していくことが必要になる。

　新規事業と既存事業では、求められる役割や能力・技術・技能が異なる。そして、新規から既存へ、既存から新規へと両方の役割を求められることが必要な状況の中では、新たな知識や技能を身につけるために、新たな学習を行う必要があるが、変化も早い社会環境の中で、次から次へとさまざまな能力や知識を総合的に身につけることが求められる。これは、日本企業で従来までの人材育成の強みとしてきた、企業内でのジョブローテーション・配置転換や、OJTによる現場での人材育成では、太刀打ちでき

ない状況を意味することになる。

「越境学習」という新たな学び方が注目されるようになっている。前述の、小学校から大学までの学び方が変化することに触れたが、社会人の学び方も変化していることを意味している。越境学習は、アウェイな場所に身を置くことで、非日常的な状況、異なる環境、他者から学ぶことを意味する。越境学習が注目される背景には、第四次産業革命、AI(人工知能)技術の進展などの激変する外部環境によって、知識の厳選を外部に探索することが必要となり、外部との協働(コラボレーション)が求められることから、越境学習を通じたアウェイの異質性の高い状況に対応する必要がある（注6）。

企業の外での人材育成の重要性に加えて、これらは、自分のキャリアを自分で責任をもって構築する「自律的なキャリア形成」の重要性を示唆している。これまでのように、自分の会社人生は、企業に委ねて、企業の中で、企業が個人のキャリア育成に責任を持ち、エスカレーター式で定年まで幸せに過ごせるという時代は終わりつつある。

すでに昨今では、「転職」する割合も増え、一つの企業ではなく、複数の企業で働く「副業・兼業」や、企業とそれ以外の役割なども含めて複数のキャリアを同時進行するパラレルキャリアを歩む人が増加している。さらに、特定の企業に所属せず、「フリーランス」として、活躍する人たちも増加している。

2018年には、これまで日本企業の標準的な人事規則が、原則副業禁止であったものから、原則副業を認める形へ変化した。また、2020年代初期のCovid-19を契機として、オンライン環境を活用した働き方の変化、つまり、いつでもどこでもパソコンとインターネット環境を活用することで働くことが可能な状況に変化したことも、これらの働き方や、リスキリング・リカレント教育の重要性を促進させることにつながっていると考えられる。

第Ⅲ部　解決へのヒント

　また、新たな働き方の一つとして「プロボノ」も注目されている。プロボノとは、社会的・公共的な目的のために、自らの職業を通じて培ったスキルや知識を提供するボランティア活動（ラテン語の Pro Bono Publico（公共善のために））を語源とする活動である。社会人が特定のスキルや経験などを活かして、ボランティアで本業以外の活動のサポートをすることである（注7）。

3.　新しい働き方の事例

3.1　大企業の中での働き方、プロボノ・有志団体活動

　大手自動車部品メーカーの社内有志団体の活動について取り上げる。社内有志団体は、仕事の業務時間の外での活動である。つまり、ボランティアの活動である。第三者に対して何かを提供するとは限らないので、この段階では、プロボノではなくて、ボランティア活動、サークル活動と言える。

　今回取り上げるのは、株式会社デンソーの有志団体「D-SPRINGs」である。活動の特徴の一つとしては、社会での先端的なテーマを取り上げて、外部講師を招聘した社内でのセミナーを実施する。セミナーは、運営スタッフが検討し、時間外に開催する。社員に周知し、多くの方が任意で参加できる。また、大企業の中では、部署ごとにさまざまな業務を行っており、部署を跨いだ情報や、どの部署でどんな人が活躍しているか分からないことが多い。したがって、社外の専門人材だけではなく、社内で活躍する人を招いたセミナーなども実施する。有志団体としてボランティアで実施することによって、より主体的に自分たちが学びたい意欲が増加し、結果として、多くの人たちが主体的に集まり、その人たち同士のネットワークが強まることが期待される。

　また、社内セミナーに限らず、社外のアイデアコンテストや、ハッカソンイベントなどに参加し、自分たち以外の人と一緒にチームを組んでビジネスアイデアを検討することも多く存在する。このような機会では、自分たちの大企業の中での業務経験を活かして、外部の人と一緒にビジネスを

立ち上げることになり、プロボノとして、有益なノウハウを提供する活動になる。

この団体の活動の良さは、外部との接点によって、自分が業務で経験したことや、それ以外にもそもそも自分自身が関心のあったことや、出会いの機会などがきっかけとなり、自分の将来やりたいことなどが具現化し、またそれが、大企業の中で実現可能な場合には、それらの部署での取り組みができたり、社内異動制度などを活用したりしながら、自律的なキャリア形成に向けて、取り組むことができている人が存在することにある。

外部との接点を持つことによって、単なる知り合いやネットワークが拡大するだけではなくて、結果として本業でも活かせるような繋がりに発展することも確認できた。さらに、外部共同する取り組みや、有志団体の運営や、ビジネスプランを検討していくプロセスそのものが、先ほどの両利きの経営でいえば、知の探索になり、大企業などで既存業務の知の深化に浸っていた人にとっては、「越境学習」の機会であり、プロボノを通して、さまざまな有益な機会を得ることに繋がる。

実際にこの有志団体を立ち上げて、運営リーダーとして長く活動してきた加納健良さん（注8）は、これまで、既存業務の開発などに長年携わり、知の深化の業務が中心であった。自ら外部に越境学習の機会を求めて、ビジネスコンテストやハッカソンへの参加や、D-SPRINGsの活動を通して、徐々に、自らの興味関心ややりたいことが明らかになってきた。さらに、外部の人材と一緒に何かに取り組むことによって、今まで会社の中では当然のように行ってきたことが、外部の人から評価され、プロボノとして役立てることが分かってきている。例えば、広報での文章作成や、企画の作り方・まとめ方などで、重宝されることを自覚するように変化してきた。その外部の活動を進め、D-SPRINGsの企画を推進する中で、新規事業を進める力と楽しさを理解するようになり、本業の中でも内部からの評価が高まり、ビッグプロジェクトの担当にアサインされるようにもなった。それらの活動の中では、これまでのネットワークや経験も活かし、さらにその本業の活動を通して、スキルアップができるようになり、また、自分がどんな仕事を実施して、キャリア形成を遂げていきたいか、具体的に

第Ⅲ部　解決へのヒント

なっていった。このように、会社から飛び出した活動を通して、転職や起業をするのではなく、結果として会社の本業との相乗効果をもたらすことも、プロボノ活動の効果の一つとしてあげられる。

　まだまだ、このようなプロボノ活動や社内での有志活動などは、一般的に、この個人の成長効果や本業への相乗効果が認識されている状況には至ってなく、活動する人や、それを理解し支援する人は少ない状況である。実際に理解されないこともあるようだが、これからの個人のキャリア形成と、会社のイノベーションの促進の双方の観点から、非常に重要となる取り組みの一つとなる可能性を秘めていると言えるであろう。

3.2　地域との副業・兼業・プロボノ

　次に、企業や地域を越えた働き方、時間や場所を越えた働き方など、新しい働き方が可能な状況になっている事例に触れる。兼業や副業が盛んになっている状況ではあるが、オンライン環境を活用することによって、日中に本業で会社員や本業の業務に従事しながら、隙間の時間や休日、平日の時間外に兼業やプロボノとして、移動時間を費やすことなく、貢献できるようになっている。これは、プロボノや兼業側の人のスキル・ノウハウに加えて、受入企業側もオンライン環境を活用した会議など仕事の進め方について、一般的になってきたことがある。

　例えば、東京などで働く人が、地元地域の企業に対して、プロボノとして関わることなどが可能となっている。それらを展開するサービスとしてふるさと兼業を紹介する。

　ふるさと兼業は、NPO法人G-netが中心となって、展開している（注9）。G-net は、2001年10月に設立され、「地域産業の経営革新と、担い手となる右腕人材の育成に取り組み、地域活性を支える事業を輩出し続ける」ことをミッションとし、誰もがチャレンジを保証され、支え合い、挑戦が評価され、連鎖する社会の実現を目指している。代表理事は南田修司である。もともとは、先ほども触れた大学生が地域の中小企業に半年程度参加する「長期実践型インターンシップ」を中心に発展してきた。20年程度の期間

にわたって長期実践型インターンシップを実施する中で、蓄積された経験とノウハウを基盤として、対象を社会人に変化させ、オンライン環境を活用して期間限定の副業・兼業・プロボノプロジェクトとして進化させたものが、「ふるさと兼業」である。

　ふるさと兼業は、「愛する地域や共感する事業にプロジェクト単位でコミットできる兼業プラットフォーム」になる。「ふるさと納税」が出身地域や好きな地域、魅力的なリターンに対して支援するのと類似し、個人のスキルや技術、経験で地域の企業を支援する場になる。地域の企業がプロジェクト単位で、テーマ・課題を提示し、協力者を募集することで、給与や待遇などの条件ではなく、地域への愛着や事業への共感を起点とし、プロボや兼業に挑戦したい熱意ある人材のマッチングが実施されることに特徴がある（注10）。主に大企業などに属する個人が、兼業やプロボノとして、3か月間にわたって、地域の中小企業と協働するプロジェクトである。

　2018年9月にスタートし、2023年10月末時点の地域企業の総募集件数は629件で、参加者のエントリー累積数は4124件であり、地域企業と参加者のマッチング率は約90％である。ふるさと兼業を進めるにあたっては、専属のコーディネーターが重要な役割を果たしている。主に、事前のプロジェクト設計、マッチング支援、プロジェクト実施中の伴走支援の観点で、受入企業と越境体験をする兼業者双方に対する支援を行っている。

　さらに、シェアプロジェクト（注11）という名称で、社会人の大手企業向けの研修も実施している。これは、大手企業内部での人材育成での限界と、「越境学習」への需要を捉えたものである。大手企業の社員が、地域の現場や、地域中小企業の経営者の課題に、一緒になって取り組むことになる。このことで、日常では意識していなかった自らの魅力やスキルを再認識することや、今まではありきたりの日常の仕事で熱意を持って取り組み切れなかった人が、地域の中小企業の経営者の熱い想いに共感し、伝播し、使命感をもって業務に取り組むように変化するなどの効果が得られることが確認できている。

4. これからのキャリア形成に向けて

少子高齢化社会の到来の中で、情報技術の革新の影響も受け、働き方が変化し、企業も雇用のあり方や人材育成などのあり方も変化する環境にある。

人生100年時代と呼ばれるような状況の中では、これまで、20代までは「教育」、その後「仕事」、「引退」という明確な3つのステージに分類されていたが、これらの垣根がなくなり、かつ、リカレント教育などによる学び直しや、さらに会社に勤めながら教育を受けたり、会社に勤めながらプロボノや兼業を行うパラレルキャリア、あるいはフリーランスとしての新しい働き方など、マルチステージの人生になることが予測されている。

大学を卒業しておしまいという学歴から、最新の学習歴こそ重要な時代に変化してきた。過去の学習にあぐらをかいていると、その学習は賞味期限が切れている場合や、また新たな学習が求められているにもかかわらず、全くできていない状態になってしまうリスクが高まる環境にあると言える。

これまでと同じ、何もせずに学び直さない、行動しない場合、仕事がAIに代替され、情報サービスなどの進化によって付加価値がなくなり、職を失うようなリスクも高くなるであろう。自分で自分のキャリアを形成するという「自律的なキャリア」形成がより一層求められるようになり、学びの機会を自ら生み出し、成長を遂げていくことが重要となるであろう。

知識を学び続けることも当然必要だが、さらに、その知識を使いこなし、技能・技術として定着することが必要不可欠になっている。

働き方についても、単に組織に所属し、与えられた業務だけを繰り返し行う人材の付加価値は相対的に低くなり、外部のさまざまなステークホルダーと「共創」することが重要となる。

学び方、教育のあり方も変化している。座学の知識を学ぶことに加えて、実践を通して、使える状態にすること。さらには、単に理論と実践を往還して使いこなすだけではなく、他者と一緒に協働するためのスキルとして「対話」の技術なども必要不可欠である。

対話には、単なるコミュニケーションスキルではなくて、相手を理解し、物事を進めるために必要なプロジェクトマネジメントや、相手との良好な

第 10 章　働き方の多様性

関係を構築するコーチングやファシリテーションの技術なども重要な要素
である。

　そして、共創するためには、共通の目標に向かって行動することが求められるが、これからの社会でより重要となる社会課題や、地域課題などをともに共通テーマとして認識した上で、一緒にさまざまな人たちと連携した共創が求められるであろう。そのために、これらの人たちとの共創を促すコーディネーターとしての役割もますます高まる可能性がある。これからの未来の社会を創り出すには、一人一人が主体的なキャリア設計を行い、常に学び続けることが必要で、そして組織に属していても、そうでなくても、さまざまな関係者と協働し、共通の目標に向かって共創することが必要になる。

＜参考文献＞

1. 労働政策研究・研修機構ホームページ参照
https://www.jil.go.jp/kokunai/blt/backnumber/2023/05/tokushu.html
2. 野村総合研究所　ホームページ参照
https://www.nri.com/jp/knowledge/glossary/lst/alphabet/generation_z
3. 文部科学省「2024 年高等教育のグランドデザイン」参照
4. 今永典秀『長期実践型インターンシップ入門』ミネルヴァ書房（2024）
5. 経済産業省ホームページ
https://www.meti.go.jp/shingikai/economy/sustainable_kigyo/pdf/006_04_00.pdf
6. 石山恒貴・伊達洋駆『越境学習入門』日本能率協会マネジメントセンター（2022）
7. 嵯峨生馬『プロボノ』勁草書房（2011）
8. 株式会社デンソー　ホームページ
https://www.denso.com/jp/ja/driven-base/career-life/kanou_2106/
9.NPO 法人 G-net　ホームページ https://gifist.net/
10. 今永典秀「社外のプロボノを活用した地域の中小企業の価値創造プロジェクト」地域活性研究 13、pp.41-50（2020）
11. シェアプロジェクトの詳細は「ふるさと兼業」ホームページ参照
https://furusatokengyo.jp/for-company/　期間・地域・内容など様々な種類のプログラム・プロジェクトを展開している

第11章

サプライチェーンと投資における
リスク管理

はじめに

　現代のビジネス環境はかつてないほどグローバル化が進展している。企業は世界中のサプライヤーやパートナーと連携し、複雑なネットワークを通じて製品やサービスを市場に届けている。このようなグローバルなサプライチェーンの発展は、効率の向上やコスト削減といった多くのメリットをもたらす一方で、新たなリスクをもたらす要因にもなっている。サプライチェーンのどこかで障害が発生すれば、その影響は瞬く間に全体に波及し、企業活動に大きな混乱を引き起こす可能性がある。

　本章では、サプライチェーンにおけるリスク管理の重要性を理解し、企業がいかにして多様なリスクに備え、効果的な対策を講じることができるかを探る。リスク管理の原則は、単にリスクを回避することではなく、リスクが顕在化した際に迅速かつ柔軟に対応できる体制を構築することにある。特に、サプライヤーの多様化、リアルタイムな情報共有、予測とシナリオ分析といった具体的な戦略が、サプライチェーンのレジリエンス（回復力）を高める鍵となる。

　一方、企業の成長と競争力の維持において、投資におけるリスク管理と投資判断は極めて重要となっている。特に現代のビジネス環境においては、技術革新の加速や市場のグローバル化に伴い、企業が直面するリスクの種類やその複雑性が増大している。ベンチャー投資企業だけでなく、成熟した企業においても、新たな事業領域への参入やM&Aを通じて成長を目指す局面があり、それぞれの段階でリスクを適切に見極め、投資を行うこ

233

第Ⅲ部　解決へのヒント

とが企業の存続と成功に直結する。企業の持続的な成長のためには、ベンチャー投資から成長・成熟ステージの事業投資、さらにはM&Aに至るまで、各投資ステージで異なるリスクを正確に評価し、適切な対応策を取ることが求められる。

1.　サプライチェーンにおけるリスク管理

　2020年に発生した新型コロナウイルス（COVID-19）のパンデミックは、世界中のサプライチェーンに深刻な影響を与えた。中国やその他の製造拠点でのロックダウン、物流の停滞、労働力不足などにより、多くの企業が原材料の供給不足や製品の生産遅延に直面した。このような外的要因によるサプライチェーンの混乱は、企業の売上や市場シェアに直結する問題であり、効果的なリスク管理の必要性を再認識させる出来事であった。

　だが、新型コロナウイルスのパンデミックは、サプライチェーンが直面するリスクの一例に過ぎない。地震や台風などの自然災害、テロや戦争といった地政学的リスク、さらにはサイバー攻撃や労働争議といったリスクも、企業が日常的に直面しうる脅威である。これらのリスクを軽視することは、企業にとって致命的な結果をもたらす可能性があり、リスクを特定し、適切に対応するためのリスク管理戦略が不可欠である。

　本章では、まずサプライチェーンに内在するリスクの種類を分類し、その影響を明らかにする。その後、危機発生時に企業が直面する課題を掘り下げ、それにどのように対処すべきか、また事前にどのような準備が可能であるかについて考察する。最終的には、企業が将来の不確実性に対して柔軟かつ強固なサプライチェーンを構築し、持続可能なビジネス運営を実現するための具体的な指針を示す。

　現代のビジネス環境において、リスク管理の重要性は今後ますます高まると考えられる。サプライチェーンのあらゆる段階でリスクを適切に管理し、危機に迅速に対処する能力は、企業の競争優位性を確保するために必要不可欠である。本章を通じて、企業がどのようにしてサプライチェーンの危機に備え、強靭な組織を構築できるかを解明してゆく。

第 11 章　サプライチェーンと投資におけるリスク管理

1.1　サプライチェーンにおけるリスク

　サプライチェーンにおけるリスクとは、企業のサプライチェーン全体または一部が外部および内部の要因によって影響を受け、正常な運営が妨げられる可能性のある状況を指す。これらのリスクは、企業の生産や販売活動、さらには最終的な消費者への製品やサービスの提供にまで影響を及ぼす。リスクには、予期しない自然災害や地政学的な不安定さ、サイバー攻撃、法規制の変化、さらには社会的な動向や経済的な変動など、多岐にわたる要因が含まれている。

　特にグローバルなサプライチェーンを運営している企業にとっては、複数の国や地域にまたがる供給網が、各国の政治経済情勢や自然環境に左右されやすく、リスクは連鎖的に広がりやすい。例えば、一部の国や地域に依存するサプライヤーの活動が停止した場合、その影響はサプライチェーン全体に波及し、企業の生産停止や納期遅延といった問題を引き起こす。さらに、特定のリスク要因は一度顕在化すると迅速に対処しない限り、企業の競争力を損なうだけでなく、ブランドイメージの失墜や顧客ロイヤリティの低下をもたらす可能性がある。

　こうしたリスクに対処するためには、企業はまずリスクを正確に特定し、その影響範囲や被害規模を予測した上で、適切なリスク管理計画を策定する必要がある。リスク管理計画には、代替供給元の確保、サプライチェーン全体の可視化、リスク分散戦略などが含まれる。リスクの特定と予防が重要であるが、同時にリスクが顕在化した際に迅速かつ効果的に対応できる体制を整えることも必要不可欠である。以下に、具体的なリスクの種類と、それぞれのリスクがどのようにサプライチェーンに影響を与えたのかを事例を交えて説明する。

1.1.1　自然災害

　自然災害は、サプライチェーンにもっとも予測が難しく、かつ破壊的な影響を与えるリスクの一つである。地震や台風、洪水、火山噴火といった災害は、直接的な物理的被害をもたらすだけでなく、インフラの破壊や物流の停滞といった波及効果も生じさせる。特に、重要な供給拠点が被害を

235

受けた場合、供給網全体が機能不全に陥る可能性が高い。

　さらに、自然災害は地域ごとに発生頻度や規模が異なるため、リスクを管理する際には各地域の特性を理解し、それに応じたリスク軽減策を講じることが求められる。企業は、リスクの高い地域に拠点を持つサプライヤーへの依存を減らすか、代替のサプライヤーを事前に確保することで、災害による影響を最小限に抑えることができる。また、災害時に迅速に対応できる物流体制や、被災地からの原材料供給を一時的に補うための緊急対応策を準備することも重要である。

　2011年の東日本大震災は、サプライチェーンに対する自然災害の破壊的な影響を示す典型的な事例である。震災により、特に自動車産業において重要な部品の供給が大幅に遅れた。多くの部品メーカーが日本国内に集中していたため、トヨタや日産などの大手自動車メーカーは、供給網の寸断により生産ラインを一時停止する事態に直面した。これにより、グローバル市場でも製品供給が遅れ、各社の販売に深刻な影響を与えた。この震災以降、企業は供給源の多様化や在庫の増強など、サプライチェーンのレジリエンスを強化するための施策を積極的に進めるようになった。

　自然災害によるリスクは、単に災害そのものによる影響だけでなく、地理的な依存関係にも大きく左右される。サプライチェーンが特定の国や地域に集中している場合、その地域が災害に見舞われた際、サプライチェーン全体がストップし、企業は深刻な影響を受ける。このため、サプライヤーの地理的分散化や、災害発生時に迅速に対応できる代替供給体制の確保が求められる。

　COVID-19パンデミックは、サプライチェーン全体に対する自然災害に匹敵する影響をもたらした。特に半導体産業においては、供給、製造、物流の各段階で大規模な混乱が発生した。パンデミックに伴う各国でのロックダウンや工場閉鎖により、原材料や部品の供給が停止し、最終製品の生産にも遅延が生じた。この影響で、特に自動車産業は大きな打撃を受けた。例えば、トヨタをはじめとする主要な自動車メーカーは、半導体不足により生産を削減せざるを得なくなった。

第 11 章　サプライチェーンと投資におけるリスク管理

　日本においても、海外に依存していたサプライチェーンがパンデミックにより混乱し、特にアジア地域での工場閉鎖や物流の停滞が大きな課題となった。この事態を受けて、日本政府は半導体サプライチェーンの強化を目指し、国内での製造能力を高めるための施策を開始した。この「ローカライゼーション戦略（国内調達化）」は、パンデミックのような大規模な混乱に対するリスク軽減策として重要視されている。

　ローカライゼーション戦略には、国内での製造能力の拡充や、サプライヤーの多様化といった施策が含まれ、これにより自然災害に対するサプライチェーンのレジリエンスが向上する。また、国内製造により輸送コストの削減やリードタイムの短縮といった効果も期待される。

1.1.2　地政学的リスク

　地政学的リスクは、国際的な政治情勢や外交的な摩擦、貿易戦争、軍事衝突などによって生じるもので、サプライチェーンに深刻な影響を与える可能性がある。特に、特定の国や地域に依存している企業は、このようなリスクに直面した場合、供給網が突然停止する、あるいはコストが急上昇するなど、ビジネスに直接的な影響を受ける。

　ウクライナ侵攻を巡るロシアに対する制裁は、地政学的リスクの一例である。2022年2月のロシアによるウクライナ侵攻以降、欧米諸国、日本、その他多くの国々がロシアに対して厳しい経済制裁を実施した。この制裁には、金融制裁、安全保障に関わる特定の技術・製品の輸出禁止、ロシアとの取引制限などが含まれており、ロシアに進出している多くの企業に多大な影響を与えた。

　経済産業省の調査報告書によると、ロシアに進出していた日本企業は、事業継続、事業縮小、現地法人の売却、休眠化、清算といった選択肢に直面していた。特にロシア国内の企業や取引先との金融取引が難しくなり、キャッシュフローの悪化や、原材料や製品の供給が滞るケースが多く報告された。また、ロシア政府の対抗措置により、非友好国と指定された国々の企業は、資金移動や取引に厳しい制限を受け、事業運営が著しく難しくなった。

237

第Ⅲ部　解決へのヒント

　調査報告書では、ロシア進出企業の対応として、事業の継続や縮小を選んだ企業が多く見られる。例えば、食品・医薬品メーカーの多国籍企業は、制裁の影響を受けながらも生活必需品の供給を継続するため、事業を縮小してロシア市場での活動を続けた。一方で、他国からの商材の輸入が困難になり、卸売・小売業者は事業規模を縮小せざるを得なくなった例も多い。また、現地法人を売却する選択をした企業もあり、売却が困難な場合には休眠化や清算の選択肢が検討された。

　また、ロシア・ウクライナ戦争は、サプライチェーンに対する大きな影響を与えた。特に、半導体製造に必要なネオンガスの供給に対するリスクが顕在化した。ウクライナは世界のネオンガス供給の約70%を占めており、同国に依存していた半導体メーカーは供給不足のリスクに直面した。例えば、ある日本の半導体企業は、戦争の影響でネオンガスの供給に深刻なリスクが生じ、代替サプライヤーを確保するための取り組みを急速に進めた。

　これに対して、すでに過去の供給障害を受けて米国や中国のサプライヤーへシフトしていた企業も存在し、こうした企業は比較的安定した供給を維持できた。この事例は、サプライチェーンにおける依存度の高い地域からの調達を多様化し、リスクを分散することがいかに重要であるかを示している。

　こうした地政学的リスクは、今後も継続的にサプライチェーンに影響を与えることが予想され、企業は代替サプライヤーの確保やサプライチェーンの多様化など、リスク分散のための戦略を講じる必要がある。

1.1.3　技術的リスク

　技術的リスクは、サプライチェーンが高度にデジタル化された現代においてますます重要な問題となっている。企業が効率化のために導入しているサプライチェーン管理システムやデジタル技術が、逆にサプライチェーンの脆弱性を高める要因ともなりうる。特に、サイバー攻撃やシステム障害が発生した場合、企業全体に深刻な影響を及ぼす可能性がある。また、急速に進化する技術に対応できない企業やサプライヤーが生じることに

第 11 章　サプライチェーンと投資におけるリスク管理

よって、供給網全体の効率性や競争力が低下するリスクもある。

　技術的リスクの主要因は、サイバー攻撃、IT システム障害、技術進化への適応不全などがあり、表1に示す。

表1　技術的リスクの主要因

技術的リスクの要因	内容
サイバー攻撃	サプライチェーン管理システムや製造設備がハッキングされると、データが盗まれたり改ざんされたり、さらにはシステムが完全に停止してしまう可能性がある。特に、ランサムウェア攻撃は、企業に対して多額の身代金を要求するため、金銭的な損失と業務の停滞をもたらす。
ITシステム障害	企業やサプライヤーが依存するITシステムに障害が発生した場合、サプライチェーン全体が機能停止することがある。例えば、ERPシステムやSCMソフトウェアの不具合が発生すると、製品の生産スケジュールや出荷の遅延につながる。
技術進化への適応不全	サプライチェーンの中で一部の企業やサプライヤーが新しい技術に適応できない場合、その遅れがサプライチェーン全体のボトルネックとなる可能性がある。これにより、効率性が損なわれたり、競争力が低下したりするリスクが発生する。

出典：著者作成

　2021 年 5 月、アメリカ最大の燃料パイプラインを運営するコロニアル・パイプライン社がランサムウェア攻撃を受け、システムが完全に停止した。この攻撃により、パイプラインから供給されていた燃料が東海岸全体で一時的に供給停止となり、ガソリン価格が急騰し、供給の混乱が発生した。この事例は、サイバー攻撃が物理的なサプライチェーンに直接的な影響を与えうることを示しており、特にインフラ関連の企業においては、サイバーセキュリティ対策の強化が不可欠であることが浮き彫りになった。

　また、2017 年に発生したワナクライ・ランサムウェアの大規模な拡散は、サプライチェーン全体に広がる IT セキュリティの脆弱性を示した。この攻撃は、病院や銀行だけでなく、製造業者や物流企業のシステムにも影響を及ぼした。特に、イギリスにある自動車メーカー日産の工場が被害を受け、システムの停止により一時的に生産が中断された。この事件を契機に、多くの製造業者がサプライチェーンのセキュリティ強化に向けた対策を急速に進めるようになった。

　半導体業界においては、技術進化が非常に速いため、サプライチェーン全体がその変化に迅速に適応する必要がある。特に、製造プロセスにおけ

239

第Ⅲ部　解決へのヒント

る微細化技術や新材料の導入は、製造企業とそのサプライヤーに高度な技術対応が求められる。だが、一部の企業やサプライヤーが技術進化に適応できず、生産ラインに遅れが生じることで、サプライチェーン全体に悪影響を及ぼすことがある。2020年から2021年にかけての半導体不足の一因には、こうした技術的適応の遅れがあったとされている。

　技術的リスクに対応するためには、まず企業がサイバーセキュリティ対策を強化することが必要不可欠である。具体的には、重要なデータやシステムを多層的に保護するためのファイアウォールや暗号化技術の導入、システムの定期的なバックアップ、さらに従業員に対するセキュリティ教育の徹底が求められる。また、サプライヤーと連携し、サプライチェーン全体でサイバーセキュリティ対策を強化することも重要である。

　さらに、急速に進化する技術に対応するためには、技術革新に柔軟に対応できる企業文化の醸成が必要である。新技術の導入に際しては、投資を惜しまず、従業員への適切な教育とトレーニングを提供することで、技術的な遅れを防ぐことができる。また、サプライヤーの技術力を定期的に評価し、必要に応じて技術支援を行うことで、サプライチェーン全体の技術対応力を高めることができる。

　技術的リスクは、今後さらに高度化・複雑化していくことが予想される。特に、デジタル技術の進化と共に、AIやIoT（Internet of Things）などがサプライチェーンに深く関与することになり、これに伴いリスクも増大するであろう。企業は、これらの新技術の恩恵を享受しつつ、その技術的リスクに対する備えを同時に強化していく必要がある。

　このように、技術的リスクにはサイバー攻撃やITシステム障害、新技術への適応不全など、現代のサプライチェーンにおける具体的な脅威が含まれている。それに対処するための具体的な戦略と実例を挙げながら、企業がどのようにリスクを軽減し、持続可能なサプライチェーン運営を実現するかを示した。

1.2　リスク管理戦略の重要性

　サプライチェーンは、原材料の調達から製造、流通まで、商品のサービ

スの提供に必要な複数のプロセスで構成されている。現代は、グローバル化の進展により、これらのプロセスが複雑化している。企業は国際的な取引や多国籍のサプライヤーに依存することが増えているが、これに伴いサプライチェーンの脆弱性が増加している。自然災害、地政学的リスク、パンデミック、テクノロジーの障害など、多岐にわたるリスクがサプライチェーンに影響を及ぼす可能性があり、企業が競争力を維持し、ビジネスの継続性を確保するためには、リスク戦略の重要性がますます高まっている。

1.2.1 供給源多様化の重要性

一つのサプライヤーや特定の地域に依存することは、企業にとって非常に大きなリスクとなる。例えば、COVID-19パンデミックでは、特定地域の工場がロックダウンにより停止したため、多くの企業が原材料や部品を調達できなくなり、製品の供給に大きな遅れが生じた。このような状況を回避するためには、供給源の多様化が不可欠である。企業は、複数のサプライヤーから材料や部品を調達し、リスクを分散することによって、特定の供給元に依存するリスクを軽減できる。

半導体産業におけるサプライチェーンの多様化が重要視された一例として、COVID-19による世界的な半導体不足が挙げられる。多くの自動車メーカーやエレクトロニクスメーカーが、半導体の供給を台湾や中国の特定のサプライヤーに依存していたため、パンデミックによる工場の稼働停止や物流の混乱が直接的に生産停止を引き起こした。この教訓を受けて、企業は台湾や中国以外の供給元を確保するために、アメリカや日本など、他の地域での半導体製造を強化する方向に進んでいる。

1.2.2 情報共有と可視化の強化

危機に迅速に対応するためには、サプライチェーン全体の可視化と、関係者間のリアルタイムな情報共有が必要である。特に、デジタル技術を活用したサプライチェーンマネジメント（SCM）システムや、AI・IoT技術の導入により、異常が発生した際の即時対応が可能となる。これにより、

第Ⅲ部　解決へのヒント

物流の遅延や供給不足を未然に防ぎ、危機が拡大する前に対処できる。

　パンデミック中、多くの企業がグローバルなサプライチェーンの可視性を確保できず、供給停止や物流の遅れに対して迅速な対応ができなかったことが問題視された。これに対して、ある日本の製造業者はAIを活用してサプライチェーン全体を可視化し、リアルタイムでサプライヤーの在庫状況や物流状況を監視するシステムを導入した。このシステムにより、供給網の異常を早期に発見し、代替サプライヤーへの切り替えや緊急対応が迅速に行われた結果、パンデミックの影響を最小限に抑えることができた。

1.2.3　予測とシナリオ分析

　未来のリスクを予測し、複数のシナリオに基づく対応策を事前に準備することも、リスク管理の重要な要素である。シナリオ分析を通じて、地政学的リスクや自然災害、テクノロジー障害など、さまざまなリスクに対する対応策を検討することが可能である。たとえば、重要なサプライヤーが災害で操業停止になった場合や、特定の国で貿易規制が強化された場合など、さまざまなシナリオに応じた行動計画を策定しておくことで、実際の危機に柔軟に対応できる。

　半導体産業では、ロシア・ウクライナ戦争のような地政学的リスクに対するシナリオの分析が行われている。特に、ネオンガスやパラジウムなど、重要な原材料の供給が戦争や制裁によって途絶える可能性があることから、多くの企業がこれらのリスクに対するシナリオを構築し、代替材料の調達や供給ルートの多様化を進めている。このような予測的な戦略により、サプライチェーンのレジリエンスが強化され、リスクが顕在化した際の混乱を最小限に抑えることができる。

1.2.4　危機発生時の迅速な対応

　いかに事前に準備が整っていても、危機は予期せぬ形で発生することがある。こうした状況において、迅速かつ的確な対応が企業の持続可能性を左右する。危機発生時に即座に意思決定を行える体制を構築し、危機管理

第 11 章　サプライチェーンと投資におけるリスク管理

チームが迅速に対応策を実行できるような訓練を行っておくことが重要である。また、代替供給元の確保や物流の緊急対応策など、危機に備えた具体的な行動計画を策定しておくことで、サプライチェーンの停止を回避することが可能となる。

ロシア・ウクライナ戦争の影響を受けた企業の一部では、すでに事前に代替供給元を確保していたため、ネオンガスやその他重要原材料の供給に影響が出た際も迅速に対応できた。このような事例では、事前の危機管理計画と緊急対応体制が、企業の供給網維持に大きく貢献した。

1.3　危機発生時の対応

自然災害、地政学的リスク、技術的リスクなど、様々な要因による危機に対しては、迅速かつ適切に対応することが企業の損失を最小限に抑える鍵となる。危機発生時の対応には、事前の危機管理計画に基づく即時対応、臨機応変な意思決定、情報の透明性が求められる。ここでは、危機発生時の具体的な対応策について説明する。

1.3.1　危機対応チームの編成と役割

危機が発生した際、最初に行うべきことは、企業内に編成された危機対応チームの迅速な行動である。このチームは、サプライチェーンの全段階に精通したメンバーで構成され、各部門と連携して迅速な意思決定を行うことができる体制が整っていることが必要である。危機対応チームは、次のような役割を果たす。

①即時対応: 現状を把握し、どの部分でサプライチェーンが影響を受けているかを特定し、代替策を素早く実行に移す。

②コミュニケーションの管理: 企業内外の関係者との円滑なコミュニケーションを保ち、特にサプライヤーや顧客に対して状況を正確に伝える。

③意思決定: リアルタイムで収集したデータに基づいて、どのような対応が最善かを迅速に決定する。

2021 年に発生したスエズ運河の座礁事故では、物流が世界規模で大混

第Ⅲ部　解決へのヒント

乱に陥った。この際、多くの企業が即座に危機対応チームを稼働させ、影響を最小限に抑えるために代替ルートの確保に奔走した。例えば、大手コンテナ船会社は、アフリカ大陸を迂回するルートを急遽設定し、一部の荷物を空輸に切り替えるなどして、危機発生から数日以内に対応を開始した。この迅速な対応により、供給の遅れを最小限に抑えることができた。

1.3.2　代替供給源の確保と物流の再編

　危機発生時、もっとも重要な課題の一つは、供給の継続性を確保することである。特定のサプライヤーが被災したり、地政学的リスクにより輸出入が停止したりした場合、代替供給元を迅速に確保できるかどうかが、サプライチェーンの回復速度を大きく左右する。

①代替供給元の確保: 危機が発生した際に備え、複数のサプライヤーとの契約を事前に結んでおくことが重要である。これにより、一部のサプライヤーが機能しなくなった場合でも、他の供給元からの調達を続けることができる。

②物流ネットワークの再編: 物流インフラが破壊された場合や主要なルートが利用できなくなった場合には、新たな物流ルートの確保が必要である。特に、航空輸送や別ルートの船舶輸送など、コストはかかるが緊急時に有効な手段を選定する必要がある。

　東日本大震災では、東北地方に多くの自動車部品メーカーが集中していたため、供給網が寸断され、自動車生産に大きな影響が出た。トヨタは、震災発生後に代替供給元の確保を迅速に行い、被災地外のサプライヤーをフル稼働させることで、影響を最小限に抑えた。また、物流が途絶えた一部の地域に対しては、特別な輸送手段を手配し、製品や部品を緊急輸送する対応が取られた。

1.3.3　迅速な情報共有と透明性の確保

　危機発生時には、社内外のステークホルダーとの円滑なコミュニケーションが極めて重要である。サプライチェーンの状況、供給の見通し、物流の遅延に関する情報をリアルタイムで共有することにより、関係者が最

244

適な対応を取ることが可能となる。また、顧客に対しては正確な情報を提供し、信頼関係を維持することが重要である。

①デジタルプラットフォームの活用：企業は、IoTやAIを活用したサプライチェーン管理システムを導入することで、危機時にリアルタイムな情報共有を実現する。これにより、サプライチェーンの異常を早期に検知し、迅速な対応を行うことができる。

②透明性の確保：危機が発生した場合、状況を隠蔽せず、サプライチェーンの現状や回復の見通しを関係者にオープンに伝えることが、信頼関係を維持するために不可欠である。

COVID-19のパンデミック中、ある食品メーカーは、サプライチェーン全体の可視化を強化し、社内外のステークホルダーに対して製品の供給状況や遅延見込みをリアルタイムで提供した。この透明性の確保により、取引先や顧客との信頼関係を維持し、危機的な状況でも強いパートナーシップを発揮できた。

1.4 事後分析と改善

危機が収束した後、事後分析と改善を行うことは、次回の危機に備える上で極めて重要である。危機対応が成功した場合でも、また対応が不十分だった場合でも、過去の経験をもとにした継続的な改善がなければ、将来のリスクに対して脆弱なままである。事後分析とは、危機時の対応を詳細に振り返り、何がうまく機能し、何が不十分だったのかを特定し、組織としての対応力を強化するプロセスである。この分析をもとに、改善策を実施することで、サプライチェーン全体のリスク管理体制を強固にできる。

1.4.1 データ収集と評価

事後分析の第一歩は、危機発生時のデータを徹底的に収集・評価することである。これには、サプライチェーン全体で発生した具体的な問題点や対応結果に関する情報を集約し、詳細な評価を行うことが含まれる。

①パフォーマンスデータの収集：危機対応中に得られたサプライチェーンのパフォーマンスデータを活用し、供給遅延、在庫不足、物流の混

第Ⅲ部　解決へのヒント

乱、代替供給元の活用状況などを評価する。これにより、どの部分で
問題が発生し、どの対策が効果を発揮したのかを明確にできる。
②フィードバックの取得: 危機対応に関与した全てのステークホルダー
（社内外の関係者、サプライヤー、物流業者など）からフィードバッ
クを収集し、現場で何が起こったかを正確に把握する。特に、従業員
やパートナー企業のフィードバックは、現場レベルでの対応状況やボ
トルネックを特定するうえで重要である。

1.4.2　問題点の特定と優先順位付け

データを収集した後は、それを基に問題点を特定し、どの改善策を優先
的に実施するべきかを決定する。全ての問題を一度に解決することは難し
いため、重要度や緊急性に応じて改善項目に優先順位を付ける必要があ
る。
①根本原因の分析: 発生した問題の背後にある根本原因を特定すること
が重要である。例えば、サプライヤーの対応が遅れた原因が単なる外
部要因ではなく、契約上の不備やコミュニケーションの問題であった
場合、これらを改善することで次回の危機発生時に迅速な対応が可能
となる。
②リスクの再評価: 危機対応を通じて新たに浮き彫りになったリスクを
再評価し、リスクマップやリスク管理プロセスを更新する。従来のリ
スク分析では想定されていなかったリスクが明らかになった場合、そ
れに応じた予防策や対応策を構築する。

1.4.3　継続的な改善プロセスの構築

事後分析に基づいて特定された問題点に対しては、組織全体で継続的な
改善プロセスを構築することが求められる。単発の改善策にとどまらず、
リスク管理体制を組織の一部として常に更新・強化していくことが重要で
ある。
①改善計画の策定: 問題点の優先順位に基づき、具体的な改善計画を策
定する。これには、新たなサプライヤーとの契約、システムの更新、

第 11 章　サプライチェーンと投資におけるリスク管理

　　従業員トレーニングの実施、業務フローの見直しなどが含まれる。改
　　善計画は具体的なアクション項目として文書化され、進捗状況を定期
　　的にモニタリングする。
②定期的なモニタリングとフィードバック：改善策が有効に機能してい
　　るかどうかを定期的にモニタリングし、必要に応じてさらに改善を加
　　えるプロセスが重要である。サプライチェーンの状況は常に変動する
　　ため、一度実施した改善策が長期的に効果を持続するとは限らない。
　　これに対処するためには、フィードバックループを構築し、継続的な
　　評価と改善を繰り返すことが必要である。

1.4.4　訓練とシミュレーション

　危機対応能力を高めるためには、定期的な訓練とシミュレーションを行
い、実際に危機が発生した場合に備える必要がある。訓練を通じて従業員
が危機対応プロセスに精通し、緊急時に迅速に行動できるようにする。
①シナリオベースのシミュレーション：想定される危機シナリオに基づ
　　いてシミュレーションを行うことで、実際の危機発生時に適切な対応
　　ができるかを事前に確認する。地震や台風といった自然災害から、サ
　　イバー攻撃や地政学的リスクに至るまで、複数のシナリオに対する訓
　　練を行うことが重要である。
②対応フローの確認と改善：訓練やシミュレーションの結果に基づき、
　　危機対応フローの中で発生した問題点を改善する。特に、コミュニ
　　ケーションや意思決定のプロセスがスムーズに機能しているかを確認
　　し、必要に応じて調整を行う。

1.4.5　改善策の文書化と共有

　事後分析の結果を基に、改善策を適切に文書化し、組織全体に共有する
ことが重要である。改善策が組織の全員に浸透していなければ、次回の危
機時に同様の問題が再発する可能性が高くなる。
①マニュアルの更新：改善策を反映させた危機対応マニュアルを作成・
　　更新し、全従業員に周知徹底する。特に、現場レベルで迅速な対応が

247

第Ⅲ部　解決へのヒント

　求められる際に備えて、実行可能な具体的な手順が明確に示されたマニュアルを提供することが重要である。
②知識共有と教育プログラム：事後分析から得られた知見を組織内で広く共有し、従業員の教育プログラムに組み込む。これにより、全員が次回の危機発生時に適切な対応ができるよう、危機対応能力を組織全体で向上させる。

　このように、事後分析と改善は単なる反省ではなく、未来のリスクに対する強固な対応力を構築するための重要なプロセスである。データの収集と分析を通じて問題を明らかにし、継続的な改善プロセスを構築することで、サプライチェーン全体のリスク管理能力が向上し、企業の競争力が強化される。

1.5　偽情報が招くグローバルリスクへの対応

　第7章の「メディア　偽情報が招くグローバルリスク」に関して、現代のグローバルなビジネス環境において、偽情報はサプライチェーンに深刻な影響を与える潜在的リスクとなっている。偽情報とは、意図的に作成された誤った情報であり、主にソーシャルメディアやニュースサイトを通じて広がるものである。これらの情報が流布されると、企業の評判、供給網の安定性、さらには消費者の行動にまで大きな影響を及ぼす可能性がある。
　例えば、ある主要サプライヤーが「環境基準を満たしていない」とする虚偽の報道がなされた場合、当該サプライヤーから製品を調達している企業のブランド価値や信頼性が揺らぐ。この結果、消費者の購買意欲が減退し、競合他社へのシェア流出につながる可能性がある。同様に、物流の遅延や品質問題に関する虚偽の情報が広まると、取引先や株主の間での信頼が損なわれ、サプライチェーン全体にわたる混乱を引き起こすリスクが高まる。
　さらに、偽情報は市場の混乱を招く要因ともなり得る。過去には、農産物や鉱物資源に関する誤情報が拡散し、市場価格の急激な変動を引き起こした事例が報告されている。このような状況では、企業は予測不可能なコスト上昇や供給不足に直面することとなる。

248

これらの偽情報リスクを軽減するための主な対策を表2に示す。

表2 偽情報リスクへの対応

偽情報リスクへの対策	内容
情報の信憑性を迅速に確認する体制の構築	偽情報が流布された際に、真偽を即座に判断できる体制を整えることが重要である。特に、サプライヤーや物流業者とリアルタイムで連携し、正確な情報を共有する仕組みを導入する必要がある。
ブランドとサプライチェーンの透明性向上	偽情報への対応力を高めるためには、サプライチェーンの透明性を確保することが不可欠である。環境基準や品質基準を遵守していることを明確に示すデータや証拠を積極的に公開することで、信頼を維持できる。
デジタル技術を活用したリスク管理	AIや機械学習を活用して、偽情報の拡散を早期に検知し、対応する技術を導入することも効果的である。これにより、偽情報が拡散する前に適切な措置を講じることが可能となる。

出典：著者作成

　偽情報は、目に見えない形でサプライチェーンに影響を与える新たなリスクであるが、その影響を最小限に抑えるための対策を講じることで、企業のレジリエンスを高めることが可能である。

1.6　結論

　企業のサプライチェーンは、近年のグローバル化やデジタル化の進展に伴い、効率性を高める一方で、さまざまなリスクにさらされることが増えている。新型コロナウイルスのパンデミックやロシア・ウクライナ戦争の影響は、予測不可能な事態がサプライチェーンにどれほど深刻な混乱をもたらすかを痛感させた。また、自然災害や地政学的リスク、技術的な脅威に加え、偽情報という新たなリスクがサプライチェーンに多大な影響を与える可能性がある。

　企業は、これらのリスクに対して多様な対応策を事前に講じる必要がある。まず、供給源の多様化や透明性の向上は、リスク分散の基本であり、特定の国やサプライヤーに過度に依存することを回避する戦略が求められる。さらに、デジタル技術やAI、IoTを活用したサプライチェーンの可視化とリアルタイムな情報共有は、偽情報などのリスクにも迅速に対応できる体制を構築する鍵となる。

第Ⅲ部　解決へのヒント

　偽情報への対策として、情報の信憑性を確認する仕組みや、企業全体で
の危機対応力を強化する取り組みも必要不可欠である。これにより、企業
はサプライチェーンの安定性を保ちながら、顧客やサプライヤーとの信頼
関係を維持することが可能となる。
　総じて、サプライチェーンにおけるリスク管理は、単なるリスク対応で
はなく、企業の競争力を左右する重要な要素である。企業は、事前の準備、
迅速な対応、事後の改善を通じて、変化するビジネス環境に柔軟に対応で
きる体制を維持し続ける必要がある。

2. 投資のリスクマネジメント

2.1　リスク管理と投資判断の重要性

　企業の成長と競争力の維持において、リスク管理と投資判断は極めて重
要である。特に現代のビジネス環境においては、技術革新の加速や市場の
グローバル化に伴い、企業が直面するリスクの種類やその複雑性が増大し
ている。ベンチャー投資企業だけでなく、成熟した企業においても、新た
な事業領域への参入やM&Aを通じて成長を目指す局面があり、それぞれ
の段階でリスクを適切に見極め、投資を行うことが企業の存続と成功に直
結する。

2.1.1　リスクとリターンのバランス

　成功する企業は、単にリスクを避けるのではなく、適切にリスクを評価
し、それに見合った投資を行うことで成長の機会を捉えている。ここでの
重要な概念は「リスクとリターンのバランス」である。リスクのないビジ
ネスチャンスは存在せず、リスクを取ることでしか得られない成長機会が
ある。だが、全てのリスクが利益を生むわけではなく、過大なリスクを取
れば企業の存続が危うくなる。このバランスを見極める能力が、成功する
投資家や経営者には求められる。

250

2.1.2 各ステージにおけるリスクの特性

　企業のライフサイクルは、一般的に創業期、成長期、成熟期、衰退期といった複数のステージに分けられるが、各ステージで直面するリスクの特性は異なる。創業期に多いベンチャー投資では技術的な実現可能性や市場へのフィット感が主要なリスクであり、一方で事業が成長し、拡大フェーズに入ると、既存事業の収益性維持や新規市場への進出が焦点となる。さらに成熟した企業では、M&Aや新規事業の立ち上げに伴う統合リスクやシナジーリスクが課題となる。これらのリスクを的確に分析し、ステージに応じた戦略を打ち立てることが重要である。

2.1.3 ベンチャー投資のリスク管理の重要性

　ベンチャー投資では、企業は未確定要素が多く、限られた資金で最大限の成果を出す必要がある。ここでのリスク管理は、以下の二つの側面で極めて重要である。

①プロダクト・マーケットフィットの早期検証

　ベンチャー投資の最大のリスクは、開発した製品やサービスが市場で受け入れられないことである。このリスクを最小化するために、最低限の機能を持った製品（MVP: Minimum Viable Product）を市場に投入し、早期に顧客の反応を得ることが必要となる。このプロセスを怠ると、膨大なリソースを無駄に投入することになりかねない。

②限られたリソースの最適化

　ベンチャー投資企業には、資金や人材といったリソースが限られている。そのため、どこにリソースを集中させるかが極めて重要な意思決定となる。成長の見込みがある分野にリソースを集中し、迅速に判断することが求められる。成功する企業は、リスクを評価しながらも、果敢にリソースを集中投資している。

2.1.4 成長・成熟ステージでの事業投資とM&Aにおける　　　リスク管理の複雑化

企業が成長し、事業投資やM&Aを検討する段階では、リスクの特性が

第Ⅲ部　解決へのヒント

さらに複雑化する。新規事業への投資やM&Aは、単に資金を投入するだけではなく、企業文化の統合やシステムの融合といった人的、組織的な課題が伴う。

①事業投資のリスク

　新規事業への投資は、既存事業とは異なる市場や顧客をターゲットとすることが多く、そこでの市場リスクはベンチャー投資とは異なる形で現れる。また、新しい技術やビジネスモデルを導入する際には、既存事業への影響を慎重に評価する必要がある。これに失敗すれば、事業全体のバランスが崩れ、予期しない損失を被る可能性がある。

②M&Aのリスク

　M&Aは、企業の成長戦略の一環として広く活用される手法であるが、そこには統合リスクやシナジーリスクが潜んでいる。M&A後にシナジーを生むためには、企業文化の統合が重要な要素であるが、これを軽視すると、労働生産性の低下や経営陣の摩擦が発生し、期待されていた効果を発揮できないことが多い。また、統合プロセスの初期段階で見通しが甘かった場合、統合コストが当初の予算を超過し、財務面でも重大なリスクをもたらす。

2.1.5　リスク評価と迅速な意思決定の必要性

　企業の投資判断において、もっとも重要な要素の一つは「リスク評価の迅速性」である。ビジネス環境が急速に変化する現代において、リスクを分析し続けるだけでは後れを取ってしまう。迅速かつ正確なリスク評価に基づいて、果敢に投資決定を行う企業が競争優位を得ることができる。

　成功する企業は、リスクを完全に排除することを目指さず、リスクを受け入れつつ、そのリスクを適切にコントロールし、チャンスを捉える姿勢を持っている。これこそが、企業の持続的な成長を支える基本原則であり、リスクと投資のバランスを適切に取るための重要な戦略である。

2.2　各ステージにおける主要なリスク

　企業は成長プロセスにおいて、ベンチャー投資から成長・成熟ステージ

252

での事業投資、さらにはM&Aに至るまで、異なるステージで様々なリスクに直面する。それぞれのステージでは、企業が抱える課題やリスクの性質が異なり、適切なリスク評価と管理が求められる。本節では、これらのステージにおける主要なリスクについて説明する。

2.2.1 ベンチャー投資におけるリスク

ベンチャー投資は、企業が製品やサービスの開発段階にあり、市場参入を目指す段階が多い。この時期に企業が直面するリスクは特に高く、市場リスク、技術リスク、財務リスクの3つが主な課題となる。

①市場リスク

ベンチャー投資企業にとって最大のリスクは、自社製品やサービスが市場で受け入れられるかどうかが不確実である点である。製品のコンセプトが市場のニーズに合致しているか、競合他社に対してどのような優位性を持つかを慎重に評価する必要がある。市場での失敗は、企業の存続に直結するため、市場調査や顧客のフィードバックを通じて早期に検証することが不可欠である。

②技術リスク

特にテクノロジーを基盤とする企業の場合、開発中の技術が商業化が可能かどうかということが大きな課題となる。技術の実現可能性や、それがスケールアップできるかどうかの検証が重要であり、技術的な失敗は企業の競争力を失わせる可能性がある。段階的な技術検証とリスク管理を求められる。

③財務リスク

ベンチャー投資の企業は、通常、資金調達に依存しており、キャッシュフローの管理が極めて重要である。限られた資金をどのように効率的に活用するかが、事業の成功に直結するため、適切な資金計画と予測が必要である。資金不足に陥った場合、企業の存続そのものが危機に晒される。

253

第Ⅲ部　解決へのヒント

2.2.2　事業投資におけるリスク

　企業が成長を目指して既存事業を拡大する、あるいは新規事業に進出する段階では、市場参入リスク、資源リスク、財務リスクが重要なリスク要因となる。

①市場参入リスク

　新たな市場に進出する際、その市場で競争優位を確保できるかが不確実である。新しい市場や製品ラインに適応するためには、顧客のニーズを正確に把握し、競合他社と比較した際の自社の優位性を確保する必要がある。市場の動向を見極め、柔軟に戦略を調整できる体制が求められる。

②資源リスク

　新規事業にリソースを割り当てる際、既存事業に影響を与えないようにする必要がある。人材、技術、資本といった限られたリソースをどのように配分するかは、企業全体の成長に大きく影響する。適切な資源配分とプロジェクトの優先順位付けが重要である。

③財務リスク

　新規事業や事業拡大には、多額の投資が必要となるが、これが予想以上にコストを要する場合、企業全体の財務状況に悪影響を与える可能性がある。新しい事業が収益を上げるまでのキャッシュフローの見通しや、投資回収期間を慎重に予測することが必要である。

2.2.3　M&Aにおけるリスク

　企業がM&Aを通じて成長を目指す場合、統合プロセスにおけるリスクが大きな課題となる。ここでの主要なリスクは、統合リスク、シナジーリスク、財務リスクである。

①統合リスク

　M&A後の統合プロセスは、企業文化の違いや経営戦略の不一致が原因で、スムーズに進まないことが多い。買収先企業との統合が不調に終わると、労働生産性や士気の低下を招き、事業全体のパフォーマンスに悪影響を与える可能性がある。統合計画を事前に十分に策定し、実行に

第 11 章　サプライチェーンと投資におけるリスク管理

移すための体制が必要である。

②シナジーリスク

　M&Aに期待されるシナジー効果（例えばコスト削減などのコストシ
ナジーや、売上拡大などの営業シナジー）が実現しないリスクも大きい。
買収によってもたらされると期待されていた効果が、実際には達成でき
ない場合、投資が無駄に終わる可能性がある。シナジーの実現可能性を
正確に評価し、リスクに備えた計画を立てることが求められる。

③財務リスク

　M&Aはしばしば多額の資金を要するため、その後の負債が企業の財
務状態を圧迫するリスクがある。財務上の健全性を保つために、買収前
のデューデリジェンス（企業精査）を徹底し、買収後のキャッシュフ
ロー管理を適切に行うことが重要である。財務負担が大きくなりすぎる
と、企業の成長力が阻害される可能性がある。

2.2.4　主要なリスクのまとめ

　各フェーズにおけるリスクは、企業の成長段階に応じて異なるが、それ
ぞれの段階でリスクを適切に評価し、計画的に対応することが成功への鍵
である。ベンチャー投資では市場や技術の不確実性、事業投資ではリソー
スと市場のリスク、M&Aでは統合とシナジーの課題が重要である。企業
はこれらのリスクを見極め、戦略的なリスク管理を実践することで、持続
的な成長を実現できる。

2.3　投資判断とリスク評価のポイント

　企業がベンチャー投資から成長・成熟ステージの事業拡大、M&Aに至
るまでの成長プロセスにおいては、各段階で異なるリスクが存在し、それ
に応じた投資判断とリスク評価が必要である。この節では、ベンチャー投
資、事業投資、M&Aそれぞれに焦点を当て、具体的なリスク評価と投資
判断のポイントを示す。

第Ⅲ部　解決へのヒント

2.3.1　ベンチャー投資のリスク評価と投資判断

　ベンチャー投資では、企業はまだ不確実性の高い段階にあり、製品の市場適合性（プロダクト・マーケットフィット）や技術の実現可能性、財務基盤の弱さなどがリスクとして挙げられる。この段階では、迅速かつ慎重なリスク評価を求められる。

①市場リスクと顧客フィードバックの活用

　ベンチャー投資の企業は、プロダクト・マーケットフィットを確認するために、顧客からのフィードバックを早期に収集することが重要である。最小限の機能を持った製品（MVP）を投入し、顧客の反応を検証することで、市場リスクを軽減できる。また、市場が未成熟であったり、競合他社の動向が不明確であったりする場合、市場のトレンドを見極める能力も求められる。

②リアルオプションによる柔軟な投資戦略

　ベンチャー投資企業が直面する技術リスクや市場リスクに対応するためには、リアルオプションを用いた柔軟な投資戦略が有効である。リアルオプションとは、不確実な未来に対して、企業が採りうる戦略上の柔軟性（フレキシビリティ）をオプション理論で評価し、経営の意思決定をサポートする方法である。例えば、新技術の開発が途中で失敗した場合でも、次のステージでの選択肢を残しておくことで、損失を最小限に抑えることができる。リアルオプションは、リスクをコントロールしつつ、成長のチャンスを捉えるための手法として役立つ。

③キャッシュフローと資金調達リスクの管理

　ベンチャー投資では、資金が限られているため、キャッシュフローの管理が極めて重要である。資金調達の失敗は、事業の継続に直結するリスクとなるため、現実的かつ柔軟な資金計画を策定し、複数の資金調達手段を検討する必要がある。資金不足のリスクに備え、資金調達ラウンドごとの目標を明確にし、事業進捗に応じて適切な投資判断を行うことが重要である。

第 11 章　サプライチェーンと投資におけるリスク管理

2.3.2　事業投資におけるリスク評価と投資判断

　成長フェーズにある企業が既存事業を拡大するか、あるいは新規事業に
進出する際のリスク評価では、市場参入リスクや資源の適切な配分が中心
的な課題となる。

①市場参入リスクの評価

　新規市場への進出や事業拡大に伴うリスクは、ターゲット市場の需要
予測や競合分析に依存する。例えば、既存事業の延長線上にある市場で
あればリスクは低いが、全く新しい分野に進出する場合は、市場リスク
が増大する。徹底した市場調査と、進出先での顧客ニーズを正確に把握
することが求められる。また、新規事業においては、失敗のリスクを想
定した撤退オプションを設定し、事業からの早期撤退が可能な戦略を持
つことが有効である。

　市場参入リスクの評価と投資判断に当たっては、戦略オプションと代
替シナリオ、競争要因の明確化（ファイブ・フォース分析）などの定性
評価、およびNPV(Net Present Value)、IRR（Internal Rate of Return）、
回収期間法、Value at Risk(VaR: 不確実性のある投資における潜在的な
損失リスクの統計的評価手法)などの定量評価を行うことが求められる。

②資源リスクとリソースの最適化

　事業投資には、多額の資源（資金、人材、技術）が必要となるため、
それらをどのように最適化するかが重要な課題である。企業は、既存事
業とのバランスを保ちながら、新規事業にリソースを割り当てる必要が
ある。過度なリソース配分は、既存事業のパフォーマンスを損なう可能
性があるため、リソースの最適化が求められる。また、複数の事業ポー
トフォリオを管理することで、事業全体のリスクを分散し、安定的な収
益を確保する戦略が有効である。

③シナジー効果を意識した投資判断

　既存事業とのシナジー効果を意識した投資判断も重要である。例えば、
資源開発において鉱山事業とトレーディング事業を組み合わせることで、
付加価値を高め、リスクを分散できる。このように、投資する事業の選
択において、既存のビジネスモデルとの相乗効果を追求することが、成

257

第Ⅲ部　解決へのヒント

功のカギとなる。

2.3.3　M&Aにおけるリスク評価と投資判断

M&Aは、企業の急速な成長を実現する有力な手段であるが、リスクが高いため、慎重な評価を求められる。M&Aにおけるリスクは、主に統合リスクやシナジーリスク、財務リスクに分類される。

①統合リスクの評価

M&A後の統合に伴うリスクは、企業文化や経営スタイルの違い、システムの不整合など、多岐にわたる。統合プロセスがスムーズに進まない場合、従業員の士気低下や生産性の低下を招く可能性があるため、事前に統合計画を策定し、明確な統合方針を示すことが重要である。また、統合後の運営においても、現地の経営チームとの緊密な協力関係を築き、迅速な意思決定を行う体制を整えることが求められる。

②シナジーリスクの評価

M&Aにおいて期待されるシナジー効果が実現しないリスクも高い。M&Aの成否は、事前にシナジー効果が実現可能かどうかを評価し、リスクがある場合には対応策を講じることが求められる。例えば、統合後のコスト削減が期待される場合、それがどの程度実現可能であるかを詳細にシミュレーションし、具体的な削減方法を明確にしておく必要がある。

③財務リスクの管理

M&Aは通常、多額の資金を必要とするため、その後の負債が企業の財務状況を圧迫するリスクがある。適切な財務評価と資金調達計画を策定し、M&A後のキャッシュフローを健全に保つことが不可欠である。また、M&A後に予想外のコストが発生した場合にも対応できるよう、資金の流動性を確保しておくことが重要である。

M&Aでは、買収価格算定に当たり企業価値評価を行うが、マーケットアプローチ（株価倍率方式、買収事例比較方式等）、インカムアプローチ（DCF法等）、コストアプローチ（修正簿価方式等）の複数のアプローチで評価の上、適正な価格で買収を行うことが重要となる。

2.3.4 リスクシナリオのシミュレーション

　市場や技術、政策の変化による不確実性に備えるためには、シナリオ分析やシミュレーションを活用することが有効である。企業は複数の未来シナリオを想定し、それぞれに対するリスク対応策を事前に準備する必要がある。例えば、資源価格の急落や技術革新による市場変動に備えたシミュレーションをし、リスクを最小限に抑えるための対応策を策定しておくことが重要である。

2.4　成功と失敗のケーススタディ

　企業が成長を目指して行う投資には、成功事例もあれば、リスク管理や判断ミスによる失敗事例も存在する。本節では、ベンチャー投資、事業投資、M&Aにおける成功例と失敗例を取り上げ、それらの背景にあるリスク評価や投資判断の重要性を掘り下げる。

2.4.1　ベンチャー投資の成功と失敗

　ベンチャー投資では、限られた資源と資金の中で、製品やサービスの市場適合性を迅速に確認し、技術リスクや市場リスクを適切に評価することが求められる。

①成功例：メルカリの市場適合性検証

　メルカリは2013年に設立された日本発のフリマアプリであり、ユーザーがスマートフォンを通じて手軽に商品を売買できるプラットフォームを提供している。同社は、無料で簡単に出品・購入ができる最低限の機能を持つMVPをリリースし、ユーザーからのフィードバックを迅速に収集・反映した。これにより、サービスの改善を繰り返し、短期間で国内外での利用者を急増させた。2016年にはアメリカ市場にも進出し、グローバル展開を加速している。市場ニーズを正確に把握し、限られたリソースを効率的に活用したことが成功の鍵である。

②失敗例：ジャパンディスプレイ（JDI）の過剰投資

　JDIは、2012年に設立された液晶ディスプレイメーカーであり、スマートフォン向けの液晶パネル市場で大きなシェアを持っていた。しか

し、同社はOLED（有機EL）技術への市場移行を見誤り、液晶パネルの生産能力拡大に多額の投資を行った。その結果、OLED市場での競争力を失い、2019年には約1000億円の最終赤字を計上し、経営再建を余儀なくされた。市場の変化を見極めず、リスク評価が不十分だったことが失敗の要因である。

2.4.2　事業投資の成功と失敗

事業投資においては、新規事業の市場参入リスクやリソース配分、シナジー効果の追求が重要なポイントとなる。

①成功例：トヨタのハイブリッド車事業の拡大

トヨタ自動車は、1997年に世界初の量産ハイブリッド車「プリウス」を発売した。同社は、環境問題への関心の高まりとエコカー需要の拡大を見越し、ハイブリッド技術の開発に注力した。その結果、プリウスは世界中で高い評価を受け、累計販売台数は2017年に1000万台を突破している。この事業は、トヨタの収益基盤を強化し、グローバル市場での競争力を大幅に向上させた。

②失敗例：セブン＆アイ・ホールディングスの「7pay」導入

セブン＆アイ・ホールディングスは、2019年7月に独自のスマートフォン決済サービス「7pay」を開始した。しかし、サービス開始直後から不正利用が相次ぎ、約900人が被害を受け、被害総額は約5500万円に達した。セキュリティ対策の不備や、QRコード決済市場への参入時期の遅れが原因とされ、サービス開始からわずか3カ月後の9月に終了を発表した。市場リスクの評価と技術的準備が不十分であったことが失敗の要因である。

2.4.3　M&Aの成功と失敗

M&Aは、企業が急速に成長するための手段として広く活用されているが、統合リスクやシナジーリスク、財務リスクを伴うため、慎重な計画と実行が求められる。

第11章　サプライチェーンと投資におけるリスク管理

①成功例：ソフトバンクによるARMの買収

　ソフトバンクグループは、2016年に英国の半導体設計大手ARMを約3.3兆円で買収した。ARMは、スマートフォンやIoT機器向けの省電力プロセッサ設計で世界的なシェアを持っており、ソフトバンクはこの買収により、IoT市場での成長を視野に入れた事業基盤を確立した。ARMの技術とソフトバンクの資本力を組み合わせることで、将来的な技術革新と市場シェア拡大を目指し、成功を収めた。

②失敗例：パナソニックによる三洋電機の買収

　パナソニックは、2009年に三洋電機を約8000億円で買収した。しかし、買収後の統合プロセスで、企業文化の違いや経営戦略の不一致が表面化し、期待されたシナジー効果を十分に実現できなかった。特に、三洋電機の白物家電事業は競争力を維持できず、2011年には中国のハイアールに売却された。統合計画の不備と事前準備の不足が主な失敗の要因である。

　各ステージにおける成功と失敗の事例は、リスク評価と投資判断の重要性を物語っている。ベンチャー投資では市場リスクと技術リスクの管理、事業投資では市場参入リスクとリソース配分、M&Aでは統合リスクとシナジー効果の実現が鍵となる。成功事例からは、リスクを適切に評価し、計画を実行に移すことの重要性が確認できる一方で、失敗事例からは、準備不足や誤ったリスク評価がもたらす重大な影響が見て取れる。これらのケーススタディを通じて、企業はリスク管理の重要性を再認識し、将来の成長に向けた投資判断をより慎重に行うことが求められる。

2.5　結論

　企業が成長し続けるためには、ベンチャー投資から成長・成熟ステージの事業投資、さらにはM&Aに至るまで、各投資フェーズで異なるリスクを正確に評価し、適切な対応策を取ることが求められる。

　企業が成長する過程で直面するリスクは、投資ステージごとに異なるが、それらを包括的に管理することが、長期的な成功の鍵となる。ベンチャー

261

第Ⅲ部　解決へのヒント

投資では市場リスクや技術リスクの迅速な検証が求められ、事業投資では
ポートフォリオの最適化と競争環境の分析が重要となる。M&Aにおいて
は、統合リスクやシナジー効果の評価が、投資の成否を左右する。

　成功する企業は、常にリスクとリターンのバランスを取りながら、柔軟
な意思決定と戦略的な対応を行っている。リスク管理の手法を深化させ、
多様な投資ステージでのリスクを的確に見極めることが、企業の持続的な
成長を実現するための最善の道となる。

　本章では、サプライチェーンと投資のリスク管理における多面的な視点
を議論してきた。企業が持続的に成長するためには、個別の危機への対応
だけでなく、組織全体での総合的なリスクマネジメント戦略が求められる。

＜参考文献＞

朝岡大輔, 砂川伸幸, 岡田紀子, 『ゼミナール コーポレートファイナンス』, 日本経済新聞出版, 2022年.

エドワード・H・フレーゼル, 小川智由監訳, 『フレーゼル博士のサプライチェーン戦略』, ダイヤモンド社, 2018.

太田洋子, 張替一彰, 小西健一郎, 『企業価値向上の事業投資戦略－成長性とリスクを可視化する定量アプローチ』, ダイヤモンド社, 2011年.

木俣貴光, 『企業買収の実務プロセス』, 中央経済社, 2022年.

経済産業省／EY ストラテジー・アンド・コンサルティング株式会社「令和4年度新興国市場開拓等事業委託費（海外経営判断支援プラットフォーム事業）調査報告書」, 2024.
https://www.meti.go.jp/meti_lib/report/2022FY/000781.pdf

セブン&アイ・ホールディングス, 「7pay サービス廃止のお知らせとこれまでの経緯、今後の対応に関する説明について」, 2019.
https://www.7andi.com/company/news/release/201908011500.html

ショショナ・コーエン, ジョセフ・ルーセル, 尾崎正弘・鈴木慎介監訳, 『戦略的サプライチェーンマネジメント』, 英治出版, 2015.

ソフトバンクグループ, 「当社によるARM買収の提案に関するお知らせ」, 2016.
https://group.softbank/news/press/20160718

トム・コープランド, ウラジミール・アンティカロフ, 栃本克之監訳, 『決定版 リアルオプション─戦略フレキシビリティと経営意思決定』, 東洋経済新報社, 2002.

中山博喜，『9つの失敗パターンでわかるＭ＆Ａ戦略の基本と実務』，中央経済社，2024.

日経クロステック，「トヨタのHEV販売が5年で2.4倍に拡大へ、EVはわずか17万台の低調ぶり」，2024.

https://xtech.nikkei.com/atcl/nxt/column/18/00001/09254/

日本経済新聞，「JDI、東入来CEO退任　前期1094億円の赤字」，2019.

https://www.nikkei.com/article/DGXMZO44821190V10C19A5000000/

パナソニック，「子会社の事業譲渡に関する基本合意について（三洋電機株式会社）」，2011.

https://news.panasonic.com/jp/press/data/jn110728-7/jn110728-7-1.pdf

村上啓二，小林潔司，瀬木俊輔，「鉱山ポートフォリオの長期最適化」，グローバルビジネスジャーナル，vol. 6-1, pp. 9-19, 2020.

村上啓二，小林潔司，瀬木俊輔，川北怜於，「市場リスクを伴う資産の最適売却タイミングに関する分析モデルの研究」，グローバルビジネスジャーナル，vol. 4-1, pp.17-25, 2018.

村上啓二，「金属資源事業のリスクマネジメント」，グローバルビジネスジャーナル，vol. 3-1, pp.2-13, 2017.

メルカリ，「フリマアプリ利用者と非利用者の消費行動に関する意識調査」，2022.

https://about.mercari.com/press/news/articles/20220816_consumersurvey/

柳瀬典由，石坂元一，山﨑尚志『リスクマネジメント』，中央経済社，2018年.

山本晶，「二次流通市場が一次流通市場における購買に及ぼす影響」，マーケティングジャーナル，vo. 40-2, pp. 29-41, 2020.

渡辺章博，『新版M&Aのグローバル実務　第2版』，中央経済社，2020年.

Markowitz, H., "Portfolio selection", Journal of Finance, Vol.7, pp.77-91, 1952.

Merton, R.C., "Lifetime portfolio selection under uncertainty : the continuous time case", Review of Economics and Statistics, Vol.51, pp.247-257, 1969.

S. C. Myers, "Determinants of Corporate Borrowing", Journal of Financial Economics, Vol.5, No.2, pp.147-175, Elsevier, 1977.

Siwar Belgacem, Keiji Murakami, "Mitigating the Impact of Covid 19 and the Russian- Ukrainian War on the Semiconductor Industry - Strategy Analysis of Investing in Localizing the Semiconductor Supply Chain in Japan", Global Business Journal, Vol.10-1, Pp.11-22, 2024.

終章

グローバルビジネスと新たな
危機管理に向けて
－日本的価値の良さを再認識せよ－

はじめに

　現代のビジネス環境は、VUCA（Volatility: 変動性、Uncertainty: 不確実性、Complexity: 複雑性、Ambiguity: 曖昧性）の時代に突入している。このような環境では、企業は気候変動、地政学的リスク、AIなどの急速な技術革新、パンデミックなど、予測困難で多様なリスクと危機に直面している。こうした中で、企業が持続可能な成長を遂げるためには、リスク管理と危機管理の両方を統合的に実施することが不可欠である。

　リスク管理は、潜在的なリスクを事前に予測し、その影響を最小限に抑えるための予防的な手法であり、企業の持続可能性を支える基盤となる。一方、危機管理は、発生した危機に迅速に対応し、その被害を最小限に抑えることを目的としている。これらを効果的に統合することで、企業は予測できない変動に柔軟に対応し、長期的な競争優位を確保できる。

　本章では、リスク管理も含めた危機管理を扱う。両方の管理の統合的アプローチの必要性について述べ、今後はグローバルビジネスには世界共通言語であるSDGs（持続可能な開発目標）も活用すべきとの視点を入れた企業の危機管理と競争戦略を提案する。

1. 現代のリスクと危機管理の新たなパラダイム

　現代のリスクはその影響範囲が広く、企業の存続に大きな脅威をもたらす可能性がある。このような状況において、企業が持続可能な成長を達成

265

第Ⅲ部　解決へのヒント

するためには、リスク管理と危機管理を統合的に実施することが不可欠である。

　リスク管理とは、企業が直面する可能性のあるリスクを事前に特定し、そのリスクを最小限に抑えるための予防的なアプローチである。具体的には、リスクの特定、評価、対策の策定と実施を通じて、その影響を最小限に抑えることを目指す。一方で、危機管理は、すでに発生している危機に対して迅速に対応し、その影響を最小化することを目的とする。この2つのアプローチを統合的に行うことで、企業はリスクの発生を未然に防ぎ、発生した危機に対しても迅速かつ効果的に対応できる体制を整えることができる。

　次の表は、リスク管理と危機管理の各フェーズで企業が取るべき行動とその目的を簡潔にまとめている。リスク管理は主に危機が発生する前の段階での備えを中心に展開され、一方で危機管理は危機発生後の対応と復興に焦点を当てている。

図表1　リスク管理と危機管理

フェーズ	目的	説明	管理の種類	
危機前	減災・備える (Reduce/Readiness)	危機の発生を予防・軽減し、備えるための対策を講じる。	リスク管理	危機管理
危機後	対応 (Response)	発生した危機に迅速かつ適切に対応する。	リスク管理	危機管理
危機後	復興 (Recover)	危機の影響を最小限に抑え、通常業務への早期復旧を目指す。		危機管理

（筆者作成）

2.　危機管理の主なフレームワークとその補完

　企業が危機に備えるためには、さまざまな国際的な規格を定めているISO（国際標準化機構）が策定した複数の国際規格を参考にすることが有効である。代表的なものとして、ISO 22301（事業継続計画の標準規格）、

ISO 22320（緊急時の指揮統制）、ISO 31000（リスク管理のガイドライン）、ISO 27001（情報セキュリティ管理）がある。これらの規格は、企業が適切な対応策を講じるための基準を提供し、リスクや危機に対する手順を示す。

　これらのフレームワークを総合的に活用することで、企業はあらゆる危機に対する準備を整え、事業の継続性を確保するための包括的なアプローチが可能となる。これを目指して「事業継続ガイドライン」が内閣府でつくられている（2005年に策定し、その後数回改訂、最新は2023年）。これは、日本国内の民間企業が地震や台風などの自然災害、テロやパンデミックなどの非常事態に備えるための基本的な枠組みを提供している。このガイドラインに従うことで、企業はリスクの特定から評価、対応、復旧までを一貫して行い、効果的な危機管理とリスク管理を実現できる。

2.1　統合的アプローチの重要性

　危機の多様化と複雑化の背景には、グローバル化、ITやAI化の進展、ステークホルダーからの要求の高まりなどがある。これらの要因が複雑に絡み合う状況では、リスク管理や危機管理を個別的に分けた対応では十分ではない。リスク管理と危機管理を統合しシームレスに対処する「統合的アプローチ」が必要である。

　このアプローチは、リスク管理と危機管理を一体的に実施するものであり、リスクの発生を最小限に抑えながら、危機発生時には迅速な対応が可能となる。このアプローチを取ることで、企業は内部および外部のリスク要因に対して包括的かつ柔軟に対応できる。また、企業全体でリスク意識を共有し、組織的な対応力を向上させることができる。

　この統合的アプローチの重要性は、コーポレートガバナンスコードにも示されている。このコードは2015年に東京証券取引所と金融庁が企業のガバナンス強化のため策定しているもので、その後改訂が行われている。同コードでは、企業がリスクと危機の両方に対処するための体制を整えることを求めており、これにより企業は持続可能な経営を確保できる（例えば、原則4や原則4.2、補充原則4.2.1は、リスクと危機管理の統合的実施を強調しており、企業のサステナビリティと成長を支えるための基盤とし

第Ⅲ部　解決へのヒント

て位置づけられている）。

　企業が事業継続のための計画を策定し、実行するための国際規格として、ISO 22301が示す事業継続マネジメントシステム（BCMS：Business Continuity Management System）が基本となる。最新の改訂は2019年で2024年に気候変動に関する追補がなされた。この規格は、リスク管理やリーダーシップの関与、計画策定、評価、改善を通じて、事業の継続性と組織のレジリエンスを強化することを目的とする。導入することで、企業は国際基準に適合した事業継続計画を持ち、ステークホルダーからの信頼を得られる。

　一方、国内向けには内閣府による「事業継続ガイドライン」に示される事業継続計画（BCP）が、企業が危機に直面した際に迅速に対応し、事業を再開するための具体的な手順や代替手段を記載している。BCPの目的は、事業の中断を最小限に抑え、迅速に通常の業務に戻ることにある。また、リスクマトリックスや全社的リスクマネジメント（ERM）を活用し、リスクの発生可能性と影響度を評価して戦略的な意思決定を支援することが重要である。

2.2　危機管理とSDGsの活用

　ISO規格は、企業がリスク管理や事業継続のために必要な手順を的確に示した有益なマニュアルであるが、これをより有効に使うためには、世界の社会・環境課題を網羅した、SDGs（持続可能な開発目標）で補完することが有効である。

　その理由として、SDGsはすでに世界中で広く普及しており、日本企業でもその適用が進行中であること、SDGsはリスク管理セクションにとどまらず、あらゆる部署で浸透が始まっており、そのため企業内で活用しやすいという利点があることが挙げられる。

　SDGsは、2015年に採択された国連の合意文書「我々の世界を変革する：持続可能な開発のための2030アジェンダ」（以下、2030アジェンダ）に基づき定められた、2030年を目標年次とする17の目標と169のターゲット（具体的目標）からなる網羅的な枠組みである。

268

SDGsは、193カ国の全国連加盟国の合意のもとで策定されていることから、いわば「世界の共通言語」としての役割を担っている。この合意により、SDGsは国際社会における持続可能な発展の指針として、各国が共通の目標に向かって取り組むための基盤となっている。また、後述するように、この優れた共通言語であるSDGsは、目標年次の2030年以降の「ポストSDGs」においても基本的なフレームが維持されながら、引き続き国際社会の指針として機能し続けることが期待されている。

SDGsは環境、社会、経済などの多岐にわたる課題を包括的に捉えている。企業の役割も重視しているため、SDGsを活用することで、企業はISOの具体的な実践に加えて、変化する世界全体を視野に入れた戦略を策定することが可能となる。

具体的には、SDGsの17目標と169のターゲットは、企業にとってのビジネスチャンスとリスク管理事項の両方を網羅している。このため、企業がSDGsを活用した危機管理を実践することで、危機管理の従来のツールを補完して、より包括的で効果的な危機管理体制を構築することが可能となる。SDGsを活用することで、企業はリスクと危機に対する対応力を強化し、持続可能な成長を達成し、競争優位を維持することにつながる。

2.3 ESG/SDGsマトリックスの活用による危機管理の強化

企業がSDGsを経営戦略に組み込む際、筆者が提唱する「ESG/SDGsマトリックス」を活用することで、危機管理の強化も図られる。このマトリックスは、ESG（環境、社会、ガバナンス）の対応項目を「行」に、SDGsの17目標を「列」に配置し、ESGの各活動がどのSDGs目標に貢献しているかを視覚的に示すものである。この手法により、企業はSDGsの17目標と169のターゲットを活用し、チャンスとリスクの両方を包括的に洗い出すことができる。すでに20近くの企業で筆者の監修により作成されている（詳しくは拙著などをご参照）。

SDGsは環境、人権、ガバナンスなど多岐にわたる分野をカバーしており、これらのターゲットをあてはめることで、企業が見落としがちな危機やリスクを特定する手助けとなる。特に、目標12「持続可能な生産と消

費」、目標13「気候変動に具体的な対策を」、目標16「平和と公正をすべての人に」などが、企業が危機管理を強化するために活用できる。

このマトリックスを活用することで、企業は潜在的な危機を体系的に把握し、事業活動とSDGsの目標との関連を可視化できる。併せて、ESGについても、気候変動、資源枯渇、人権侵害、労働条件の悪化、不正行為などの危機を明確にし、戦略的な危機管理を支えることが可能となる。ESG/SDGsマトリックスを活用することで、SDGsを重視する幅広いステークホルダーに対しても、ESG投資家に対しても訴求できる。

図表2　SDGs経営支援ツール:ESG/SDGsマトリックス(笹谷マトリックス)イメージ簡素版

ESG	ISO26000(7つの中核主題)	具体的対策(例)	1	2	3	4	5	6	7	8	9	10	11	12	13	14	15	16	17	担当部署
G	組織統治	コーポレート・ガバナンス																●		経営企画部・法務部
		リスク管理・内部統制																●		内部統制室
	公正な事業慣行	コンプライアンス																●		
S	人権	サプライチェーンと人権		●						●				●				●	●	事業関係部署
	労働慣行	「人的資本経営」関連事項		●		●	●			●										人事・経営企画
	消費者課題 (BtoBの場合は取引先への責任コミュニティ課題)	「消費者志向経営」												●					●	関連部署
		地域社会との協働										●							●	工場所在地など
E	環境	カーボン・ニュートラル				●					●				●		●			環境部
			1	2	3	4	5	6	7	8	9	10	11	12	13	14	15	16	17	

ESG　CSR　SDGs

©2024hsasaya

出典：笹谷秀光「競争優位を実現するSDGs経営」（中央経済社・2023）を加工（著者作成）

そこで、本章では、このSDGs/ESGマトリックスを危機管理にも応用する手法を説明する。まず、このマトリックスではCSRの国際規格であるISO 26000（社会的責任の手引き、2010年）を使っている。ISO 26000は、CSR（企業の社会的責任）を実践するための具体的な手順を示すだけでなく、いわば「To Doリスト」も示したところに特色があり、ほかのISOとも整合性がある。また、CSRの本業を活用して実践することを強調しており、事業活動を通じて社会や環境への貢献を図ることを求めている。

この「To Doリスト」が7つの中核主題だ。7つの中核主題は、組織統治、人権、労働慣行、環境、公正な事業慣行、消費者課題、コミュニティ課題と網羅的だ。それぞれをリスクの視点で整理すると以下のようになる。

終章　グローバルビジネスと新たな危機管理に向けて

- 組織統治リスク：透明性、説明責任、意思決定の健全性に関するリスク。
- 人権リスク：労働者の権利保護、差別防止、強制労働・児童労働防止など。
- 労働慣行リスク：働き方改革、労働条件改善、健康・安全への影響。
- 環境リスク：気候変動、水資源、廃棄物処理、環境法令遵守。
- 公正な事業リスク：コンプライアンス、法令順守、倫理、不正防止。
- 消費者課題リスク：製品安全、品質管理、消費者保護、マーケティング倫理。
- コミュニティリスク：災害、紛争、パンデミック、地域社会との関係維持。

　このように、ISO 26000の7つの中核主題は、企業が直面しうるさまざまなリスクを包括的に整理するためのフレームワークを提供しており、企業はこれを基に各リスクに対する管理策を策定し、持続可能な経営を実現できる。

　この整理に2030年を目標年次として具体的課題を示したSDGsの17の目標と169のターゲットとクロスマトリックスとして組み合わせることで、ISO 26000の7つの中核主題に対するリスクを、より具体的に整理できる。

　例えば、組織統治に関するリスクは、SDGs目標16「平和と公正をすべての人に」のターゲットである「汚職や贈収賄を大幅に減らす」などとクロスすることで、企業の透明性や説明責任に関連するリスクを特定できる。人権に関するリスクは、SDGs目標8「働きがいも経済成長も」や目標10「人や国の不平等をなくそう」と関連し、不当な労働や平等の確保に関するリスクを評価できる。

　このように、ISO 26000の中核主題とSDGsの目標・ターゲットをクロスマトリックスに整理することで、企業は国際的な持続可能性基準に沿ったリスク管理を実施し、変化するグローバルな経営環境に柔軟に対応できる。

　次の図表は、マトリックスをリスク管理に応用したイメージを示してい

271

第Ⅲ部　解決へのヒント

る。左端には、ESGの各要素に対応するISO 26000の「7つの中核主題」が配置されており、それぞれの主題に関連する具体的なリスクを記載している。次に、これらのリスクがSDGsのどの項目に該当するかを示す列が続く。最後に右端には、これらのリスクを担当する部署が記載されており、リスクに対する責任体制が明確になっている。

　このように、ESGの観点からリスクを整理し、SDGsの目標と照らし合わせ、さらに担当部署を明確にすることで、企業はESGの課題にも対応しつつ、持続可能な成長を目指すための包括的なリスク管理を実現できるのである。

図表3　マトリックスのリスク管理への応用

ESG	ISO 26000の7つの中核主題	関連リスク（例）	SDGs17目標																責任部署
			1	2	3	4	5	6	7	8	9	10	11	12	13	14	15	16	17	
G	組織統治	ガバナンスリスク																●	●	経営企画部、法務部
S	人権	人権リスク	●		●	●	●			●								●		総務部
	労働慣行	労働関連リスク								●										人事部
	公正な事業慣行	法令リスク								●				●				●		法務部、各事業部
	消費者課題	消費者保護リスク			●									●				●		マーケティング部
	コミュニティ	災害リスク		●	●	●							●						●	工場など
E	環境	環境リスク						●	●					●	●	●	●			環境部、関連部
			1	2	3	4	5	6	7	8	9	10	11	12	13	14	15	16	17	

出典：笹谷秀光「競争優位を実現するSDGs経営」（中央経済社・2023）を加工（著者作成）

3. 最新リスクとSDGsを活用した危機管理の実践

　最近の危機管理で課題となっているサプライチェーン、人権侵害、環境危機、企業不祥事についてSDGsを活用した危機管理の実践を説明する。

　現在のリスクを分類すると、伝統的なリスクと比較的新たなリスクがあり、その両方を考慮する必要がある。伝統的なリスクには、「事業機会に関連するリスク」と「事業活動の遂行に関連するリスク」がある。前者には、新事業分野への進出リスク、商品開発戦略のリスク、資金調達や設備投資のリスクが含まれ、後者にはコンプライアンス違反リスク、財務報告の不備リスク、商品品質の問題、情報システムの不具合が含まれる（「リスク新時代の内部統制・リスクマネジメントと一体となって機能する内部統制の指針」（平成15年6月 リスク管理・内部統制に関する研究会参照）。

　比較的新たなリスクとしては、ESGに関連したリスク（気候変動リスク、社会的リスク、ガバナンスリスク）も重要視されている。また、地政学的リスクは、国際的な政治情勢や貿易関係の変化によるリスクとして、最近では極めて重要だ。

　企業は、これらの多様なリスクに対処するため、包括的なリスク管理体制を構築することが求められている。

3.1　サプライチェーンの危機管理

　サプライチェーンの危機管理は、調達、製造、販売の各段階で異なるリスクに対応することが求められる。

　調達段階では、自然災害や気候変動が主なリスクであり、企業はSDGs目標13「気候変動に具体的な対策を」や目標11「住み続けられるまちづくりを」に基づき、サプライヤーと協力して災害に強いインフラを整備し、調達の中断リスクを減らすことが必要である。

　製造段階では、財務リスクや運営リスクが課題となり、SDGs目標8や目標17に従い、持続可能な経済活動と効率的な製造プロセスを構築することが求められる。

　販売段階では、社会的リスクや市場変動リスクに対応する必要があり、SDGs目標3の「健康」や目標16に基づき、健康被害の防止などの戦略が

第Ⅲ部　解決へのヒント

求められる。

　新型コロナウイルスパンデミックは、サプライチェーンの脆弱性を浮き彫りにした。パンデミックによる渡航制限や物流の停滞が、供給網全体に深刻な影響を及ぼし、自動車部品や医療物資の供給に混乱をもたらした。経済産業省の「経済産業政策新機軸部会中間整理」（2022年6月13日）では、各国での労働力不足や輸送の遅延が報告され、特に中国のロックダウンが企業活動に大きな影響を与えた。これを踏まえ、企業はサプライチェーンの強靭化、地産地消型の戦略、共助体制の強化、BCPの見直しを進めている。

　SDGsを活用した危機管理の実践として、サプライチェーンの各段階における主要なリスクに対応するSDGsターゲットを示す表を以下に提示する。このようにSDGsのターゲットをあてはめることで、より効果的なリスク管理につなげていくことができる。

図表4　サプライチェーンにおけるSDGsのリスク関連ターゲット

サプライチェーンの段階	主なリスク	関連SDGsターゲット	リスク管理事項
調達	自然災害、気候変動、サプライヤーの信頼性	目標13.1: 気候関連災害のレジリエンス強化 目標12.7: 持続可能な公共調達	サプライヤーの環境影響評価 災害に強い調達ネットワークの構築
製造	財務リスク、運営リスク、品質リスク	目標9.4: 持続可能な技術革新の促進 目標12.2: 資源管理と効率的な利用	持続可能な資源利用計画 エネルギー効率の向上と廃棄物管理の改善
販売	市場リスク、社会的リスク、顧客信頼リスク	目標8.5: 持続可能な雇用の促進 目標10.3: 平等な機会の確保	公正な労働環境の提供 顧客信頼を維持するための透明なコミュニケーション

（筆者作成）

274

終章　グローバルビジネスと新たな危機管理に向けて

3.2　人権侵害に対する危機管理

　グローバルな事業展開を行う企業にとって、人権侵害に遭遇する危機管理はますます不可欠となっており、SDGsを活用して効果的に対応できる。企業にとっては、SDGs目標8「働きがいも経済成長も」や目標10「人や国の不平等をなくそう」などが、人権侵害に対する危機管理に関係が深い。サプライチェーン全体での人権デュー・ディリジェンスの実施、労働環境の改善、強制労働の排除などが重要である。

　人権デュー・ディリジェンスは、企業活動が人権に与える影響を事前に評価し、潜在的な人権侵害を未然に防ぐためのプロセスである。企業はこの手法を通じて、人権侵害に遭遇する危機を戦略的に管理し、ブランド価値を守るとともに、ステークホルダーとの信頼関係を強化することが可能となる。

　また、人権侵害の危機管理においては、サプライヤーとの協力や定期的な監査、人権に関する教育プログラムの導入なども重要だ。

　さらに、企業は人権侵害の危機を評価し、労働条件の改善や公正な取引慣行の推進を図ることが求められる。企業が人権を重視することは、長期的なビジネスの安定性を確保するためにも不可欠である。SDGsには多くのターゲットで人権侵害のリスク事項を盛り込んでいるので、これを活用することで、人権対応が強化される。

3.3　環境危機管理と気候変動対策

　環境課題は、今や企業にとってリスクを超えて深刻な危機となっており、特に気候変動に伴う危機への効果的な対処が不可欠である。SDGs目標13「気候変動に具体的な対策を」や目標15「陸の豊かさも守ろう」は、気候変動や生物多様性への影響を評価し、適切な対策を講じるための指針を提供する。企業はエネルギー効率の改善、再生可能エネルギーの導入、炭素排出の削減などの環境対策を進める必要がある。これにより、環境危機を軽減し、持続可能な成長を実現することが可能となる。

　また、企業が気候変動に対するリスク管理を強化することで、投資家や消費者からの支持を得ることができ、持続可能なビジネスモデルを構築し、

275

市場での競争力を強化できる。

　特に注目すべきは、TCFD（気候関連財務情報開示タスクフォース）のフレームワークである。TCFDは、企業が気候変動リスクを管理し、その財務的影響を開示するための国際基準を提供している。このフレームワークは「移行リスク」（政策や技術の変化によるリスク）と「物理的リスク」（自然災害などによるリスク）に対応し、企業の危機回避のための行動指針を示している。

　TCFDはガバナンス、戦略、リスク管理、指標と目標の4つの要素に基づき、企業の透明性を高め、持続可能な成長を支える重要なツールである。日本ではTCFDへの賛同者が世界最多である。また、この仕組みが企業のESG開示ルールとして「デファクトスタンダード化」しているので正確な理解が求められる。

3.4　ガバナンスとリスク管理

　近年、企業不祥事が頻発しており、その対応は企業の存続に直結する危機につながる例が多くなった。不正行為や倫理的問題はレピュテーションダメージ（評判の損失）を引き起こし、企業の信用を大きく失墜させる可能性がある。

　SDGs目標16「平和と公正をすべての人に」は、企業が透明性を高め、説明責任を果たすことの重要性を強調している。

　この目標の危機管理のターゲットのポイントは次の通り多岐にわたる。法の支配の強化、正義へのアクセスの確保、汚職や賄賂などの不正行為の減少、効果的で透明性のある制度の構築、包摂的で参加型の意思決定の強化、すべての人への法的アイデンティティの提供、国際協力で違法な金融・武器取引の防止、紛争後の制度構築を支援し平和維持を促進、である。

　これらの項目は、健全なガバナンスを確立し、企業が透明性と説明責任を果たすための基盤を提供するものである。また、ガバナンス強化を通じて、企業は情報の正確性と信頼性を確保するデータ管理体制を整備し、不祥事の未然防止に努めることが求められる。SDGsに基づくガバナンス強化の取り組みは、企業が市場での地位を守り続けるための鍵であり、持続

可能な未来を築くための重要な要素である。

3.5 サステナビリティ体系の統合化と組織編成の必要性

　企業の持続可能な発展を確保するには、サステナビリティ体系の構築が不可欠である。サステナビリティはESGやSDGsの実践を含み、今や企業経営戦略の中心に位置づけられているが、リスクマネジメントやガバナンス、コンプライアンスなどが各部署で個別に運用され、効果的な戦略実行を妨げているケースがみられる。

　このため、これらの機能を統合し、サステナビリティ体系のもとで一貫性を持たせることが求められる。具体的には、リスク管理と危機管理を統合しこれらの担当部門を、サステナビリティ担当部門に統合または連携強化することが有効である。

　リスクの多様化と複雑化に対応するためには全社的な意識改革が必要であり、経営陣の強力なリーダーシップが求められる（参考として、「ESG/SDGs時代におけるリスクマネジメントの高度化」（三菱UFJリサーチ＆コンサルティング株式会社、2024年3月）は、ESGやSDGsに関連するリスクを経営戦略に統合する重要性を提起している）。

4. 解決へのヒントと今後の課題

　企業が持続可能な成長を実現するためには、これまで述べたリスク管理と危機管理の統合アプローチに加え、いくつかの今後の課題に取り組む必要がある。

　まず、企業内で危機を客観的に議論し、共通の理解を深める文化を醸成することが求められる。SDGsを活用して持続可能な価値観を共有し、危機管理能力を向上させることが重要である。また、地政学的な危機に対応するためには、グローバルな視点と迅速な情報収集が不可欠である。

　危機管理にはAIの活用も効果的である。データ分析を通じて危機の早期発見と迅速な対応策の提案が可能となるので、AIスキルを持つ社員の育成が企業の競争力を高める要素となる。これにより、危機を最小限に抑え、持続可能な成長をサポートする体制を構築できる。

第Ⅲ部　解決へのヒント

　また、従来の枠組みを超えた新しい視点で問題に柔軟に取り組む"Think out of the Box"の姿勢も危機管理には不可欠である。

　そこで人材面では、企業は、多様なバックグラウンドや専門知識を持つ人材を確保し、多様な気づきをもとに危機管理を進化させる必要がある。これにより、企業は多角的な視点で危機を捉え、新たなリスクにも対応できる包括的な管理策を策定することが可能となる。また、リーダーシップの強化も重要であり、経営トップが危機管理の重要性を組織全体に浸透させる役割を果たすべきである。

　持続可能な成長を達成するためには、危機に対する感度を持つ社員の力量を強化することが不可欠である。教育や研修を通じて全社員が危機管理を理解し実践する環境を整備し、幅広い視野と深い知識を持つ「スーパージェネラリスト」を育成することが求められる。こうした人材が情報共有と危機管理の文化を強化し、全社員が危機に対する共通の理解を持つ基盤を作ることが重要である。

　組織面では、前述のとおり、企業はリスクマネジメント、コンプライアンス、SDGs、ESGなどに別々に対処するのではなく、それらを統合したアプローチを取る必要がある。以上のように、企業はリスク・危機管理とサステナビリティ戦略を統合して推進することで、持続可能な成長と競争優位を維持できる。従来の枠組みを超える創造的な思考と革新的なツールの活用を通じて、新たな課題に柔軟に対応する企業文化を形成することが求められている。

5.　ポストSDGsと危機管理の新たな枠組み

　SDGsは、2015年の策定以来、4年ごとに見直しが行われてきた。2019年と2023年のSDGサミットでは、各国がSDGsの進捗状況を評価し、目標達成に向けた課題を見直すとともに、今後の方向性を議論した。次の2027年に向けて「ポストSDGs」の議論が本格化する。新たな枠組みの策定が求められており、日本が、この新しい枠組みのルールメイキングに積極的に関与することが重要である。

　ポストSDGs時代に向けて、企業は、新たな危機管理の視点を持つこと

がますます重要になっている。現代のビジネス環境は、気候変動、地政学的危機、技術革新など、多様で複雑な危機に直面しており、従来のリスク回避だけでなく、危機を機会として捉え、戦略的に活用する柔軟性が求められる。総合的な危機管理のアプローチを取り入れることで、企業は持続可能な成長を目指すことができる。

特に日本では、SDGsの実装が幅広く進みつつあり、ポストSDGsの提案に向けて積極的な役割を果たすことが期待される。ポストSDGsに向けて、日本は、新しいルールメイキングにおいてリーダーシップを発揮し、持続可能な社会の実現に向けて前進することが求められている。

以上のとおり、SDGsを通じた危機管理の実践とそれに基づく組織の進化は、企業の持続可能な成長と長期的な競争優位の確立に不可欠である。

図表5　ポストSDGsへのタイムライン

（筆者作成）

6. おわりに：グローバルビジネスと新たな危機管理に向けて ―日本的価値の再認識―

グローバルビジネスと新たな危機管理を考えると、あらためて思い当たる日本の特性がある。日本が「失われた30年」として自虐的に捉えがちな見方から脱却し、前向きな視点で過去の経験を活かすことの重要性であ

る。この30年間における世界での経済的地位などの低下の一方、日本は多くの分野で熟成し、独自の強みを形成してきたのではなかろうか。また、「もったいない」や「おすそわけ」といった伝統的な価値観は、SDGsが掲げる持続可能な社会の理念と一致しており、日本の環境意識や協調性を象徴している。こうした文化的強みを再評価することにより、日本は「失われた30年」から抜け出し、グローバルビジネスにおいてもポジティブな変革を進めることができる。

　ちょうどそのような時期に、2024年に新たに発行された1万円札の顔に渋沢栄一が採用された。渋沢栄一の「論語とそろばん」の精神は、新しい時代にふさわしいリーダーシップのあり方を示唆している。彼の考えは、道徳と経済のバランスを重視し、社会の発展と個人の利益の両立を目指すものであり、現代の企業経営にも重要な示唆を与える。渋沢栄一の時代も激変の時代であった。彼は早い段階からグローバルな価値観に触れ、柔軟な思考と多様な視点を持つことの重要性を体現していた。今後、日本を訪れる多くのインバウンド観光客が紙幣を通じて渋沢栄一の存在を認識し、その精神を知るきっかけとなることは、日本の文化的な強みを世界に発信する良い機会でもある。

　日本には、いまだグローバルな視野が不足している面があり、これを補強する必要がある。そこで、日本はSDGsという国際共通言語を活用することで、世界的な視点を取り入れ、自国の強みをさらに強化できる。

　これからの時代には、新たな視点と柔軟な思考を持つ若い人材の育成が不可欠である。多様な視点を持つ人材が企業の中核を担うことで、変化の激しいグローバルビジネス環境に対応し、持続可能な未来を築くことができる。渋沢栄一の「論語とそろばん」の精神も参考にして、持続可能なビジネスモデルを構築し、グローバルな競争の中でリーダーシップを発揮することが求められている。

終章　グローバルビジネスと新たな危機管理に向けて

＜参考文献＞

・本稿は下記の参考文献のほか、著者による次の著作を含む論文、連載記事などを修正・加筆して活用している。

笹谷秀光、「Q&A SDGs 経営」「同・増補改訂最新版」(日本経済新聞出版・2019 年 /2022 年)

笹谷秀光、「3 ステップで学ぶ自治体 SDGs」(ぎょうせい・2020 年)

笹谷秀光、「競争優位を実現する SDGs 経営」(中央経済社、2023 年)

「事業継続ガイドライン - あらゆる危機的事象を乗り越えるための戦略と対応 -」(令和 5 年 3 月)内閣府 防災担当 https://www.bousai.go.jp/kyoiku/kigyou/pdf/guideline202303.pdf(2024.11.20　閲覧)

「リスク新時代の内部統制：リスクマネジメントと一体となって 機能する内部統制の指針」(平成 15 年 6 月 リスク管理・内部統制に関する研究会) https://warp.da.ndl.go.jp/info:ndljp/pid/285403/www.meti.go.jp/kohosys/press/0004205/1/030627risk-hokokusyopdf(2024.11.20　閲覧)

「ESG/SDGs 時代におけるリスクマネジメントの高度化」(三菱 UFJ リサーチ & コンサルティング株式会社、2024 年 3 月) https://www.murc.jp/library/column/qmt_2109028/(2024.11.20　閲覧)

281

おわりに

　本書は、現代社会におけるリスクマネジメントを日本語の危機管理と訳し、その本質を探求し、理論を含めた実践的な考え方を体系的に整理したものである。危機管理とは、単なるリスク回避の手法ではなく、むしろ不確実性と向き合い、それを機会に変える戦略的思考である。本書の各章を通じて、多様なリスクがどのように発生し、それに対してどのような対応が求められるのかを論じた。

　また本書では、現代における危機管理の実情を「現代のリスク事例」「危機管理理論」「未来への対応策」という三つの観点から整理した。2020年代に入り顕在化したサイバー攻撃の激化、気候変動による経済的影響、エネルギー危機、そしてパンデミックによる社会の不安定化など多くのテーマを取り上げ、企業や個人に与える影響について深く掘り下げた。

　私たちが直面する危機は単なる障害ではなく、新たな可能性を開く扉でもある。未来は、これまでの歴史が証明してきたように、困難を乗り越えた者にのみ拓かれるものであろう。危機に直面したときこそ、私たちはその経験を糧にし、より強く、よりしなやかに成長できる。本書を通じて、読者の皆さんがそれぞれの環境に応じた危機管理の知見を深め、実践できることを願ってやまない。

　私たちは日々、さまざまなリスクに直面している。たとえばサイバー攻撃のリスクは、企業の存続に直接関わる重大な脅威にもなっている。2023年には、日本の大阪府にある大手病院が大規模なランサムウェア攻撃を受け、電子カルテシステムが麻痺し、数千人の患者の診療が遅延する事態が発生した。この攻撃により、病院の診療業務が一時停止を余儀なくされ、救急患者の受け入れにも影響が及んだ。特に、緊急手術の遅延や患者情報の流出リスクが問題視され、医療機関のサイバーセキュリティ対策の重要性があらためて認識されるに至った。こうした事件は、医療分野におけるサイバーセキュリティの脆弱性を露呈し、生命に直結する業界におけるデジタル防衛の重要性を浮き彫りにしたものである。インフラのデジタル依

存度が高まる中で、サイバーセキュリティ対策の不備が大規模な経済的混乱を招くことを示す事件だった。医療機関に限らず金融機関や企業、政府機関も標的にされるケースが増えており、対策の遅れが多大な経済損失につながることが懸念される。

　また、気候変動は国家間の経済競争を加速させ、エネルギー供給の不安定性を増している。2022年には、ロシアのウクライナ侵攻に伴い、欧州諸国がロシア産エネルギーからの脱却を目指し、代替エネルギーの確保に奔走する事態となった。これにより、企業はエネルギー価格の急変動に備えた戦略的なリスクマネジメントが必要不可欠となった。日本においても電力需給の逼迫が深刻化し、再生可能エネルギーの導入や省エネ技術の開発が急務となっている。

　危機管理の枠組みは、個々の企業だけでなく、国家戦略や地域経済の発展にも大きく関与している。たとえば、2024年の能登半島地震では、広範囲にわたる被害が発生し、多くの国際的な支援が求められた。この地震は、能登地方の広範囲に甚大な被害をもたらし、道路や鉄道といった輸送インフラの寸断が発生した。その結果、救援物資の配送が遅延し、被災地の復旧活動にも影響が及んだ。特に、能登地域にある食品加工工場や観光業は深刻な打撃を受け、地元経済への影響が長期化することが懸念されている。また、この地域から供給される一部の部品の製造が停止したことで、日本国内の自動車や電子機器メーカーの生産ラインにも影響が波及し、サプライチェーンの脆弱性があらためて浮き彫りとなった。

　組織における危機管理の実践には、ガバナンスとリーダーシップの強化が不可欠である。柔軟かつ迅速な対応こそが、現代の企業に求められる危機管理能力である。同時に、リーダーが的確な判断を下すためには、平時からのシミュレーション訓練や情報共有の徹底が欠かせない。

　危機とは試練でありながら、同時に新たな挑戦への道でもある。本書が示した多くの事例や理論を通じて、読者の皆さんが自身の環境に即した危機管理の方法を見出し、実践に活かすことを心から願うばかりである。私たちが学び、行動し続ける限り、未来はより良いものとなるに違いないと信じたい。

　さまざまな研究会を経て得られた知見を軸とした本書の編集作業は、グローバルビジネス学会危機管理研究部会の運営委員によって、対面およびオンラインによる数回の編集会議を経て進められた。各章の執筆者は、グ

ローバルビジネス学会の正会員を中心としている。また、編集作業には特に吉川由紀恵氏、日野原由佳氏、安達良治氏をはじめ多くの研究会運営委員が力を発揮してくださった。

　また、グローバルビジネス学会における危機管理研究部会の日々の研究活動に対し、学会宛てに多大なご寄付を賜った株式会社ドトールコーヒー創始者・名誉会長の鳥羽博道氏にも、この場をお借りして感謝を申し上げたい。さらに、学会にご支援をくださった濱田総一郎氏、および学会の理事を務めてくださった蓑宮武夫氏（故人）にも、感謝を申し上げる。

　そして何より、三和書籍の高橋考社長による出版に向けた多大なご尽力と研究会へのコミットメントなくして、本書は決して世に出ることはなかった。心からの感謝を申し上げる次第である。

2025年2月
グローバルビジネス学会
危機管理研究部会

著者プロフィール

序章

中林 美恵子（なかばやし みえこ）（監修）

早稲田大学教授。その他、グローバルビジネス学会会長、TOPPAN ホールディングス（株）社外取締役、（公財）東京財団常務理事、米国マンスフィールド財団・名誉フェロー、WASEDA USA 理事、（公財）笹川平和財団上席フェロー、（公財）日本プロスポーツ協会理事などを兼務。学位は大阪大学博士（国際公共政策）、米国ワシントン州立大学修士（政治学）。1992 年米国永住権取得後、連邦議会上院予算委員会に正規採用され 10 年勤務。在米 14 年を経て帰国。大学教員や政府審議員、衆院議員（2009 年〜 2012 年）などを経て現職。著書に『アメリカの今を知れば、日本と世界が見える』東京書籍（2025）、『混乱のアメリカと日本の未来』マイナビ新書（2024）など多数。また共編著に *Handbook of Japanese Public Administration and Bureaucracy,* Amsterdam University Press/ MHM Japan Documents（2024）、『挑戦を受ける民主主義と資本主義』東京書籍（2022）など。

第1章

平林 信隆（ひらばやし のぶたか）

共栄大学 学長、国際経営学部教授。早稲田大学理工学部卒業。南カリフォルニア大学 経営学修士（MBA）修了（成績優秀者 Dean's List）。EU ビジネススクール経営学博士（DBA）修了。グローバルビジネス学会 代表理事副会長。異文化経営学会理事。日本メンタルヘルス協会公認心理カウンセラー。専門はダイバーシティ＆インクルージョン（D&I）、組織行動学、国際経営学、国際企業戦略など。ソニーグループの執行役員として、コーポレート・ベンチャーやジョイント・ベンチャーの起業、米国 NASDAQ IPO などを含む国内外の多くの新規事業の立ち上げに従事。著書は『生まれ変わる日本：多様性が活きる社会へ』文眞堂（2024）、『世界水準のホスピタリティ：組織行動学から見た理論と実践』デザインエッグ社 (2022)[グローバルビジネス学会 2022年度学会賞受賞]、『多文化理解と異文化コミュニケーション：多国籍学生チームと共に学んだ理論と実践』創成社 (2019)、『MBA エッセンシャルズ』東洋経済新報社 (2019)、『MBA アカウンティング』ダイヤモンド社 (1994) など多数。

第2章

吉川 由紀枝（よしかわ ゆきえ）

ライシャワーセンター　アジャンクトフェロー。慶応義塾大学商学部卒業。アンダーセンコンサルティング（現アクセンチュア）東京事務所にて通信・放送業界の顧客管理、請求管理等に関するコンサルティングに従事。2005 年米国コロンビア大学国際関係・公共政策大学院にて修士号取得後、ライシャワーセンターにて上級研究員をへて 2011 年 1 月より現職。また、2012-14 年に沖縄県知事公室地域安全政策課に招聘され、普天間飛行場移転問題、グローバル人材育成政策立案に携わる。
著書：「現代国際政治の全体像が分かる！˝世界史でゲームのルールを探る˝」

第3章

安田 佐和子（やすだ さわこ）

世界各国の中銀政策およびマクロ経済担当の為替ライターの経験を経て、2005 年からニューヨークに拠点を移し、金融・経済の最前線、ウォール街で取材活動に従事。2015 年に帰国、三井物産戦略研究所にて北米経済担当の研究員、双日総合研究所で米国政治経済や経済安全保障などの主任研究員を経て、現職。トレーダム株式会社にて為替アンバサダー、計量サステナビリティ学機構にて第三者委員会委員、日本貴金属マーケット協会でフェローを務める。

第4章

菅田 誠（すがた まこと）

キャブテングループ主宰（キャブテンサポート株式会社／キャブテンファーム株式会社　代表取締役）。
立教大学法学部卒業・慶應義塾大学法学部中退。通商産業省（現・経済産業省）に入省し、地球サミットや地域研究所統括などに従事。
川魚問屋・酒問屋などで流通・小売業を学んだ後、東京都練馬区議会議員・練馬区農業委員として事業評価制度の充実に取り組む。
古物商として常設フリーマーケットを開業後、東日本大震災の復興支援（トラック協会の慈愛協力で約 100 トンの支援物資を自ら現地に届ける）を主宰したことをきっかけに起業。
以来、経営・広報・マーケティング・政治行政・社会貢献事業のシンクタンクコンサルティング、自治体と協定し「道の駅」への電気自動車用充電器設置事業、地元商店会長として地域活性化に努める。
また最近は、古民家鑑定士として日本の建築伝統の継承、農業法人を創業して伝統農法や農地再生などを研究、実践している。
著書では、北欧の地域コミュニティ拠点「図書館」に関する書籍を発刊している。

第5章

関山 健（せきやま たかし）

京都大学大学院総合生存学館教授。博士（国際協力学）（国際政治学）。
財務省で予算編成や法令起案、外務省でアジア向け ODA 立案や経済連携協定の交渉などの
政策実務を経験した後、日本、米国、中国の各大学院で学び、大学・公益財団法人等を経て、
2019 年 4 月より京都大学。専門は国際政治経済学、国際環境政治学、比較政治学。

第6章

日野原 由佳（ひのはら ゆか）

元 NGO・国連現地職員。英国ウェールズ大学スウォンジー校卒業、早稲田大学大学院政治学研
究科修了（修士）。2016 年〜 2018 年にかけて NGO 職員としてパレスチナ・ガザ地区の支援、
レバノンのシリア難民支援事業に携わる。2019 年国際移住機関・ケニア事務所、2020 年同
エチオピア事務所において紛争地の現場にて人道・復興支援に従事。2021-2023 年松下政経
塾（42 期）。松下政経塾在塾中には米国政治学会フェローとして米国連邦議会下院外交委員会
／トム・ラントス人権委員会で外交政策業務に従事。2024-2025 年日豪次世代対話交流事業
（JADE）フェロー。

第7章

小西 美穂（こにし みほ）

関西学院大学総合政策学部特別客員教授。元日本テレビ解説委員・キャスター。早稲田大学大
学院政治学研究科修士課程修了（ジャーナリズム修士）。専門はジェンダーと政治。1992 年、
読売テレビに入社し、大阪で社会部記者として活躍後、ロンドン特派員を務める。政治部記者
を経て、2006 年、日本テレビに入社し報道キャスターに。数多くの討論番組の司会を務めた。
2022 年より現職。現代ジャーナリズムを教える講義はキャンパス史上最多履修者を記録し、
爆発的人気となる。テレビのコメンテーターとして、「ミヤネ屋」「ウェークアップ」などでも
活躍中。著書に「報道キャスターが現場で学んだ 42 の仕事術」ほか。

第8章

前田 祐治（まえだ ゆうじ）

関西学院大学経営戦略研究科教授。同志社大学工学部電気工学卒業、インディアナ大学経営大学院修士（MBA ファイナンス）、滋賀大学博士後期課程修了。博士（経営）。ケンパーインシュアランス社でリスクエンジニア、マーシュ社でリスクコンサルティング、東京海上日動保険会社、滋賀大学国際センター准教授を経て、現職は関西学院大学経営戦略研究科教授。CPCU, ARM 取得。経済産業省事業ワーキンググループ委員に従事。共著書に『キャプティブと日本企業 - リスクマネジメントの強化にむけて』保険毎日新聞社、単著に『企業のリスクマネジメントとキャプティブの役割』関西学院大学出版会、『企業リスクファイナンス - リスクマネジメントにおけるファイナンスの役割』関西学院大学出版会など。日本リスク学会奨励賞、日本地域学会田中啓一賞受賞。

第9章

安達 良治（あだち りょうじ）

シンクビジョンコンサルティング　マネージングディレクター。立教大学法学部卒。ロンドン大学東洋アフリカ研究学院（SOAS）国際関係学・外交学修士課程（MA International Studies and Diplomacy）修了。PwC コンサルティング合同会社、英コントロールリスクスグループ東京オフィスを経て、有限責任監査法人トーマツ（現デロイトトーマツリスクアドバイザリー合同会社）マネジャー。戦略リスク（地政学リスク・気候変動リスク等）を踏まえた経営戦略立案・経営管理体制構築のコンサルティング案件を複数リード。2024 年にシンクビジョンコンサルティングを開業。現在はリスクマネジメント・地政学関連のコンサルティングを手掛けつつ、産経新聞系の独立英字メディア JAPAN Forward のチーフストラテジーオフィサーを兼任。デロイトトーマツリスクアドバイザリー著『リスクマネジメント 変化をとらえよ』（日経BP）共同執筆者

第10章

今永 典秀（いまなが のりひで）

名古屋産業大学 現代ビジネス学部経営専門職学科　准教授 地域連携センター長。民間企業 2 社（大手信託銀行、トヨタグループ）で勤務の後、岐阜大学地域協学センター、名古屋産業大学現代ビジネス学部。地域連携・インターンシッププログラムの設立・運営に関与。新設予定の Co-Innovation University　のボンディングシップ・アドバイザー。博士（工学）。主な著書：『長期実践型インターンシップ入門』ミネルヴァ書房（編著）、『共創の強化書』中央経済社（共著）、『企業のためのインターンシップ実施マニュアル』日本能率協会マネジメントセンター（共著）

第11章

村上 啓二（むらかみ けいじ）

立命館大学大学院経営管理研究科教授。大阪大学工学部卒業、早稲田大学大学院商学研究科修士課程修了（MBA）、京都大学経営管理大学院博士後期課程修了。博士（経営科学）。三菱商事株式会社のリスクマネジメント・経営企画・金属事業部門、京都大学経営管理大学院特定准教授を経て、2024年より現職。グローバルビジネス学会理事（論文編集委員長）、京都ビジネスリサーチセンター代表理事/理事長、経済産業省事業ワーキンググループ委員、国際認証機関ABEST21審査員などにも従事。グローバルビジネスジャーナル賞（論文部門）受賞。

終章

笹谷 秀光（ささや ひでみつ）

経営コンサルタント、千葉商科大学客員教授

東京大学法学部卒。1977年農林省入省。2005年環境省大臣官房審議官、2006年農林水産省大臣官房審議官、2007年関東森林管理局長を経て、2008年退官。

同年～2019年4月伊藤園で、取締役、常務執行役員等を歴任。2020年4月～24年3月千葉商科大学教授。博士（政策研究）。現在、千葉商科大学客員教授。

著書『Q&A SDGs経営増補改訂最新版』（日本経済新聞出版社・2019年・2022年改訂）、『競争優位を実現するSDGs経営』（中央経済社・2023年）。

現在、日本経営倫理学会理事、グローバルビジネス学会理事、異文化経営学会理事、環境福祉学会監事、特定非営利活動法人サステナビリティ日本フォーラム理事、一般社団法人日本パブリックリレーションズ学会理事、宮崎県小林市「こばやしPR大使」、文部科学省青少年の体験活動推進企業表彰審査委員、消費者志向経営優良事例表彰 選考委員（消費者庁、令和3・4・5・6年度）

現在、未来まちづくりフォーラム実行委員長（2018年より）

最新の2025年のサイトはこちら　https://sb-tokyo.com/2025/program/miramachi/

SDGs研究所所長　https://sdgs-institute.com/

幅広く、コンサルタント、アドバイザー、講演等で活動中

危機管理の基礎と実践

リスク管理は最強のキャリア術

2025 年 3 月 31 日　　第 1 版第 1 刷 発行

監　修　　中　林　美恵子
©2025 Mieko Nakabayashi

編　　　　グローバルビジネス学会・
　　　　　危機管理研究部会

発行者　　高　橋　　　考

発行所　　三　和　書　籍

〒 112-0013　　東京都文京区音羽 2 - 2 - 2
TEL 03-5395-4630　FAX 03-5395-4632
info@sanwa-co.com
https://www.sanwa-co.com

印刷・製本／中央精版印刷株式会社

乱丁、落丁本はお取り替えいたします。価格はカバーに表示してあります。

ISBN 978-4-86251-599-5　　C3036